신체이형장애 자녀를 둔 부모 가이드북

신체이형장애 자녀를 둔 부모 가이드북

신아출판사

■ 옮긴이의 말

　신체이형장애에 대해서 처음으로 알게 된 것은 한 외국 토크쇼(오프라 윈프리 쇼)를 통해서였다. 토크쇼에 나온 사례자(제시)는 미국 배우 에쉬튼 커쳐(Ashton Kutcher)를 무척이나 닮았지만, 자신을 괴물과 같다고 말하며 집 밖으로 나가기 어려워하였고 자신의 모습을 반복적으로 확인하는 행동 때문에 평범한 일상을 유지하기 어려워하였다. 이와 같은 사례는 우리나라에도 있는데 바로 '선풍기 아줌마'이다. 젊은 시절부터 가수로 활동할 정도로 예쁜 외모를 가지고 있었지만, 사각턱에 대한 집착이 무리한 성형으로 이어져 비정상적으로 얼굴이 거대해지는 부작용을 겪으며 사회와 단절된 채 살아가는 내용이 "세상에 이런 일이"라는 프로그램에 방영되기도 하였다.
　이렇듯 자신의 외모에 대해서 지나치게 집착을 하거나 사로잡혀 심한 심리적인 고통을 겪는 것이 바로 신체이형장애의 특징이라고 할 수 있다. 또한 사회적 활동이나 타인과의 관계가 어려워 방에서만 지내며 특히, 다른 가족들이 잠든 밤에만 활동하는 등 평범한 일상을 누리지 못하는 경우가 많다. 가장 중요한 사실은 신체이형장애는 우울증 못지않게 자살 위험이 높은 만큼 정확한 진단과 적절한 치료가 필요한 장애이다.
　현재 세계 인구의 약 2~3%가 신체이형장애를 앓고 있는 것으로 추측되지만, 신체이형장애에 대해서 잘 알고 있는 경우는 드물다. 신체이형장애는 본인 자신도 매우 고통스러운 장애이지만 주변 지인들, 특히 가족들에게 심각한 영향을 미친다. 이로 인해 부모나 가족 및 친구들은 자신들이 어떻게 대처해야 할지 어려워하고 혼란스러워한다. 신체이형장애는 주변 지인들의 이해와 도움이 절실히 필요한 강박장애이다. 그럼에도 불구하고 대부분의 사람들은 신체이형장애에 대한 정보가 부족하여 쉽게 오해를 하고, 더욱이 적절하지 못한 방식으로 해결하려는 까닭에 증상을 더 악화시키기도 한다. 그리고 증상 개선을 위해서 자신이 할 수 있는 역할이 있다는 사실 조차 모르는 경우가 많다.

　이러한 이유로 신체이형장애 연구 및 임상 정보를 전문적으로 제공하고 있는 영국 단체인 BDD Foundation(www.bddfoundation.org)에서 출간한 "The Parent's Guide to Body Dysmorphic Disorder"를 번역하게 되었다. 이 책은 가족이나 주변 지인들이 신체이형장애인들을 어떻게 도와주어야 하는지에 대해 실질적이고 활용 가능한 조언들을 담고 있으며, 신체이형장애에 대한 전반적인 정보를 제공하고 있다. 이 책을 통하여 신체이형장애인과 그 가족들이 희망에 한 발 더 가까이 다가가는데 조금이나마 도움이 되기를 바란다.

　물론, 이 책을 번역하는 과정이 쉽지는 않았지만, 많은 분들이 지지해주시고 도와주신 덕분에 끝까지 마칠 수 있었다. 번역과정에서 나오는 전문용어는 '정신질환의 진단 및 통계 편람(권준수 외)'을 비롯한 각종 용어사전과 관련 학회 인터넷 사이트 등을 참조하여 번역하였다. 언제나 잘 할 수 있다고 응원해주신 부모님과 동생, 그리고 묵묵하게 원고를 기다려주신 출판사 서영훈 사장님께도 이 기회를 통해 깊은 감사의 마음을 전달하고 싶다.

2023년 9월
옮긴이　남 효 주

■ 저자의 글

　신체이형장애(Body dysmorphic disorder, BDD)로 힘들어하는 사람들과 그 가족들을 위하여 인식 개선에 힘쓰고 필요한 지원을 제공하며 이 책을 만드는데 많은 도움을 준 영국 BDD 재단(BDD Foundation)과 임원들에게 감사의 말을 전하고 싶다. 또한 영국 강박장애 단체(OCD Action)에도 감사한다.
　그리고 제시카 킹슬리 출판사(Jessica Kingsley Publishers), 특히 이 책 제작을 의뢰하고 책의 중요성과 영향력에 대하여 믿음을 준 제인 에반스(Jane Evans)와 매들린 버드(Madeleine Budd)에게는 큰 빚을 지고 있다고 생각한다.
　또한 책의 초고를 작성하는데 의견을 주신 모든 분들, 특히 교육 심리학자 사라 시버스(Dr. Sarah Sivers) 박사의 제안과 지적은 원고를 헤아릴 수 없을 정도로 향상시켜 주었다.
　마지막으로 큰 용기를 내어 자신의 이야기를 들려주고 이 책에 영감을 준 신체이형장애 자녀들과 그 가족들에게 감사를 전하고 싶다. 또한, 이 책을 집필하는데 꾸준히 참여하여 조언을 해 준 신체이형장애 자녀들과 그 가족들에게 영광을 돌린다. 우리는 이분들을 함께 작업한 공동 저자로 생각한다. 이분들의 경험, 통찰력 그리고 지혜로 이 책의 내용이 훨씬 풍부해질 수 있었다. 이러한 공헌에 다시 한 번 감사의 마음을 전한다.

■ 서문

롭 윌슨(Rob Willson)과 데이비드 베일(David Veale)

　우리는 지금까지 25년이라는 긴 세월 동안 신체이형장애에 대한 연구와 치료법에 매진해 왔다. 우리가 시작할 때에는 신체이형장애라는 용어는 주요 정신의학분야에서나 일반 진료분야에서 거의 들어보기 어려웠다. 설사, 누군가 신체이형장애 진단을 받았다고 할지라도 효과적인 치료를 제공받기 어려웠다. 신체이형장애를 가지고 있는 어린 자녀들을 어떻게 도와주어야 할 지 명확하고 실질적인 조언을 제공하고 있는 이 책은 이 분야가 얼마나 발전하였는지 잘 보여준다. 이제 우리는 신체이형장애에 대한 이해와 더불어 이 장애를 어떻게 치료해야 하는지 잘 알고 있다. 또한 우리는 영국에 거주하고 있는 성인과 아동 및 청소년(Young People)을 위한 전문가 서비스도 실시하고 있다.
　신체이형장애는 심리적으로 매우 고통스럽고 일상 기능을 손상시킬 정도로 인식하는 외모의 결함이나 결점(perceived defect of flaw in the appearance)에 대하여 집착하고 있는 상태로 보통 이러한 상태는 하루에도 몇 시간씩 지속된다. 신체이형장애 개개인은 반복적으로 외모를 확인하려는 경향이 있으며, 이들은 자신이 집착하고 있는 결함에 변화를 주거나 감추려 하고 때로는 성형수술이나 피부과 시술로 이어지기도 한다. 하지만 부모들에게는 자녀의 외모가 극히 평범하게 보이기 때문에 이러한 요구에 매우 당황스러워 한다. 게다가 부모들은 자녀를 안심시키려고 많은 노력을 하지만, 자녀들이 자신들의 말을 무시하는 것만 같아 좌절감을 느낀다고 말한다. 특히, 신체이형장애는 심한 불안과 수치심을 야기시키기 때문에, 자의식 과잉을 경험하기도 하고, 학업 또는 사회적 기능을 하는데 상당히 어려워한다. 이 책은 신체이형장애를 겪고 있는 자녀를 둔 부모들에게 도움을 주기 위해서 만들어졌으며, 그래서 부모가 사랑하는 자녀를 어떻게 도와주어야 하는지 그리고 하지 말아야 할 것에는 어떤 것들이 있는지 적절한 정보를 제공해줄 것이다.

　신체이형장애는 자녀의 잘못도 아니며, 부모의 잘못은 더더욱 아니다. 이 사실에 대해 잘 이해하는 것은 매우 중요하다. 신체이형장애의 원인은 훨씬 복잡하며, 아직까지 정확하게 밝혀진 바는 없다. 우리가 확실히 알 수 있는 것은 부모들이 신체이형장애 자녀들의 주변 환경을 조성하여 회복에 도움을 줄 수 있으며, 변화를 위한 신뢰할 수 있는 행동지침이 있다는 것이다. 또 다른 중요한 측면 중 하나는 신체이형장애가 과부하 된 두뇌의 산물이라는 점이다. 그래서 대부분 신체이형장애 자녀들은 나무는 보아도 숲은 보지 못하며, 주변 사람들이 아무리 괜찮다고 안심시켜 주어도 자신의 외모를 객관적으로 바라보기 어렵다. 따라서 객관성을 회복하기 위해서는 그들이 몰두하고 집착하는 상태 즉, 뇌의 과부하가 감소될 때 가능하다. 또한 신체이형장애를 극복하는 것과 같이 심각한 문제를 다루는데 있어 사소할 수 있지만, 외모를 주제로 하는 반복적이고 비생산적인 대화에 빠지지 않는 것이 매우 중요하다. 위와 같은 대화를 나누는 대신, 신체이형장애 자녀가 좋아하는 활동이나 특별한 재능에 부모가 깊은 관심을 보인다면 자녀가 회복하는데 중요한 자원이 될 수 있다. 따라서 자녀가 단 몇 분이라도 외모에 대한 생각에서 벗어나도록 하는 것은 크게 도움이 된다. 외모에 집착하는 상태에서 벗어나 외부 세상에 동참하는 1분 1초는 매우 짧은 순간이지만 실질적으로 의미 있는 승리라고 할 수 있다.

  이 책의 저자는 아동 및 청소년 신체이형장애 전문가이며 여기에 담은 조언들은 다년간의 경험 속에서 작성되었다. Schnackenberg, Monzani과 Jassi 전문가들은 신체이형장애에 대한 진단 및 치료 과정을 독자들에게 안내하며, 사랑하는 자녀가 신체이형장애에 휘둘리지 않고 적절하게 대처하면서 장애로 인해 수반되는 부정적인 영향이나 정서적 고통을 관리하는 방법을 전달하고자 한다.

  저자는 신체이형장애 자녀들이 교육 환경에서 잘 적응할 수 있도록 담당 선생님들과 협동하여 아이들을 어떻게 지원해주고 도움을 주어야 하는지에 대해서 조언하고 있다. 이 책의 내용은 부모를 대상으로 하고 있지만, 친구, 파트너, 형제자매, 그리고 신체이형장애 아동과 청소년들을 돌보는 모든 사람들을 위한 것이다. 특별히 6장은 교육 전문가들에게 필요한 정보들을 담고 있으니 참고하길 바란다.

  많은 사람들이 신체이형장애를 극복하고자 하는데 있어 가장 어려워하는 부분은 필요한 정보를 얻기 어렵다는 점이다. 그런 의미에서 본다면 이 책은 신체이형장애 아동 및 청소년들과 부모들에게 적절하면서도 중요한 가이드가 되어 줄 것이라고 확신한다. 또한 신체이형장애 아동 및 청소년을 지원하는데 있어 심리

치료와 의학적 치료에 대한 정보도 담겨 있을 뿐 아니라 마지막 부분에는 아동 및 청소년들의 소셜 미디어 사용과 관련하여 현대 사회에서 논란이 되는 부분도 다루고 있어 매우 유용할 것이라고 생각된다.

신체이형장애 자녀가 있다는 것은 부모들에게 매우 힘겨운 일이 될 수 있다. 바라건대, 사랑하는 자녀들이 행복하고, 부모 또한 자신의 행복을 지킬 수 있도록 도움이 되는 조언들을 이 책에서 찾을 수 있기를 희망한다.

특히, 이 책은 신체이형장애 자녀들을 가장 가까이서 돌본 부모들의 실질적인 경험과 신체이형장애의 삶을 살아온 아동 및 청소년들의 기여로 작성되었다. 신체이형장애인으로서 살아온 생생한 경험과 이를 극복한 실제 과정은 아주 큰 도움이 될 수 있을 것이다. 지금 절망적인 시간을 보내고 있을 부모들에게 희망과 격려 그리고 조언을 제공해 준 모든 분들께 감사드린다.

■ **서론**

　신체이형장애는 청소년기에 가장 흔하게 발병하여 가족들에게 지대한 영향을 미친다. 특히, 부모나 보호자들이 심리적으로 엄청난 부담을 느끼는 동시에 자신의 자녀에게 신체이형장애가 왜 발생하게 되었는지 매우 혼란스러워 한다. 또한, 신체이형장애가 무엇인지 어떠한 정보도 없는 상태에서 자녀와 다른 사람에게 신체이형장애에 대해서 설명하기 어려울 뿐 아니라, 자녀를 치료하는데 어떻게 도와주어야 할 지 막막함을 느낀다고 많은 부모들이 호소한다. 신체이형장애 자녀의 부모들이 공통적으로 호소하는 상황에는 여러 가지가 있는데, 예를 들어 자녀가 학교생활을 잘 적응하지 못하거나 성형수술, 치과 그리고 피부과 같이 물리적 치료를 요청하는 경우, 또는 신체이형장애로 인해 발생한 격렬한 감정의 소용돌이 속에서 자신과 다른 가족을 도와주어야 하는 상황 등 다양하다.

　신체이형장애로 고군분투하는 아동 또는 청소년의 부모가 되는 것은 엄청난 도전을 필요로 하는 일이다. 이 책을 통해 당신은 결코 혼자가 아니라는 것을 알려주고자 하며, 실제 활용 가능하고 도움이 되는 방법을 안내 및 제시할 것이다.

　이 책은 자녀의 신체이형장애 진단 여부와 관계없이 읽을 수 있으며, 치료 전이나 치료 중 또는 치료 후 등 모든 과정에서 함께할 수 있다. 7장에서는 신체이형장애의 다양한 치료 방법에 대해서 설명하면서, 치료를 기다리는 동안 자녀를 어떻게 도와주어야 하는지 그 방법도 다루었다. 8장은 자녀가 치료받는 동안 부모가 동반자 역할을 하면서 자녀를 격려하고 지원하는 내용이다.

이 책은 당신이 처한 상황에 맞게 필요한 내용을 찾아가며 읽을 수 있도록 여러 파트로 나누어 쓰여있다. 하지만, 다른 장으로 바로 넘어가기 전에, 1장부터 4장까지는 신체이형장애에 대해 전반적으로 다루고 있으므로 읽어보기를 추천한다. 그래서 신체이형장애가 무엇인지, 신체이형장애가 자녀와 가족들에게 어떤 영향을 미치는지, 그리고 신체이형장애로 인해 일반적으로 경험하게 되는 어려운 점들은 무엇인지, 마지막으로 다양한 신체이형장애 관련된 행동에 어떻게 대처해야 할 것인지에 대하여 알 수 있을 것이다. 위 내용들은 이 책의 후반부에서 다룰 영역에 대한 기초 정보를 제공한다.

아마도 일부 내용들은 읽는 것 자체가 다소 힘들 수 있다. 특히, 우울함과 절망감을 다루고 있는 5장에서 그러할 수 있다. 하지만 믿고 의지하는 가족구성원이나 가까운 지인들과 함께 읽으면서 불편한 감정을 일으키는 부분에 대해 자신의 생각이나 감정을 같이 공유하는 것은 크게 도움이 될 수 있다. 만약, 특정 내용을 다루고 있는 부분에서 심리적으로 크게 힘들다고 느낀다면, 10장 '부모들의 자기 관리'를 읽으며 관련된 내용을 참고하기를 바란다.

치료와 관련해서는 신체이형장애와 관련된 어휘들이 상당히 많이 나올 것이다. 이에 생소한 개념에 대하여 쉽게 이해할 수 있도록 책 뒷부분에 용어집을 수록하였다. 당신이 이 책을 읽으며 어려움 없이 이해하는데 이 용어집이 유용하게 활용되기를 바란다.

책 마지막 부분에 수록된 참고 문헌에서는 본문에서 제공된 자료들과 정보 외에도, 도움이 필요할 때 연락 가능한 전화 상담 목록과 다양한 방안들이 포함되어 있으며, 관심 있을 수 있는 몇 가지 도서들도 추가하였다. 특히, 신체이형장애 자녀를 둔 부모를 위한 온라인 자조 모임을 영국 강박장애 재단(OCD Action)에서 운영하고 있으며, 더 많은 사람들에게 알려지기를 바란다. 이 자조 모임은 스카이프(Skype)를 통하여 이루어지며 따라서 지리적 영향 없이 다양한 곳에서 참여할 수 있다.

신체이형장애를 경험하는 아동이나 청소년들을 지원하는데 고군분투하고 있다면, 이 책이 유용하고 실질적인 자료가 되기를 진심으로 바란다. 앞으로 읽게 되겠지만, 4명의 부모들이 자신의 솔직한 경험을 이야기하는 11장과 신체이형장애를 극복한 삶을 살아가는 12장을 통해 희망은 언제나 있다는 것을 알게 될 것이다. 올바른 치료와 도움을 받은 많은 아동과 청소년들이 신체이형장애와의 싸움에서 승리하였고 그들의 길을 찾아갔으며, 즐겁고 충실한 삶을 살고 있다는 사실을 이 책을 통해 알 수 있기를 바란다.

| 차례 |

- 옮긴이의 말
- 저자의 글
- 서문
- 서론

제1장 신체이형장애(Body Dysmorphic Disorder, BDD)란? …………… 15
제2장 신체이형장애에서 공통적으로 보이는 행동에 대처하기 … 41
제3장 신체이형장애가 가족들에게 미치는 영향 …………………… 65
제4장 신체이형장애가 가족에게 미치는 영향 다루기 …………… 85
제5장 우울한 기분과 절망감 다루기 ………………………………… 101
제6장 학교생활에서 신체이형장애 자녀 지원하기 ………………… 119
제7장 신체이형장애 치료 ……………………………………………… 143
제8장 치료 과정에서 신체이형장애 자녀 지원하기 ………………… 163
제9장 소셜미디어 또는 인터넷 사용에서
　　　　　　　　신체이형장애 자녀 지원하기 ……………… 183
제10장 부모의 자기 관리 ……………………………………………… 199
제11장 신체이형장애 자녀를 둔 부모들의 솔직한 이야기 ……… 217
제12장 신체이형장애를 넘어선 삶 …………………………………… 237

【용어집】 …………………………………………………………………… 256
【참고 문헌】 ……………………………………………………………… 261
【참고 자료】 ……………………………………………………………… 264
【저자에 대하여】 ………………………………………………………… 270
【색인】 ……………………………………………………………………… 272

제1장

신체이형장애(Body Dysmorphic Disorder, BDD)란?

이번 장에서는 아동과 청소년에게서 나타나는 신체이형장애의 전형적인 양상에 대해서 살펴보려고 한다.(*영문에서는 아동 및 청소년을 'young person'으로 단축하여 표현하지만, 번역판에서는 편의를 위해 '아동 및 청소년' 또는 '자녀'라고 표기하고자 한다) 먼저, 신체이형장애 진단기준은 무엇인지 알아본 다음, 일부 신체이형장애 아동 및 청소년에게 동반하는 다른 정신과적인 증상에 대해서 살펴보겠다.

신체이형장애 아동 및 청소년은 자신의 외모에 비정상적인 또는 흉측한 결함이나 결점이 있다고 믿는다. 신체이형장애 아동 및 청소년은 자신을 묘사할 때, '흉측한', '혐오스러운', '괴물 같은', '덜 진화된', '기형적인'과 같은 단어들을 자주 사용한다. 신체이형장애 자녀들이 인식하는 외모 결함(perceived defect)은 다른 사람이 찾아내기 어려울 정도로 미미하며, 정상적인 시각에서는 거의 발견하기 어렵다.

신체이형장애를 경험하고 있는 아동 및 청소년들이 흔하게 집착(preoccupation)하는 부위로는 피부, 머리카락, 치아, 코 등이 있지만, 이 외에도 다양한 영역에서 나타날 수 있다. 개인에 따라 다르지만, 신체이형장애가 있는 아동 및 청소년들이 하나 또는 그 이상의 신체 부위에 집착할 수 있다.

신체이형장애 아동 및 청소년들은 인식하는 외모 결함에 극도로 집착하는 모습을 보이고, 이로 인해 심각한 정신적 고통을 호소하면서 일상생활을 영위하기 어려워한다. 예를 들어, 학교에 자주 결석하기도 하고, 직장에서는 일에 집중하기 어려워하며, 사교 활동뿐 아니라 집 밖으로 나가는 것조차 두려워한다.

신체이형장애 아동 및 청소년들은 반복적 행동(repetitive behaviours)을 보이는데, 이런 행동은 문제가 있다고 여기는 외모 결점을 고치려 하거나 감추기 위해서 나타난다. 신체이형장애와 관련된 강박적이고 반복적인 행동으로는 거울 확인(mirror checking)(하루의 대부분 또는 몇 시간을 거울만 쳐다보는 것), 안심추구행동(reassurance seeking), 위장술(camouflaging), 피부뜯기(skin picking)가 있다. 이 외에도 피부과 시술 및 치과 치료 또는 성형수술을 지나치게 검색한다거나, 인식하는 외모 결함 부위를 지속적으로 만지며 체크하기도 한다. 또한 엄격한 식단을 준수하기도 하고, 거울 그리고 창문과 같은 반사되는 표면을 가리는 행동도 포함된다.

신체이형장애는 본질적으로 심리적인 영향이 크지만, 이를 받아들이는 정도는 해당 자녀의 통찰력 수준에 따라 다르다. 보통 신체이형장애 진단을 받은 아동 및 청소년은 장애에 대한 통찰력 수준이 낮은 경우가 많다. 특히, 이들은 인식하는 외모 결함이 진짜로 있다고 믿으며, 그들이 호소하는 고통의 수준과 실제 현실 사이에 큰 차이가 존재한다는 사실을 받아들이지 못한다. 이에 대해 한 사례자는 다음과 같이 말했다.

"사실 몇 달 전까지만 해도 저는 신체이형장애가 아니라고 굳게 믿고 있었어요. 피부가 좋아지면 나는 모든 것이 괜찮아질 것이라고 생각했고, 신체이형장애라고는 전혀 생각하지 않았어요."

　신체이형장애가 다른 정신진단에 비해 많이 알려지지 않았지만, 영국의 전체 아동 및 청소년 인구 중 2.2%, 그리고 전체 인구로는 2~3%가 이 장애를 경험할 만큼, 생각보다 훨씬 흔한 장애이다. 이는 많은 사람들이 알고 있는 식욕부진증이나 조현증보다 신체이형장애가 더 일반적이라고 볼 수도 있다. 신체이형장애 성별 발병 비율은 비슷하며, 대부분은 청소년기에 시작하지만 연령대에 상관없이 나타나기도 한다.

　신체이형장애는 다른 장애와 동반하는 경우도 있는데, 그 예로 우울증(depression), 사회불안장애(social anxiety disorder), 강박장애(obsessive compulsive disorder, OCD), 섭식장애(eating disorder) 그리고 신체 중심 반복행동 장애(body-focused repetitive behaviors)인 피부뜯기장애(skin-picking (excoriation))와 모발뽑기장애(hair-pulling trichotillomania)) 등이 있다. 신체이형장애는 다른 장애와 함께 진단될 수 있으며, 이 중 우울증과 불안장애가 가장 흔하다.

　여기서 가장 중요한 사실은 신체이형장애 자녀들이 단순히 허영심으로 인해 외모에 집착하는 행동을 보이는 것이 아니라는 점이다. 오히려, 신체이형장애는 자아 존중감의 부족, 빈약한 자기개념, 만성적으로 낮은 자존감 때문에 발생한다. 한 사례자는 다음과 같이 이야기 하였다.

　"저는 예뻐 보이려 한다거나, 매력적으로 보이려 한 것이 아니었어요. 멋지게 보이려 한 것은 더더욱 아닙니다. 단지 다른 사람들에게 덜 흉측하게만 보이고 싶었습니다. 많은 사람들이 신체이형장애에 대해서 오해를 하고 있다고 생각해요. 다른 사람들은 저희들이 허영심이나 나르시시즘과 관련이 있다고 생각하지만, 그건 사실이 아니에요. 저는 그렇게 생각하지 않아요."

다른 사례자는 다음과 같이 이야기하고 있다.

"많은 사람들은 신체이형장애가 외모에 대한 장애라고 여기면서 심각하게 생각하지 않아요. 그냥 신경 끄라고 쉽게 말하곤 하죠. 하지만 신체이형장애는 삶의 모든 측면에 영향을 미치고 있어요. 내가 하고 있는 모든 것에 영향을 미치고 있어요."

가장 최신에 나온 '정신질환 진단 및 통계 편람 제5판(DSM-V)'에서는 다음과 같은 진단기준이 제시되어 있다.

신체이형장애 진단 기준

- **외모에 대한 집착**: 신체이형장애 아동 및 청소년들은 하나 또는 그 이상의 인식하는 외모 결함에 집착한다. 집착활동은 하루 중 적어도 한 시간 이상 인식하는 외모 결함을 생각하는 것으로 분류하고 있지만, 일반적으로 그보다 많은 시간을 소비할 수 있다.

- **반복적 행동**: 신체이형장애 아동 및 청소년들은 인식하는 외모 결함에 대한 걱정 때문에 어느 시점에서 반복적이고 강박적인 행동을 한다. 이러한 강박은 직접적인 행동으로 나타날 수 있고, 따라서 다른 사람들이 관찰 가능하다.

예를 들어, 거울확인, 과도한 머리 손질, 피부 뜯기, 안심추구행동, 옷 갈아입기 등이 있다. 신체이형장애의 다른 형태의 강박행동으로는 심리 내적인 활동이 있다. 예를 들어, 자신의 외모를 다른 사람의 외모와 비교하는 행동이 있다.

- **임상적 의의**: 외모에 대한 집착은 신체이형장애 아동 및 청소년들의 사회적, 직업적 또는 기타 중요한 기능 영역에서 임상적으로 상당한 고통이나 어려움을 초래한다.

- **섭식장애와 차이점**: 외모에 대한 집착행동이 뚱뚱해서 또는 과한 체중으로 인한 것이라면 임상전문가는 섭식장애로 진단할 수 있다. 하지만 정상 체중의 아동 및 청소년이 뚱뚱하다고 생각하거나 과체중으로 걱정하고 있다면 신체이형장애의 하나의 증상으로 볼 수도 있다. 섭식장애와 신체이형장애가 함께 진단되는 경우는 흔하다.

- **명시자**: DSM-5에는 2개의 명시자를 포함하고 있다.(명시자는 증상이나 장애를 더 명확하게 하기 위한 진단의 확장이다.)
  - 근육이형증: 근육이형증은 신체이형장애 아동 및 청소년들이 자신의 몸이 너무 왜소하다고 느끼거나 근육이 부족하다는 생각에 집착하는 신체이형장애의 한 형태이다.
  - 통찰력 명시자: 신체이형장애 믿음에 대한 통찰력의 수준을 나타내며, 이는 좋음/ 중간/ 나쁨으로 분류된다.

(*번역자 보충 설명: 위 표에 번역된 진단 기준 설명은 "정신질환의 진단 및 통계 편람 제5판(대표 역자: 권준수, 출판사: 학지사) 257~258쪽"에서 사용된 단어와 표현이 다소 다를 수 있다.)

신체이형장애는 아동 및 청소년뿐 아니라 가족들도 매우 혼란스럽게 만들 수 있다. 특히 아동 및 청소년들은 당혹스러워하는 경우가 많은데, 이는 장애의 원인을 정서적 또는 심리적으로 보기보다 신체적인 문제로 간주하기 때문이다. 그래서 신체이형장애 아동 및 청소년들은 자신이 인식하는 외모 결함을 고칠 수만 있다면 모든 것이 괜찮아질 것이라고 믿으며, 이로 인해 가족 구성원들과 임상전문가들이 제안하는 신체이형장애에 대하여 받아들이기 어려워한다.

　이러한 이유로, 신체이형장애 아동 및 청소년들은 심리적인 치료를 통해 회복할 수 있다는 사실을 이해하기 어려워한다. 그래서 심리학자, 정신과의사 또는 상담전문가보다 오히려 치과의사, 성형외과 의사, 피부과 의사 등 이와 유사한 전문가가 필요하다고 생각하는 경우가 많다.

　위와는 반대로, 가족들이나 전문가들이 장애명을 언급하기 전에 자신이 신체이형장애로 인해 고통스러워한다는 사실을 먼저 아는 경우도 있다. 가끔 자신이 신체이형장애라는 사실을 이해하면서 심리적인 치료가 필요하다고 생각하지만, 이와는 반대로 신체적 결함을 어떤 식으로든 고쳐야 한다는 양극단 사이에서 방황하기도 한다.

근육이형증(Muscle dysmorphia)

　근육이형증은 신체이형장애의 하위 유형이다. 근육이형증은 자신의 체격이 왜소하다고 생각하고 충분한 근육질을 갖지 못했다고 여기며 보잘것없다는 믿음을 가지고 있다. 근육이형증의 경우 극심한 피로나 부상에도 헬스장에서 많은 시간을 보내고, 지나치게 거울을 확인하며, 위장술을 사용하기도 한다. 그리고 저지방 고단백질 식단을 오랫동안 유지하거나 영양제, 보충제 그리고 아나볼릭 스테로이드를 사용하는 것도 해당된다. 근육이형증은 일반적으로 남성에게 많이 나타나지만 여성에게도 발생할 수 있다. 근육이형증은 신장기능상실, 심장질환, 근골격계 질환 등 다양한 치명적인 질병을 초래한다.

사회적으로 건강한 라이프 스타일을 권장하고 운동과 저지방 식단을 추구하는 까닭에 근육이형증을 가지고 있는 아동이나 청소년들은 자신에게 심리적인 문제가 있다는 사실을 쉽게 받아들이지 못한다. 치료시에는 신체이형장애와 마찬가지로 지나친 몰두나 집착 그리고 다른 행동들이 일상생활을 어렵게 만드는데 영향을 미치는 부정적인 면을 살펴보도록 한다. 다시 말해서 심리적인 부분을 고려할 수 있도록 심각하게 손상된 일상 기능에 대해서 인식하도록 돕는다.

자녀가 신체이형장애인지 어떻게 알 수 있나요?

신체이형장애 진단은 오직 정식적으로 훈련 받은 정신 건강 전문가에게 받을 수 있다. 그러나 다양한 무료 테스트를 통하여 자녀가 신체이형장애로 인해 힘들어하고 있는 것인지 확인해 볼 수 있다. 때로는 선별 검사를 집에서 실시하여, 그 결과를 정신과 의사 또는 주치의와 공유할 수도 있다. 과학적으로 검증되고 추천하는 검사 도구로는 '청소년을 위한 신체이형장애 질문지(The Body Dysmorphic Disorder Questionnaire (BDDQ) for adolescents)', '외모 불안 척도

(The Appearance Anxiety Inventory, AAI)', 그리고 '신체이형장애 측정을 위해 변형된 청소년용 예일-브라운 강박 척도(Body Dysmorphic Disorder modification of Yale-Brown Obsessive-Compulsive Disorder Scale for Adolescents, BDD Y-BOCS)' 등이 있다. 이 외에도 영국 신체이형장애 재단(BDD Foundation) 홈페이지*에서 간이검사를 실시할 수도 있다. 물론 정식 진단을 받지 않고 신체이형장애가 있다고 자칭하는 아동이나 청소년들도 있다.

신체이형장애를 경험하는데 있어 제시한 조건들이 전부 필요한 것은 아니지만, 중요하게 고려해봐야 할 사항들은 다음과 같다.

- 자녀가 거울을 보거나 또는 거울을 회피하는 행동 빈도가 일반적으로 당신이 알고 있는 다른 아동 그리고 청소년들과 비교해서 심각하게 고려해야 될 수준입니까?
- 자녀가 인식하는 외모 결함이라고 여기는 부위를 반사되는 표면, 즉, 창문이나 금속 기구 등에 강박적으로 확인하는 행동을 보입니까?
- 자녀를 고통스럽게 하는 외모 결함이 부모의 눈에는 보이지 않거나, 또는 지극히 평범하고 정상적인 범위로 간주됩니까? 예를 들어, 자녀는 여드름이 심하다고 말하지만 당신이 보기에는 또래 아이들과 비교해서 크게 다르지 않다고 느껴지는 경우와 같습니다.
- 자녀가 인식하는 외모 결함으로 인해 정서적으로 심각한 고통을 경험하고 있습니까?
- 자녀가 인식하는 외모 결함이 고쳐지거나 개선이 된다면 정서적 고통이 줄어들 것이라고 믿고 있습니까? 예를 들어, 피부가 깨끗해진

---

* https://bddfbundation.org/helping-you/questionnaires

다면 모든 것이 괜찮아질 것이라고 말하는 경우와 같습니다.
- 자녀가 일상생활을 하는데 인식하는 외모 결함으로 인해 힘들어 하거나, 다양한 활동에 참여하는 것을 어려워합니까? 이런 활동에 대한 예로는 친구들과의 외출, 학교 등교, 취미 생활, 장보러 가기, 미용실 가기 등이 있습니다.
- 자녀가 인식하는 외모 결함을 감추거나 숨기기 위하여 위장술로 화장품이나 옷, 가발 등을 사용합니까?
- 자녀가 성형외과나 피부과 또는 치과 등을 검색하는데 많은 시간을 보냅니까?
- 자녀가 인식하는 외모 결함으로 인해 자녀가 느끼는 정서적 고통이 매우 심각하며, 때로는 절망감을 느낀다고 호소합니까?
- 자녀가 인식하는 외모 결함이 두드러지게 보일 것 같아 두려움을 느끼며, 이에 특정한 불빛을 회피하거나 사람과 대화를 할 때 특정 자세만 취하려 합니까?
- 자녀가 인식하는 외모 결함의 상태가 나빠지지 않도록 일상생활에서 특정 행동을 하지 않거나 회피하려 합니까? 예를 들어, 여드름이 생길 것 같아 두려워 얼굴을 수건으로 닦지 않으려 하거나, 이빨이 변색되는 것이 무서워서 특정 음식을 피하는 경우가 있습니다.
- 자녀가 자신의 몸이나 몸의 일부를 끊임없이 다른 사람과 비교하는 강박적인 행동을 보입니까?
- 자녀가 다른 사람들에게 자신의 외모가 괜찮은지 지속적으로 확인을 받으려고 합니까? 아니면 인식하는 외모 결함에 시선이 집중될까봐 두려워 외모와 관련된 대화를 피하려고 합니까?
- 자녀가 다른 사람들이 자신을 보면 못 생겼다고 생각하거나 흉측하다고 여길 것이라 생각합니까?

- 자녀가 다른 곳에 가고 싶어도, 헬스장에서 더 많은 시간을 보내야 한다고 생각합니까? 자녀가 근육을 늘리기 위해 스테로이드를 복용하고 있습니까? 신체적 건강이나 활동적인 기분을 위한 것이 아니라, 자녀가 근육을 증가시키려고 하거나 또는 유지하기 위해서 특정한 식단(예. 고단백질)을 실시하고 있습니까?

신체이형장애로 볼 수 없는 것

　신체이형장애가 무엇인지 잘 알기 위해서 중요한 것은 신체이형장애로 볼 수 없는 것에는 어떤 것이 있는지 정확하게 알아야 한다. 이는 자녀가 경험하고 있는 정서적 고통을 과소평가하거나 놓치지 않기 위해서도 중요하다. 가장 확실한 사실 중 하나는 신체이형장애는 절대로 허영심으로 인한 것이 아니라는 것이다. 일반적으로 신체이형장애가 주로 청소년기에 발생함에 따라(물론, 청소년기 이전에 또는 그 이후에도 나타날 수 있지만) 청소년기 때 흔히 보이는 외모에 대한 관심 정도로 가볍게 보는 경우가 있다. 물론, 대부분 청소년기 때 외모에 대해서 다양한 고민을 하며 시간을 보내는 시기인 만큼 이해가 되는 부분이지만, 신체이형장애는 다르다. 신체이형장애 자녀들이 보이는 외모에 대한 집착은 평범한 일상생활을 방해할 정도로 상당히 극단적이며 정신적으로 매우 고통스럽게 한다. 이들은 허영심으로 인한 것이 아니며, 단지 다른 사람들에게 자신의 외모가 정상적으로 보이기를 바라고 사회의 구성원으로 소속되기 위하여 필사적으로 노력하는 것이다. 일반적으로 사회에서 통용되는 의미와 같이 예뻐지기 위해서나 완벽해지기 위함이 아니다. 다음은 한 사례자가 신체이형장애에 대하여 묘사한 내용이다.

"신체이형장애는 허영심으로 인한 것이 아닙니다. 이것은 많은 사람들이 말하는 단순한 외모 콤플렉스가 아니며, 일상기능에 심각한 영향을 미치는 정신 장애입니다."

신체이형장애가 허영심과 아무런 관련이 없다는 점을 고려하였을 때, 부모가 자녀에게 외모에 대해 아무리 긍정적으로 말해준다 하더라도 신체이형장애 자녀들은 믿지 않을 것이며 오히려 역효과를 일으킬 수도 있다. 이러한 이유로 많은 부모들이 신체이형장애로 고통스러워하는 자녀들에게 외모에 대하여 언급하는 것은 도움이 되지 않는다고 말한다. 우리들이 자주 듣는 내용이기도 하지만, 우리와 대화를 나눈 한 사례자가 한 이야기는 다음과 같다.

"제가 가족들과 함께 있을 때였어요. 그때 칭찬으로 좋은 말을 해주었던 엄마에게 제가 보였던 반응을 기억하고 있어요. 그 때 친구와 함께 밖에 놀러 나가려고 했었는지 아니면 무엇을 같이 하려고 했는지 모르겠지만, 떠오르는 기억으로는 아래층으로 내려왔을 때 엄마가 말씀하시기를 '오늘 멋지구나!'라고 하셨어요. 저는 그 말에 '어떻게 그런 거짓말을 할 수 있나요?'라고 아주 방어적인 태도를 보였죠."

신체이형장애는 식욕부진증(anorexia)과 같은 섭식장애와도 차이가 있다. 물론, 신체이형장애와 섭식장애가 같이 발병할 수는 있다. 하지만 섭식장애의 경우, 비만과 체중의 증가에 관심이 있다.

이러한 관심은 예를 들어 체중과 몸의 사이즈를 과도하게 줄이려 하거나 통제하는 것과 같이 건강에 좋지 않는 행동을 하도록 만든다. 물론, 신체이형장애 자녀들도 음식 섭취를 제한할 수 있지만, 체중을 감소하려는 섭식장애와는 달리 이들의 주 목적은 특정 신체 부위의 외모 교정과 관련이 있다. 실제, 일부 신체이형장애 자녀들은 얼굴의 윤곽을 변화시키기 위해 음식 섭취를 제한하기도 한다. 또는 피부를 깨끗하게 유지하기 위하여, 머리카락을 두껍게 만들기 위하여, 근육을 증가시키기 위하여 특정 음식을 피하기도 한다.

이와 더불어 또 다루어야 할 중요한 내용으로는, 신체이형장애가 사회적 상황에서 불안을 느끼는 것으로 간주될 수 있다는 점이다. 실제로, 신체이형장애 자녀들은 사회불안장애 진단을 받기도 하는데, 이는 자신의 외모로 인해 정서적으로 고통스러워 사회적 상황을 피하고 있다는 사실을 전문가들이 알지 못하기 때문이기도 하다. 그래서 적절한 치료를 위해서라도 사회적 상황을 회피하는 근본적인 원인을 정확히 파악하는 것이 매우 중요하다.

신체이형장애와 동반 가능한 장애

신체이형장애와 같은 정신의학적 진단은 다른 장애와 명확하게 구분되는 경우가 드물다. 신체이형장애 진단은 '증상'이라고 부르는 관찰 가능한 일련의 행동을 바탕으로 정신과 전문의들의 의해서 이루어진다. 신체이형장애 증상은 다른 정신의학적 진단과도 연관이 있을 수 있다. 따라서 자녀가 신체이형장애 진단을 받기 전 다른 진단을 받을 수 있으며, 또는 신체이형장애와 다른 장애를 함께 진단받을 수도 있다. 다음에 제시하는 정신의학적 용어들은 일반적으로 신체이형장애와 동반 가능한 장애들에 대한 내용이며 각각에 대해서 자세히 알아보고자 한다.

우울증(Depression)

우울증은 많은 연구를 통해서 신체이형장애와 상관관계가 있는 것으로 밝혀졌으며, 지속적으로 삶에 영향을 미치는 우울한 기분이 특징이다. 물론, 진단하기에 앞서 증상이 비타민 결핍이나 약물사용과 같이 다른 의학적 원인으로 인한 것은 아닌지 자세하게 살펴야 한다. 7살 이하의 유아들의 경우, 부정적인 감정을 언어적으로 표현하는 능력이 부족한 까닭에 신체화 증상으로 나타나기도 한다. 유아들은 몸이 전체적으로 아프다고 하거나 통증을 호소하면서, 두통이나 복통과 같은 신체적 증상을 통해 슬픔과 같은 부정적인 감정을 표현하기도 한다. 앞에서 언급하였지만, 우울증으로 진단하기 전에 반드시 신체적 또는 생물학적 원인은 없는지 확인해야 한다.

신체이형장애 자녀들에게 우울증 증상 중 하나인 절망감은 인식하는 외모 결함과 관련이 깊을 수 있다. 예를 들어, 신체이형장애 자녀들은 인식하는 외모 결함에 대한 고통스러운 집착으로 우울한 기분을 느낄 수 있다. 물론, 외모에 집착하는 행동이 나타나기 전에 우울한 기분이 먼저 나타날 수 있다. 스스로 자각하지는 못해도, 신체이형장애 자녀들은 인식하는 외모 결함으로 인해 혼란감, 수치감 그리고 우울한 감정을 느낀다고 생각하기도 한다. 예를 들어, 어떤 신체이형장애 자녀가 생각하기를 피부에 난 여드름 때문에 자신이 우울한 것이며, 따라서 피부가 깨끗해지면 더 이상 우울하지 않을 거라고 단정짓는 것이 될 수 있다. 이런 흐름의 사고방식은 신체이형장애 자녀들이 자신의 신체적 외모를 고치거나 바꾸면서 우울한 기분에서 벗어나고자 하는 자가증폭순환주기(self amplifying cycle)를 형성하기도 한다. 하지만 이는 우울한 감정을 사라지게 하는데 전혀 도움이 되지 못한다.

우울증과 신체이형장애 모두 흔하게 보이는 양상으로 절망감을 호소한다는 점이다. 이는 부모와 가족 그리고 특히 신체이형장애 자녀들을 두렵게 만든다. 신체이형장애 자녀들이 절망감에 빠져있을 때 부모가 어떻게 도울 수 있는지 5장에서 더 자세히 알아보겠다.

불안장애(Anxiety disorders)

> "제가 처음에 받은 진단은 신체이형장애가 아니었어요. 처음에는 불안장애 그리고 강박장애를 진단 받았고, 나중에 고등학교에 올라갔을 때 신체이형장애 진단을 받았어요."
>
> – 신체이형장애 사례자 –

불안은 일상생활을 방해할 정도로 지속적이고 비합리적이며 압도될 정도로 느끼는 두려움과 걱정으로 정의될 수 있다.

어떤 의미에서 불안은 아동기(그리고 성인기에도)에 일반적으로 나타날 수 있는 정상적인 반응이다. 대부분 사람들은 아동과 청소년기 때 이러한 정상적인 불안을 경험하는 과정을 거친다. 이 과정은 매우 일시적이며 살아가는데 큰 영향을 미치는 경우는 아주 드물다. 하지만 삶을 즐기고 온전히 기능하는데 있어 지속적으로 불안을 경험한다면, 이때에는 불안장애로 분류된다.

자녀에게서 발견할 수 있는 불안 관련 경험으로는 공황발작, 설명되지 않는 메스꺼움이나 두통 또는 복통 등이 있다. 또한 반복적으로 악몽을 꾸거나 안심추구행동이 계속되고 과도한 수줍음을 보이는 것이 포함된다. 일부 아동과 청소년들에게는 불안과 우울증이 동반될 수 있다. 때로는 자녀가 과도하게 각성상태(과잉행동 및 불안)를 보이거나, 또는 이와는 반대로 비각성(피곤함과 우울함) 상태를 보일 수 있다. 근본적으로 불안이라는 감정은 신체이형장애의 일부분이기도 하며, 이에 불안장애로 간주되기도 한다. 따라서 신체이형장애 치료 시, 다른 증상들과 더불어 특히 자녀가 경험하고 있는 불안을 잘 다룰 수 있도록 하는데 큰 목표를 둔다. 신체이형장애 치료를 위해서 불안을 다루는 방법은 제 8장에서 상세히 설명하고 있다.

사회불안장애(Social anxiety disorder, SAD)

신체이형장애 환자의 40%가 사회불안장애 진단 기준 조건과 겹치기도 한다. 신체이형장애와 사회불안장애는 함께 발생하는 경우가 종종 있지만, 연구에 따르면 이들 두 장애에서 보이는 유사성으로 인해 신체이형장애가 아닌 사회불안장애로 잘못 진단되기도 한다. 사회불안장애는 흔히 볼 수 있는 수줍음과는 달리 창피함에 대한 강한 두려움 그리고 과도한 자의식이 특징이며, 이로 인해 사회적 상호작용을 최대한 피하려고 한다. 이러한 특징은 때로 광장공포증(agoraphobia, 사회적 상황에 대한 두려움과 회피)으로 이어질 수 있다. 만약 자녀가 사회적 상황에서 불안을 느끼는 이유가 자신의 외모에 대해 다른 사람들이 어떻게 평가할지 두려워하거나 또는 인식하는 외모 결함과 관련이 깊다면, 사회불안장애보다 신체이형장애를 고려해야 한다.

강박장애(Obsessive compulsive disorder, OCD)

신체이형장애는 DSM-5에서 '강박 및 관련 장애'(obsessive compulsive and related disorders)의 범주에 속하는 만큼 진단 기준 측면에서 강박장애와 밀접한 관련이 있다. 강박장애는 강박사고(obsession)와 강박행동(compulsion)을 특징으로 하고 있으며, 여기서 강박사고는 일정 시간 동안 경험하는 반복적이고 지속적인 침투적인 생각이나 충동을 의미한다. 대부분의 경우, 이러한 강박사고는 정서적으로 심한 불안과 고통을 야기시킨다. 이러한 불안이나 심리적 고통을 줄이기 위하여 반복적인 행동이나 다른 정신적 활동을 하면서 생각이나 충동을 무시하거나 억누르려고 한다. 다시 말하지만, 자녀의 강박사고와 강박행동이 인식하는 외모 결함과 관련이 깊은 경우 강박장애가 아니라 신체이형장애로 진단되어야 한다.

식욕부진증(Anorexia)/ 폭식증(bulimia)/ 폭식장애(binge-eating disorder)/ 오소렉시아(orthorexia)/ 달리 명시된 급식 또는 섭식 장애(Other Specified Feeding or Eating Disorders, OSFED)

신체이형장애 진단을 받은 자녀들 중에는 음식과 관련하여 심리적인 고통을 받는 경우가 흔하다. 이들은 신체의 모양과 형태를 고치기 위해 음식 섭취를 제한하기도 하고, 먹은 것을 토해내거나, 과도한 운동 및 기타 관련 행동 등을 할 수 있다. 한 사례자는 다음과 같이 말하였다.

> "체중을 조절하는 것만이 외과적인 성형수술을 하지 않고도 제 얼굴형을 변화시킬 수 있는 유일한 방법이었습니다. 다른 사람들은 허리나 몸무게 같은 사이즈에 관심이 있지만, 저는 그것보다 몸무게가 변했을 때 제 얼굴형이 어떻게 보이는지가 더 중요했습니다."

일반적으로 자녀가 체중 변화에 관심이 있다면, 신체이형장애보다 섭식장애 진단을 내릴 가능성이 높다. 하지만 만약 신체의 특정부분(예: 피부, 얼굴, 머리카락)을 고치기 위하여 제한적이고 강박적인 섭식 행동을 한다면 신체이형장애로 진단되어야 한다.

안타까운 사실은 일부 신체이형장애 자녀들에게 불규칙한 식습관이 나타날 수 있다는 것이다. 따라서 만약 자녀가 음식 섭취를 제한하거나 먹은 음식을 토해내는 행동을 보이는 경우, 가능한 빨리 전문적인 치료를 받아야 한다. 체질량지수(body mass index, BMI) 도표에서 건강으로 간주하는 체중뿐 아니라, 모든 몸무게에서 심장 부정맥, 골밀도 변화, 전해질 불균형과 같은 합병증이 발생할 수 있다. 따라서 반드시 저체중이어야만 신체적 위험에 노출되는 것이 아님을 유념해야 한다.

모발뽑기장애(Trichotillomania) 및 피부뜯기장애(skin-picking (excoriation) disorder)

모발뽑기장애는 머리나 신체에 있는 자신의 털을 반복적으로 뽑으려는 행동을 보이며 이로 인해 모발 손실을 초래하는 것이 특징이다. 이들은 발모 행동 빈도수를 줄이거나 또는 멈추고자 반복적으로 시도를 하지만 쉽게 실패한다. 만약 인식하는 외모 결함으로 인하여 발모하는 행동이 이루어진다면, 모발뽑기장애로 진단되기보다 신체이형장애로 진단되어야 한다.

피부뜯기장애는 피부에 고통과 손상을 일으키고 병변(lesions)을 초래할 정도로 피부를 강박적으로 뜯는 행위를 특징으로 가지고 있다. 피부를 뜯는 행위가 인식하는 외모 결함을 개선하기 위해서 이루어진다면, 신체이형장애와 피부뜯기장애가 같이 진단되거나 또는 신체이형장애 단독으로 진단될 가능성이 높다. 신체이형장애 진단을 받은 한 사례자가 오랫동안 피부를 뜯는 행동을 하였던 그 이유에 대해 다음과 같이 말하였다.

> "저는 피부에 있는 흠집이나 자국을 없애기 위해서 피부를 뜯는 행동을 하였습니다. 이 행동으로 인해 더 많은 흉터를 남기고 피부를 망가뜨리며 붉게 만든다는 것을 매우 잘 알고 있습니다. 하지만 저는 거의 무아지경 상태에서 완전히 몰입하여 몇 시간 동안이나 거울만 쳐다봅니다. 어머니께서 말씀하시길 '내 눈에는 아무것도 보이지 않아. 내가 보기에는, 네가 무엇을 뜯고 있는 것인지 모르겠어. 아무것도 없거든'라고 하셨던 적이 있습니다."

그리고 흔하지는 않지만, 신체이형장애 발병 전에 나타나거나 같이 발병할 수 있으며 또는 발병 후에 보일 수 있는 장애로는 후각관계증후군(olfactory reference syndrome, ORS), 물질사용장애(substance use disorder) 그리고 망상장애(delusional disorder)가 있다.

후각관계증후군(Olfactory reference syndrome, ORS)

후각관계증후군은 자신이 타인에게 악취나 불쾌한 체취를 풍긴다고 여기며 이에 강박적으로 냄새에 몰두하는 것을 특징으로 하고 있다. 후각관계증후군이 있는 자녀들의 경우, 자신에게서 심한 악취가 난다고 주장하지만 다른 사람들은 어떠한 냄새도 느끼지 못하는 경우가 많다. 후각관계증후군이 있는 경우, 보통 자신의 체취를 강박적으로 반복하여 확인하거나 옷을 자주 세탁하며, 향수 등을 지나치게 사용한다.

물질사용장애(Substance use disorder)

물질사용장애의 경우, 과도한 알코올 섭취 또는 비 처방약 그리고 정신 상태를 변화시키는 기타 물질들의 과도한 사용이 특징이다. 여기에는 특정 물질을 규정된 양보다 더 많이 또는 더 오랜 기간 동안 사용하는 것도 포함된다. 또한 물질의 사용을 줄이고 싶지만 그렇게 할 수 없다고 느끼는 경우와 물질을 사용하고 싶은 강한 욕구와 충동 그리고 정신 건강과 더불어 일상생활 및 인간관계 활동에 영향을 미치는 물질도 해당된다.

망상장애(Delusional disorder)

이 장애는 정신병적 증상은 없이 환각과 망상이 적어도 최소한 한 달 이상 지속하여 나타나는 것이 특징이다. 망상은 반대되는 증거에도 불구하고 외부 현실에 대한 왜곡된 해석을 기반으로 하는 잘못된 신념이나 믿음을 말한다. 이러한 믿음은 일반적으로 다른 사람들이 쉽게 이해하기 어려우며, 다른 특정 조직의 문화로 설명될 수 없다.

신체이형장애의 원인

신체이형장애 진단을 받은 자녀의 부모들은 발생 원인에 대해서 간절한 마음으로 알고 싶어 한다. 물론, 그 절실함에 대해서 이해하지 못하는 바는 아니다. 하지만 아쉽게도 신체이형장애 발생 원인에 대해서 아직 명확하게 밝혀진 바가 없다. 신체이형장애 자녀들이 인식하는 외모 결함으로 인해 고통스러워하는 데에는 다양하고 복잡한 요인들이 상호작용한다. 단 한 가지 원인으로 발생될 수 없으며, 생물학적 원인, 개인적인 경험, 대인관계, 기타 등과 같이 다양한 요인들로 인해 발생한다. 따라서 부모가 자신의 자녀가 신체이형장애로 힘들어하는 것을 자신의 잘못이라고 죄책감을 가질 필요가 없으며, 어떤 식으로든 영향을 미쳤을 거라고 생각하는 것은 전혀 근거가 없다고 할 수 있다. 자녀의 신체이형장애는 부모의 잘못이 절대 아니며, 오히려 자녀의 회복에 있어서 매우 중요한 역할을 할 수 있는 존재임을 분명하게 말해주고 싶다.

진화적 요인들

신체이형장애 진단을 받은 자녀들은 주변 환경 속에서 사회적 위협에 더 예민하게 집중하는 경향성이 있다는 연구 결과가 있다. 이는 자신의 안전을 유지하기 위해서 잠재적인 공격이나 거절에 대해 경계하는 것으로 진화론적인 관점으로는 적응적인 행동이라고 볼 수 있다. 즉, 자녀들이 자신의 외모를 고치려는 행동이나 다른 사람들이 자신의 외모를 어떻게 평가할 것인지 지나치게 경계하는 것은 사회에서 거부 혹은 배척당하지 않기 위한 자기 보호로 이해할 수 있다.

유전 및 신경생화학 요인들

신체이형장애에 영향을 주는 유전적 요인에 대해 정확히 알기 위해서는 아직도 더 많은 연구가 필요하다. 일부 연구를 통해 알게 된 내용으로는, 신체이형장애 진단을 받은 사람들의 약 8%정도가 신체이형장애 진단을 받은 가족구성원이 있다는 사실이다. 이는 일반인들보다 4~8배 정도 더 높은 비율이기도 하다(Bienvenu et al., 2000). 또한 쌍둥이 연구에서도 발병의 유사성을 감안하였을 때 이는 유전적 요인에 기인한다고 일관되게 추정하고 있다.(Enander et al., 2018, Lopes-sola et al., 2014, Monzani et al., 2012a, Monzani et al,. 2012b)

신체이형장애는 강박장애와 연관관계가 있으며, 이 두 장애는 유전적으로 중복되는 부분이 있음을 연구로 밝혀졌다. 이는 신체이형장애와 강박장애가 동시에 발생할 수 있음을 설명해주고, 또한 강박장애가 없는 친척들보다 강박장애가 있는 일차친척들 사이에서 더 흔하게 볼 수 있는 이유도 설명하고 있다. 신체이형장애가 강박장애와 유전적 요소를 공유하고, 신체이형장애에 노출된 사람들은 강박장애에도 비슷하게 노출될 가능성이 있다는 소수의 연구가 있지만,(Browne et al., 2014; Lopez-sola et al., 2014; Monzani et al., 2012b; Monzani et al., 2014) 이를 설명하는 특정한 유전자는 아직 밝혀지지 않았다.

7장 후반부에서 더 자세히 알아보겠지만, 신체이형장애와 강박장애에 주로 권장되고 있는 두 가지 치료 방법으로는 인지 행동

치료(cognitive behavioural therapy, CBT)와 선택적 세로토닌 재흡수 억제제(selective serotonin reuptake inhibitors, SSRIs)가 있다. 세로토닌 재흡수 억제제는 신체이형장애에서 세로토닌의 역할이 확인됨에 따라 처방되고 있다. 세로토닌은 가장 일반적인 신경전달물질로 알려져 있으며, 신경세포 사이에 신호를 전달하고 강도를 조절하는 역할을 한다. 신경화학적 연구는 세로토닌이 신체이형장애에 영향을 미칠 수 있음을 증명하였다. 세로토닌 재흡수 억제제는 세로토닌의 수치를 증가시키며 증상을 완화시킨다. 예를 들어 한 연구에서는 건강한 대조군에 비해 신체이형장애를 가진 사람들이 낮은 세로토닌 수용체 결합 밀도를 가지고 있음을 발견하였다.(Marazziti, Dell'Osso and Presta, 1999) 이는 '행복 호르몬'인 세로토닌이 신체이형장애 진단을 받은 사람들의 뇌에서 사용되는 비율이 다르다는 점을 시사하기도 한다.

시각 정보 처리 과정의 차이

신체이형장애가 있는 경우, 일반 사람들과는 다른 방식으로 시각 정보를 처리한다는 증거가 연구 결과를 통해 밝혀지고 있다.(Beiharz et al., 2017, Feusner et al., 2007; Feusner et al., 2010; Feusner et al., 2011) 이들은 높은 미적 기준을 가지고 있으며, 이는 시각적 감각을 통해 즐거움을 찾는다는 것을 의미하기도 한다. 또 다른 연구를 통해 알 수 있는 사실은 신체이형장애 진단을 받은 사람들이 시각 정보를 처리할 때 전체적 관점이 아닌 국소적 관점에서 이루어진다는 것이다.(Beilharz et al., 2017; Feusner et al., 2007; Feusner et al., 2011; Jefferies, Laws and Fineberg, 2012) 이는 시각 정보를 큰 그림으로 처리하기보다, 작고 세부적인 사항에 초점을 두고 관심을 갖는다는 것을 뜻하기도 한다. 따라서 신체이형장애가 있는 자녀의 경우, 얼굴이나 몸을 볼 때 전체적이고 통합적으로 보지 못하고, 자신의 외모를 여러 조각으로 나누고 분리한다. 이러한 특징은 신체이형장애 자녀들이 얼굴의 비대칭이라든지 작은 여드름과 같이 보통 사람에게는 보이지 않거나 아니면 보이더라도 아주 미세한 수준이지만, 그 차이를 바로 알아차리게 만든다. 하지만 이러한 시각 처리 방식으로 인해 인식하는 외모의 결함에 대한 고통스러운 집착 행동이 발생하는 것인지, 아니면 집착 행동의 결과로 시각 처리 방식이 변화하는 것인지 아직까지 밝혀진 바는 없다.

성격적 특성 및 자기 개념

신체이형장애는 낮은 자존감, 부정적인 자기 개념 그리고 완벽주의 성향과 밀접하게 연관되어 있다. 신체이형장애 자녀들은 외모로 인해 고통을 경험하기 이전부터 낮은 자존감과 불안한 자기 가치감을 느끼며 세상에 속하기 힘들어한다. 이들에게 낮은 자존감은 외모에 국한되기 보다 더 넓은 개념으로 사용된다. 이러한 특성은 완벽주의 경향과 함께 나타날 수 있다. 이와 관련하여 신체이형장애를 가진 한 사례자는 다음과 같이 말하였다.

> "이것은 외모에만 국한된 것이 아니라, 제가 하는 모든 것에 영향을 미치고 있어요. 제가 하는 모든 것이 만족스럽지 않아요. 가끔은 마음 깊은 곳에서부터 제가 못난 사람처럼 느껴지기도 해요."

다른 사례자는 다음과 같이 이야기했다.

"저는 제 자신이 정말 형편없다고 생각해요. 제가 다른 사람에게 줄 수 있는 것은 아무것도 없는 것 같아요."

부정적인 경험들

신체이형장애 자녀들은 짓궂은 놀림이나 집단 따돌림을 당하기도 하고 또는 다양한 관계(가족, 선생님 또는 친구) 속에서 심한 갈등으로 인한 상처 등, 감당하기 어려운 경험들을 가지고 있는 비율이 매우 높다. 이러한 경험들로 인해 느끼는 감정 범위는 약간의 불편함을 느끼는 정도에서 심하게는 정신적 외상(trauma)에 이르기까지 다양하다. 신체이형장애 자녀들 중 일부는 자신이 경험한 부정적인 사건에 대해 어떠한 기억도 떠올리지 못 하는 경우도 있다.

연구에 따르면, 일반인들에 비해 신체이형장애 자녀들이 집단 따돌림을 경험하였을 가능성이 높다고 보고된다.(e.g. Neziroglu et al,. 2018; Weingarden et al., 2017) 여기에는 집단 따돌림을 당한 경험과 외모를 중심으로 놀림을 받은 일화들이 포함된다. 이러한 집단 따돌림이나 짓궂은 놀림을 당하는 경험들은 자녀들로 하여금 자아존중감이나 자신감 그리고 자기 개념에 큰 영향을 미친다. 또한 집단 따돌림을 예방하고 친구들로부터 거절당하지 않기 위해서 일부 신체이형장애 자녀들은 자신이 인식하는 외모의 결함을 고치려는 행위에 더욱 몰두하기도 한다.

신체이형장애 진단을 받은 성인을 대상으로 진행한 몇몇의 연구는 이 진단을 받은 사람들이 어린 시절에 정신적 외상을 경험할 가능성이 더 높다는 사실을 보여주었다. 어린 시절에 크게 위협을 느꼈거나 또는 어떤 방식으로도 싸우지도 도망치지도 못하는 상황에서 감정적으로 압도되어 버린 경험들이 그 예가 될 수 있겠다.(e.g. Buhlmann, Marques and Wilhelm, 2012 ; Didie et al., 2006; Neziroglu, Khemlani-Patel and Yaryura-Tobias, 2006) 이러한 정신적 외상은 집단 따돌림, 가족구성원 간에 갈등 및 가족 구성원의 정신건강이슈 또는 극심한 학업 스트레스로 인한 것도 모두 포함될 수 있다.

위의 내용은 신체이형장애가 단순히 한 사람이나 한 가지 요인으로 인해 발생할 수 없다는 사실을 말해주고 있다. 신체이형장애는 단순히 한 가지 원인으로 발생하지 않는다. 오히려 다양한 부정적인 경험들이야 말로 신체이형장애 발병에 영향을 미칠 수 있는 비특징적 위험 요소가 될 수 있다. 따라서 신체이형장애 자녀의 치료 및 지원에 대한 계획을 세울 때에는 모든 요소들을 고려해야 한다.

신체이형장애에 대해서 이해하기 위해서는 가야 할 길이 아직 많이 남아 있다. 신체이형장애가 왜 발생하는지 확실하게 말할 수 있으려면 더 많은 연구가 필요하다. 그럼에도 불구하고 최근 10년 동안 신체이형장애에 대한 많은 연구가 진행되었고, 신체이형장애 자녀들이 자신의 삶을 즐겁고 충실하게 살 수 있도록 도와줄 수 있는 다양한 정보와 자원을 확보할 수 있었다. 그리고 치료 과정에서 부모는 매우 중요한 역할을 한다는 사실을 잊지 않기를 바라며 이 책에서 제공되는 정보가 여러분들 노력에 도움이 되기를 희망한다.

제2장

신체이형장애에서
공통적으로 보이는 행동에 대처하기

이번 장에서는 신체이형장애의 다양한 증상에 부모가 어떻게 효과적으로 대처해야 하는지 알아보고자 한다. 또한, 신체이형장애 자녀가 특정 방식으로 행동하는 이유에 대해서 이해를 높이고자 한다. 그래서 부모가 자신감을 가지고 신체이형장애 자녀들이 회복하는데 든든한 지원군으로서 적극적으로 참여할 수 있기를 바란다.

신체이형장애 자녀들은 인식하는 외모의 결함에 심하게 집착하는 모습을 보이며, 반복적 행동(repetitive behaviours)이나 안전추구행동(safety behaviours)을 통해 결함을 고치려 하거나 심리적 고통을 줄이고자 한다. 개인마다 차이가 있지만, 일반적으로 신체이형장애 자녀들은 반복적 행동과 안전추구행동 그리고 집착하는 모습을 공유한다. 부모가 신체이형장애의 각 측면에 대해서 충분히 이해하고 올바르게 인식한다면 자녀를 진단명과 분리하여 적절하게 대응하는데 도움이 될 수 있다. 그럼, 신체이형장애에서 공통적으로 볼 수 있는 행동들을 살펴보고 이러한 행동에 대응 가능한 몇 가지 방법에 대해서 알아보도록 하겠다.

여기서 언급하고 싶은 부분은 자녀들의 신체이형장애 증상이 비슷하게 보여도 그들의 통찰력(insight) 수준은 다를 수 있다는 점이다. 이것이 의미하는 것은, 어떤 자녀들은 신체이형장애 관련 행동이 자신의 삶에 부정적인 영향을 미치고 있다는 사실을 스스로 인지할 수 있지만, 이와는 반대로 다른 아이들은 신체이형장애 관련 행동이 자신을 더 고통스럽게 만들고 있다는 사실에 대해 전혀 인지하지 못할 수 있다는 것이다. 따라서 이번 장에서 제시하는 내용에 대하여 일부 신체이형장애 자녀들은 다른 자녀들에 비해서 쉽게 받아들이는 경우도 있지만, 이와 반대되는 경우도 있는 만큼 신체이형장애 자녀를 돕기 위한 노력이 성공하지 못 했을지라도 너무 절망스러워하지 않기를 바란다. 실제로 신체이형장애 자녀가 자신의 행동에 대한 통찰력을 높이고 신체이형장애 관련 행동을 변화시키는 일은 많은 시간과 끊임없는 노력을 필요로 한다. 따라서 신체이형장애 자녀를 효율적으로 도와주기 위해서는 전문가의 도움을 받기를 적극 권유한다.

거울 확인 그리고/ 또는 거울 회피

신체이형장애 진단을 받은 자녀들 중 일부는 거울을 상당히 긴 시간 동안 보는 행동을 하거나 이와는 반대로 거울을 가리거나 제거하는 등 최대한 피하면서 자신을 고통스럽게 만들거나 인식하게 하는 외모의 결함을 보지 않으려고 애쓰기도 한다. 하지만 장기적인 관점에서 보았을 때, 거울을 보거나 확인하는 행동들은 신체이형장애 자녀들에게 불안감을 높이고 수치심과 심리적 고통을 증가시킬 뿐이다.

거울과 관련된 행동은 숨어서 은밀하게 이루어지는 만큼, 자녀가 거울 앞에서 얼마나 오랜 시간을 보내는지 알기 어렵다. 자녀가 많은 시간을 화장실이나 침실에서 혼자 보내려고 하거나, 또는 상점 창문이나 식기 뒷면과 같이 반사가 되는 표면에 자신의 외모를 확인하려는 행동을 발견할 수 있을 것이다. 신체이형장애 자녀들은 항상 손거울을 옆에 두고 소지하려고 하는데, 만약 거울을 볼 수 없는 상황이거나, 원하는 만큼 자주 사용하지 못하는 경우에는 심리적으로 상당히 고통스러워한다.

만약, 신체이형장애 자녀가 거울을 회피하는 행동을 보인다면 자신의 모습이 보이지 않게 거울을 뒤집어 놓거나, 거울을 지나쳐야 할 때에는 고개를 숙인 상태로 눈을 감고 도망치듯이 움직이는 모습을 보일 수 있다.

위와 같이 거울을 확인하거나 피하는 행동들은 '안전추구행동(safety behavior)'의 한 종류이며, 두 행동 모두 신체이형장애 자녀들이 가장 바라는 심리적 안정감을 제공해주기도 한다. 하지만, 인식하는 외모의 결함을 오랜 시간 동안 바라볼수록, 오히려 그 부분이 점점 확대되어 신체이형장애 자녀들의 눈에 더욱 두드러지게 보일 뿐이다. 마찬가지로 거울을 피하는 행동 또한 인식하는 외모의 결함이 거울에 보이는 것보다 더 심각한 상태라고 생각하도록 만든다.

거울과 관련된 행동에 대해서 신체이형장애 자녀들에게 도전한다는 것은 결코 쉬운 일이 아니다. 예를 들어 신체이형장애 자녀들의 동의 없이 부모가 거울을 옮기면, 반사되는 표면을 찾아다니면서 자신의 모습을 확인하려고 할 것이다. 이와 마찬가지로, 신체이형장애 자녀의 동의 없이 숨겨둔 거울을 꺼내어 놓는다면, 반사되는 표면이나 거울이 있는 방을 피했던 것처럼 다른 방법을 통해서라도 보지 않으려 할 것이다.

거울 사용에 대해서 신체이형장애 자녀들과 대화를 나누고자 할 때, 가장 필요한 것은 열린 생각과 호기심을 가지고 공감적이며 비판단적인 태도를 취하는 것이다. 실제 신체이형장애 자녀들이 안전추구행동을 보일 때, 부모가 가장 먼저 가져야 할 자세이기도 하다. 만약, 신체이형장애 자녀가 보이는 행동에 부모가 섣불리 의견을 말하거나 해결책을 언급한다면 자녀는 바로 방어적인 태도를 취할 것이다. 따라서 신체이형장애 자녀와 신뢰적인 상호관계를 형성하는 것은 매우 중요하다. 거울과 관련된 행동에 대해서 바로 이야기하기 전에 자녀들이 부모의 말을 거부감 없이 받아들일 수 있도록 자상한 말을 건네거나 어깨를 토닥여 주면서 친밀한 관계를 형성해야 한다. 이 때, 신체이형장애 자녀와 언쟁이 생기거나 의견 충돌이 발생하는 경우 자녀가 방어적으로 행동할 수 있으며 이에 스스로 고립하게 될 가능성이 높아지는 만큼 최대한 갈등 상황은 피하는 것이 좋다. 그보다는 부모가 공감하는 마음을 자연스럽게 표현하는 것이 좋다. 예를 들면 다음과 같다.

☐ 내가 생각하기에 네가 화장실에서 많은 시간을 보내는 것 같구나, 제인(Jane). 화장실에서 나온 네 모습을 보면 굉장히 화가 난 것처럼 보이기도 해. 네가 그렇게까지 힘들어하는 모습을 보니 나도 마음이 많이 아프단다. 화장실에서 무엇을 하던 너를 굉장히 힘들게 만드는 것 같구나. 네가 화장실에서 시간을 보낼 때 어떤 마음인지 이야기 나누고 싶어. 물론, 네가 말하고 싶을 때 말이야. 나는 언제든지 들을 준비가 되어있단다.

☐ 시몬(Simon), 최근에 욕실 거울이 자주 가려져 있는 것을 보았단다. 네

가 힘들어 하는 것 같아 마음이 아프구나. 어떤 기분인지 궁금한데 혹시 말해줄 수 있겠니?

부모가 공감적인 자세로 신체이형장애 자녀와 친밀한 관계를 형성하게 된다면, 자녀들로 하여금 부모가 있는 그대로 온전히 이해하고 있음을 느끼게 하고, 또한 그들이 느낄 수 있는 수치심을 조금이나마 줄여주는데 도움이 된다. 부모들의 진심 어린 이해와 공감적인 태도는 자녀가 인식하는 외모의 결함을 고치고 수정하는 행동으로 인한 심리적인 고통에 대응하도록 효과적인 전략을 세우는 등, 해결 중심적으로 나아가도록 만들어 준다. 신체이형장애 자녀들이 느끼는 경험과 생각에 부모가 최대한 함께하면서, 부모의 생각이나 판단으로 섣불리 해결하려 하지 않기를 바란다. 다음은 공감적인 대화를 시작하기 위한 예시 문이다.

☐ 나에게 너의 솔직한 경험을 나누어 줘서 진심으로 고맙구나, 제인(Jane). 정말로 큰 용기가 필요했을 것 같아. 매일 아침에 거울을 2시간씩 동안 보고 나면 네 기분이 좀 나아지는지 궁금하구나. 만약에 그게 아니라면 우리 같이 그 시간을 줄여보는 것은 어떨까? 어떤 방법들이 있을까 함께 생각해 보면 좋겠어. 혹시, 내가 도와주어야 하는 일이 있을까? 아마, 처음에는 시작하기 어렵겠지만 네가 하고자 하는 모든 과정을 지지해 주고 싶구나. 나는 네가 잘 해낼 수 있을 거라고 굳게 믿고 있단다.

거울을 사용하는 빈도수를 줄이기 어려워하거나 그와 반대로 직면하기 어려워할지라도 이와는 상관없이 부모는 신체이형장애 자녀의 상태를 인정해 주여야 한다. 진척이 보이지 않거나 그 속도가 매우 느리다면 부모 입장에서 실망스러울 수 있지만, 아이 또한 좌절감을 느끼고 있을 가능성이 높다. 만약 부모가 실망하는 모습을 신체이형장애 자녀가 보게 된다면 나중에는 자녀가 자신이 느끼는 바를 부모에게 점점 숨기게 만들 수 있다. 여기서 알고 있어야 하는 점은, 거울 사용 빈도수를 줄이거나 또는 직면하는 일은 신체이형장애 자녀들에게 매우 어려운 일임을 부모가 이해하는 것이다. 그리고 신체이형장애 자녀들이 느낄 수 있는 수치심과 두려움을 완화시키기 위하여 부모가 판단하지 않고 공감적인 자세로 자녀들과 편안하게 대화를 나눌 수 있는 기회를 마련하도록 한다.

이 외에도 중요하게 다루어져야 할 부분으로는 부모가 자신이 거울을 사용할 때 어떤 모습을 보이는지 살펴보아야 한다는 것이다. 만약 부모가 거울 앞에서 많은 시간을 보내고, 주변에 확대 거울이 있거나, 거울을 보면서 스스로에게 부정적인 표현을 한다면 자녀의 부적절한 거울 사용 패턴을 변화시키기 어렵게 할 수 있다. 또한, 부모가 자녀에게 거울 사용 패턴에 대하여 진심이 담긴 조언을 하더라도 자녀들이 쉽게 받아들이지 않을 수 있다.

위장술(Camouflaging)

신체이형장애 자녀들은 인식하는 외모의 결함을 다른 사람들, 심지어는 자신에게도 감추기 위해 많은 노력을 하는데, 이와 같은 행동을 위장술이라고 부른다. 다음은 신체이형장애 자녀들이 흔하게 사용하는 위장술이다.

- 의상 및 악세서리(점퍼, 모자, 스카프, 안경 등등)
- 메이크업/화장품(특히 커버력이 높은 컨실러(concealer)나 파운데이션을 사용하는 경향성이 있다.)
- 헤어스타일(예를 들어 얼굴의 어떤 부분을 머리로 가리거나, 얼굴이나 머리 모양을 감추기 위해 특정한 방식으로 머리를 자르기도 한다.)
- 일회용 밴드, 일회용 반창고 등등
- 피어싱과 문신(가끔은 인식하는 외모의 결함으로부터 주위를 돌리기 위해 사용되기도 한다.)

 신체이형장애 자녀들은 인식하는 외모의 결함을 감추기 위해 위장술을 사용하여 타인의 관심에서 벗어나려고 하지만 오히려 위장술 때문에 다른 사람들 눈에 더 뜨이는 상황이 발생하기도 한다. 예를 들어 신체이형장애 자녀가 더운 여름에 모자나 스카프로 위장하였을 때, 그토록 피하고 싶어하는 타인의 시선과 관심을 도리어 더 끌어 모으는 것처럼 말이다. 이러한 타인들의 반응은 신체이형장애 자녀로 하여금 수치심과 창피함을 느끼게 하고 '자신의 외모로 인해 사람들이 자신을 쳐다본다'는 잘못된 믿음을 강화시킨다.
 신체이형장애 자녀들에게 화장을 하고 옷을 겹겹이 입는 행동을 그만두기란 매우 어려운 일이다. 많은 경우 위장을 하였을 때, 더 수월하게 집 밖으로 나갈 수 있다고 느낀다. 이는 학교에 갈 수 있다고 느끼는 것과 방에서 떠날 수 없다고 믿는 것 같이 아주 큰 차이가 있다. 따라서 신체이형장애 자녀가 사용하는 위장술에 대해 부모는 매우 신중하고 민감하게 다가가야 한다. 예를 들어 신체이형장애 자녀에게 화장하는 것을 사전에 어떠한 단계도 없이 갑작스럽게 못 하도록 강요한다면, 이는 너무 짧은 시간에 많은 것을 처리하려는 것 같이 매우 섣부른 처사가 될 수 있다. 이러한 섣부른 처사는 신체이형장애 자녀가 심리적으로 고통스러워하며, 이에 진전을 보였던 모습에서 예전의 상태로 퇴행하기도 한다. 따라서 만약에 위장술과 관련하여 대화를 시도하고 싶다면 아래 사항들을 참고하길 바란다.

- ☐ 신체이형장애 자녀가 사용하는 위장술에 대해서 개방적인 태도와 호기심을 가지고 대화를 나눈다. 이 때, 수사의문문 형식을 사용하는 것이 좋다. 예를 들어 '샘(Sam), 요즘 들어 집에서 모자를 쓰는 모습이 보이던데, 혹시 하고 싶은 말이 있다면 들어보고 싶구나.' 또는 개방적인 질문을 사용할 수 있으며, 그 예는 다음과 같다. '샐리(Sally), 지난 몇 주 동안 네가 방을 나올 때마다 컨실러를 바르는 것을 보았는데, 그 이유가 무엇인지 궁금하구나.'
- ☐ 열린 자세로 추측을 하되, '내가 틀릴 수 있다'라는 것을 언급하면서 신체이형장애 자녀들과 대화를 나눌 수 있는 공간을 만들어 준다.' 예를 들어, '내가 틀릴 수 있다고 생각해, 압둘(Abdul). 그런데, 네가 코에다가 일회용 반창고를 붙이는 것이 너를 더 힘들게 하는 것이 아닌지 궁금하구나.'
- ☐ 신체이형장애 자녀가 위와 같은 질문에 방어적인 태도를 보인다고 해서 부모가 똑같이 방어적으로 반응하지 않아야 한다. 그보다도 자녀가 이러한 이야기를 꺼내는 것이 얼마나 어려운지 인정해주고, 마음의 준비가 되었을 때 언제든지 들어줄 의향이 있다는 것을 자녀에게 상기시켜 준다.
- ☐ 특히 위장술로 인해 주위의 관심을 더 끌게 되는 경우, 자녀가 사용

하는 위장술 방법이나 강도에 대해서 조심스럽고 잠정적인 형태로 의견을 제시하는 것이 좋다. 예를 들어 '쥬드(Jude), 네가 말하기로 다른 사람들이 너를 쳐다보는 것 같은 느낌이 든다고 하였는데, 혹시나 이 더위에 옷을 겹겹이 입어서 그런 건 아닌지 궁금하구나. 지금 많은 사람들이 짧은 소매를 입는데, 더운 날씨에 여러 겹의 옷을 입은 것을 보면, 그 이유에 대해서 궁금해 할 수 있을 것 같아. 이게 다른 사람들이 쳐다보는 것과 어떠한 관련이 있지 않을까 생각하는데, 너의 생각은 어떻니? 네가 팔을 가리고 싶어 하고 그것이 너를 굉장히 힘들게 한다는 것을 이해하고 있단다. 네가 괜찮다면, 같이 쇼핑을 가서 시원한 소재로 만들어진 긴 팔 상의들을 찾아볼까? 아니면, 7부 상의들을 입어보고 네가 어떻게 느끼는지 시도해 보고 싶구나.'

☐ 신체이형장애 자녀가 예전에 사용했던 위장술을 몇 번이고 다시 하게 되더라도 부모는 인내심을 가지고 기다려 주어야 한다. 신체이형장애 자녀가 용기를 내어 시도하는 모습에 칭찬을 아끼지 않으며, 짧은 시간에 변화가 생기기를 기대하기 보다는 작은 변화를 만들고 꾸준히 이어갈 수 있도록 계속 격려한다.

회피(Avoidance)

신체이형장애 자녀들은 인식하는 외모의 결함이 노출되어 있는 상태에서 공공장소에 나가야 하는 것을 매우 창피해 한다. 이들은 자기가 보는 것처럼 다른 사람에게도 잘 보일 것이라 믿으며 보지 못할 거라는 생각을 전혀 못한다. 타인들 눈에는 그들이 말하는 '결함'이 보이지 않거나, '추하다'고 여기지 않으며, 혐오감 또한 느끼지 않는다. 신체이형장애 자녀들은 사람들이 자신을 거절할 거라고 생각하는 경향이 있다. 그래서 이들은 거절을 경험할 수 있는 사회적 상호작용을 최대한 회피하려 한다.

그리고 신체이형장애 자녀들은 다른 사람들이 자신들이 이상해서 쳐다보거나 비웃을 거라고 생각한다. 이것은 우리 두뇌의 '연기 감지기' 또는 '화재 경보기'로 불리는 편도체로 인한 것이며, 두려움에 민감하게 반응하도록 설계되어 있다. 신체이형장애 자녀들은 다른 사람들이 자신을 조롱할 거라고 생각하며 이러한 일들을 실제로 경험하고 있다고 믿는다.

이미 앞에서 중요하게 다루었듯이, 신체이형장애로 힘들어하는 자녀들은 다른 아이들과 비교하여 놀림이나 괴롭힘을 더 많이 경험했을 가능성이 높다. 이러한 부정적 경험은 환경에 잠재된 위협과 거절에 대해서 더 민감하도록 만들 수 있다. 교육 담당자와 치료 담당자의 도움을 받아 자녀들이 놀림을 받았거나 괴롭힘을 당한 경험에 대해 자세하게 살피는 것은 신체이형장애를 다루는데 있어서 중요하다.

잠재적인 괴롭힘이나 놀림에 대하여 신체이형장애 자녀와 대화를 시작하고자 할 때 사용할 수 있는 몇 가지 문구들을 아래에 나열하였다. 연구에 따르면, 기억의 재구성(memory re-script)과 같은 치료적 접근법이 훈련받은 전문가에 의해 진행될 때 도움이 될 수 있다고 한다. 여기서 기억의 재구성이란, 신체이형장애 자녀들이 괴롭힘을 어떻게 경험하고 받아들였는지 당시의 기억을 떠올리면서 다시 재구성하는 과정을 말한다.

괴롭힘이나 놀림을 당한 경험에 대하여 대화를 시작할 때 사용할 수 있는 문구들

- 지난 몇 주 동안 학교를 마치고 집에 들어올 때 네가 슬퍼 보이던데, 혹시 학교생활에 대해서 나에게 하고 싶은 말이 있는지 궁금하구나.
- 내가 보았을 때, 네가 학교를 마치고 나서도 핸드폰으로 연락이 많이 오는 것 같더구나. 네 친구들이 너에게 연락을 자주 하는 것 같은데, 친구들과 연락하는 것이 재미있는 거니, 아니면 혹시 너를 곤란하게 하거나 속상하게 만드는 건 아닌지 궁금하구나.
- 어느 학교(또는 온라인)에서나 모질게 구는 사람들이 항상 있던데, 혹시 학교(또는 온라인)에서 너를 불편하게 만드는 사람이 있니?
- 학교나 온라인 또는 다른 장소에서 괴롭힘을 당하고 있다면, 다른 사람들에게 특히 부모에게 가장 말하기 어려울 것 같아. 만약 네가 괴롭힘을 당하고 있을 때, 어떻게 하면 나에게 더 쉽게 이야기할 수 있을 것 같니? 혹여, 네가 지금 그런 일을 겪고 있는 건 아닌지 걱정되기도 하는구나. 내가 도움이 되어주고 싶어.
- 보통 친구들에게 괴롭힘을 당할 때 부모가 도와줄 수 있는 일이 없다고 느껴지기도 하고, 혹여 상황이 더 안 좋아지는 건 아닌지 걱정돼서 솔직하게 말하기 어려워한다고 하더라. 이 부분에 대해서는 잘 이해하고 있단다. 하지만 부모가 자녀들의 말을 진심으로 듣고 함께 전략을 세워 나간다면 실제로 상황이 더 나아질 수 있다는 생각도 드는데, 이 말에 대해서 너는 어떻게 생각하니?
- 혹시, "사이버 폭력"이란 말을 들어 본 적 있니? 특히 학생들 사이에서 소셜미디어를 통해 이러한 현상이 증가하고 있다고 알고 있는데, 네가 하고 싶은 이야기와 관련이 있을까? 네가 사이버 폭력을 당하고 있다면 우리는 언제나 네 옆에 있다는 사실을 기억해주렴.

> 그리고 우리가 서로 함께 결정해서 같이 계획을 세우기 전까지는 함부로 개입하지 않기로 약속하마.('사이버 폭력'을 다루는 법은 9장을 참고)

과거에 괴롭힘이나 놀림을 당한 경험을 공개하는 것은 굉장히 중요할 수 있는데, 이런 경험들이 신체이형장애를 촉발시키는 사건이 될 수 있기 때문이다. 만약 자녀가 사교모임이나 학교에 가는 것을 힘들어하고, 심지어 집 또는 방에서조차 나가기 어려워한다면, 부모로서 좌절감이 들 수 있고 매우 걱정이 될 것이다. 신체이형장애를 경험하는 자녀들 중에는 집 밖으로 나가는 것을 심하게 거부하다가, 점점 집 안에서만 지내게 되기도 한다. 따라서 사회적 회피 행동이 고착되기 전에 가능한한 조기에 개입하는 것이 중요하다. 물론, 자녀가 예전처럼 삶을 즐기며 다시 사회 활동을 하도록 돕는데 있어 결코 늦은 때란 없다.

여기서 신체이형장애 자녀들이 사회적 활동을 할 수 있도록 지원하는 것과 그들이 할 수 있다고 느끼는 이상으로 강요하는 것은 아주 미세한 차이가 있다. 따라서 8장에서 더 자세히 다루겠지만, 덜 위협적인 것부터 시작하여 두려워하는 행동을 순서대로 나열한 불안위계목록을 작성하는 것이 도움이 될 수 있다. 예를 들어 가족 구성원들만 집으로 초대하는 것으로 시작하여 생일 파티 또는 결혼식과 같이 규모가 조금 더 큰 사회적 모임에 참석하는 것까지 단계적으로 작성하는 것이 될 수 있겠다.

이 때 중요한 것은, 신체이형장애 자녀가 침실이나 집 또는 거리에 나가려고 노력하는 동안에, 혼자 고립되지 않도록 하는 것이다. 신체이형장애 자녀의 사회적 고립을 방지하기 위한 방법들은 다음과 같다.

- 친구 한 명이나 그룹의 친구들을 스카이프(Skype) 또는 줌(Zoom)에 초대하여 이야기를 나눈다. 초반에 참여하기 힘들어 한다면, 자녀의 카메라는 꺼놓고 대화를 나눌 수 있도록 한다.
- 자녀가 편안하게 느끼는 친구들을 그룹으로 만들어, 결석으로 인해 놓친 수업 과제나 학교 소식을 나눌 수 있도록 한다.
- 간단한 인사 정도만 잠깐 하게 될지라도, 자녀와 가까운 친구들이 집에 자주 방문할 수 있도록 한다.
- 자녀가 판단 받는 것에서 자유롭다고 느끼는 대상을 찾아 자원봉사를 격려해 본다. 예를 들어 어린이 집이나 특별한 보살핌이 필요한 보육원에서 어린 아이들을 위하여 봉사활동을 할 수 있고, 또는 양로원에서 노인들을 위하여 봉사활동을 할 수 있으며, 동물보호소와 같이 동물들을 위해서 봉사활동을 할 수도 있다. 보통 신체이형장애 자녀들은 자신과 나이가 비슷한 또래보다, 나이가 어리거나 또는 많은 사람들과 함께 있을 때 덜 위협적이라고 느낀다. 또한 동물들과 함께 있게 되면 쉽게 안정되고 편안한 모습을 보이기도 하는데, 이는 동물들은 사람들처럼 인식하는 외모의 결함을 쉽게 알아차리거나 관심을 보일 것이라고 생각하지 않기 때문이다.
- 가족이 모여서 식사를 할 때에는 가벼운 주제로 대화를 나누고, 자녀들이 덜 위협적인 느낌을 주기 위해 커튼을 치거나 방에서 거울을 제거하는 등 식사를 할 때 다양한 요인들을 수정한다.
- 자녀가 방에서 나오지 않는다고 하여도, 규칙적으로 자녀와 대화를 나누는 것을 계속한다. 정해진 시간에 자녀의 방에 들어가거나 혹은 문 밖에 앉아 가벼운 이야기를 나누도록 한다. 힘들어하는 자녀들에

게 부모들은 깊은 대화를 나누거나 문제 해결을 위한 이야기를 나누고 싶을 수 있으나, 이 시기에 자녀에게 가장 필요한 것은 세상과 연결되고 대인관계를 맺을 수 있는 기회를 바라는 경우가 더 많다. 더 깊은 주제와 관련해서는 자녀가 심리적으로 안정이 된 후에 충분히 대화를 나눌 수 있다. 이와 관련하여 브루스 페리의 모델(Bruce Perry's Model)를 사용하면 도움이 될 수 있다(자세한 내용은 아래에 있는 상자 참조.).

☐ 발달 단계에 따른 적절한 형태의 스킨십을 제공한다. 예를 들어 손과 손을 맞잡거나, 따뜻하게 안아주거나 발이나 어깨를 마사지 해주는 등, 부모가 자녀에게 해주거나 자녀가 부모에게 해주는 것 모두 해당된다.

☐ 자녀가 즐거워하고 열정을 가지고 있는 것에서 멀어지지 않도록 한다. 취미나 열정 그리고 유머와 같은 성격적 특성들은 신체이형장애와 관련된 강박과 집착행동에서 벗어날 수 있도록 한다. 매일 단 몇 분이라도, 자녀가 즐거워하는 활동에 계속 초대하면서 자녀의 밝은 성격, 취미, 열정 그리고 관심사 등을 유지할 수 있도록 한다.

자녀와 관계를 형성하기 위한 브루스 페리의 3단계 모델(Bruce Perry's Three-Step Model)

- *조절(Regulate)*: 부모가 자신의 목소리 톤이나 자세를 사용하여 자녀가 스트레스에 대한 반응으로 싸움// 도피// 경직// 아첨[*] 중에서 선택 및 조절하도록 지원하고, 차분하고 안전한 장소로 이동할 수 있도록 돕는다..

---

[*] 아첨하는 것은, 다른 사람의 욕구를 위해 자신의 욕구를 완전히 제쳐두고, 개인의 욕구에 대해 아무런 생각 없이 다른 사람의 의지에 복종하는 것이다.

- *관계 맺기(Relate)*: 공감과 연민 그리고 따뜻한 스킨십을 통하여 자녀들이 자신이 이해 받고 있고 가치 있는 존재로 느낄 수 있도록 돕는다.
- *추론(Reason)*: 자녀가 어떻게 느끼고 있는지 함께 살펴주고, 앞으로 나아갈 방향에 대해서 같이 생각한다.

(Perry, 2010, 2013; Perry and Hambrick, 2008)

안심추구행동(Reassurance seeking)

신체이형장애 자녀들은 자신의 눈에 보이는 대로 다른 사람들에게도 비추어질 것이라고 생각한다. 사람들이 외모에 대해서 긍정적인 피드백을 해주어도 단순히 자신의 기분을 좋게 해주기 위한 행동이라고 간주하거나 거짓말을 하는 거라고 여긴다. 신체이형장애 자녀들은 다른 사람들에게 자신이 어떻게 보여질지 가능한 정확하게 알고 싶어하고 이를 위해 많은 시간을 소비한다. 이러한 이유로 다른 사람들에게 자신들이 어떻게 생겼는지, 그들에게 인식하는 외모의 결함이 보이는지 등을 물어보는 등 안심추구행동이 많이 이루어진다.

하지만 이와 같은 안심추구행동에 부모가 참여하는 것은, 자녀가 신체이형장애를 극복하는데 도움이 되지 않는다. 이미 앞에서 설명하였지만 부모가 아무리 외모에 대하여 솔직하게 말하더라도 신체이형장애 자녀들은 이를 사실이라고 받아들이지 않기 때문이다. 만약 외모에 결함이 없다고 자녀를 안심시키면서 신체이형장애를 극복할 수 있다면, 이와 같은 전문적인 치료와 책은 필요 없을 것이다.

신체이형장애 자녀의 안심추구행동에 부모가 반사적으로 괜찮다고 다독이거나 결점이 보이지 않는다고 안심시키며 항상 아름답다고 말하는 것은 결코 도움이 되지 않는다. 또는 반복적으로 옳고 그름을 따지며 논쟁을 벌이는 일은 가능한 발생하지 않도록 조심해야 한다. 그리고 외모와 관련된 대화를 최대한 나누지 않는 것이 좋다. 그보다 현재 자녀가 느끼고 있을 고통에 대해서 진지한 대화를 나누거나, 즐거운 삶을 살아가는데 방해가 되는 장애물에는 어떤 것이 있는지 함께 생각하는 것이 훨씬 유익하다. 다양한 사례 경험을 통해 볼 때, 신체이형장애 자녀들의 안심추구행동은 순간의 안도감만 제공할 뿐, 오히려 더 많은 갈등과 고통을 유발한다.

이러한 이유로 안심 추구 행동을 하게 되는 근본적인 욕구 즉, 안정감 그리고 가치감과 같은 심리적인 요인에 대해서 이야기 나누는 것이 도움이 될 수 있다. 이 때 사용 가능한 대화 예시는 다음과 같다.

- ☐ 지금 약간 겁이 난 것처럼(불안해 하는 것처럼/떨고 있는 것처럼) 보이는 구나. 이렇게 고통스러워하는 모습을 보니 내가 마음이 너무 아프구나. 좀 안아줄까?
- ☐ 내가 보기에는 피부가 괜찮다고 말해주고는 싶지만, 네가 믿어주지 않을 거라고 생각되는구나. 그래서 그 이야기 말고 네 마음 깊숙한 곳에 있는 두려움이나 불안한 감정에 대해서 우리가 서로 이야기 나누고 싶은데 너의 생각은 어떤지 궁금하구나.

외모 관련 비교 행동(Appearance-related comparisons)

자신의 외모를 다른 사람의 외모와 비교하는 것, 특히 특정한 신체부위를 다른 사람의 신체 부위와 비교하는 행동은 신체이형장애 자녀들에게서 흔하게 볼 수 있다. 이와 같은 행동은 앞에서 보았던 안심추구행동과 연관이 깊으며, 심리적으로 지치게 하고 동시에 고통스럽게 만든다.

신체이형장애 자녀들은 자신의 외모를 다른 사람들과 계속해서 비교하는데, 그 대상이 가족구성원이거나 친구, 연예인 또는 낯선 사람들이 될 수 있다. 또는 온라인 상에 올라와 있는 연예인과 자신을 비교하느라 많은 시간을 보내기도 한다. 그리고 자신의 피부가 어떻게 변화했는지 비교하기 위해 하루 또는 한 시간 심지어는 몇 분이 지났을 때마다 자신의 모습을 사진 찍기도 한다. 신체이형장애 자녀들 중 일부는 자신의 외모를 평가하고 변화를 추적하기 위해 다양한 어플리케이션을 사용하기도 하는데, 이 부분에 대해서는 9장에서 더 자세하게 다루도록 하겠다.

당연한 이야기지만 부모나 가족이 자녀의 외모를 다른 형제자매, 사촌 또는 또래와 비교하지 않는 것이 중요하다. 하지만 과거에 비교한 적이 있다고 하여 죄책감을 느끼지 않았으면 한다. 신체이형장애는 단순히 한 가지 사건이나 경험 또는 사람으로 발생하는 것이 아니기 때문이다. 신체이형장애 원인은 그보다 훨씬 복잡하다. 그리고 중요한 사실은 부모가 자신의 대화 어투를 변화시키고 신체이형장애 자녀가 새로운 방식으로 자신의 외모와 관계를 맺는데 있어 늦은 때란 없다는 것이다.

신체이형장애 자녀들이 자신의 외모나 신체부위에 대하여 정확하게 알기 위해서 또는 어떻게 생겼으면 하는지 희망하는 바에 대한 명확한 시각적 감각을 얻기 위해 타인의 외모나 신체부위를 비교한다. 하지만 외모와 관련하여 반복적으로 비교하는 행동은 결국 부족함과 수치심으로 이어지게 만들 뿐이다. 만약 자녀가 외모 관련 비교 행동을 하고 있다면 다음과 같은 도움을 제공할 수 있다.

- ☐ 인터넷이나 소셜미디어 또는 잡지를 보는 데 많은 시간을 낭비하지 않도록 자연스럽게 안내한다.
- ☐ 소셜미디어에서 유해한 인플루언서는 언팔로우 하도록 하며, 인터넷에서 좀 더 긍정적인 롤 모델을 찾도록 도와준다.
- ☐ 신체이형장애 자녀가 다른 사람을 오래 쳐다보는 행동을 보인다면 비판단적으로 알려준다. 예를 들어 "괜찮니, 구르마나트(Gurmanaat)? 저쪽에 있는 사람을 꽤 오래 쳐다보고 있는 것 같기도 하고, 다소 불안해 보이는구나. 잠시 주위도 전환시킬 겸, 어제 본 자연 프로그램에 대해서 이야기하는 건 어떠니?"
- ☐ 자녀가 다른 사람들을 빤히 쳐다보고 있는 것을 발견한다면 자연스럽게 그들의 주의를 다른 곳으로 전환시킨다. 예를 들어 게임(특정 알파벳으로 시작하는 동물이름 대기, 어제 상점에 가서 무엇을 샀는지 기억하는 게임)을 하자고 제안을 하거나 그들이 집중할 수 있는 취미활동(대중교통을 이용할 때 바느질이나 그림 재료 등을 가지고 가는 것)을 제시한다.
- ☐ 신체이형장애 자녀 앞에서 자신을 친구나 동료들과 비교하는 행동을 되도록이면 자제하도록 한다. 이는 쉽게 일어날 수 있지만, 매우 해로운 영향을 미친다. '친구와 같이 예쁜 머릿결을 가졌으면 좋겠다라고 말하는 것처럼 시작은 단순하지만 신체이형장애 자녀에게

는 촉발 포인트가 될 수 있다. 또한 다른 사람과 자신을 비교하는 행위에 큰 영향을 미칠 수 있다.

인식하는 외모의 결함을 고치려는 시도(성형수술, 치과시술, 피부과치료를 알아보거나 처방전 없이 살 수 있는 제품들 사용 포함)

인식하는 외모의 결함을 '고치는' 방법을 찾는 것은 신체이형장애에서 관찰할 수 있는 핵심적인 측면이기도 하다. 신체이형장애 자녀들은 자기 스스로 결함이나 흠이라고 여기는 외모 부위를 고치기 위해 성형수술, 치과시술, 피부과 치료 등을 찾기도 한다. 그들은 또한 인식하는 외모의 결함을 고치기 위해 집에서 혼자 시도해 볼 수 있는 것을 시도해보거나 화장품과 같이 특정 제품을 찾기도 한다. 신체이형장애 자녀들이 스스로 시도해보는 행동들에는 배를 납작하게 하기 위해서 무거운 것을 올리는 것, 치아의 위치를 조정하기 위해 침대 틀에 이빨을 누르는 것, 코의 모양을 변형시키기 위해 나무 표면에 코를 누르는 것, 피부의 각질층을 제거하기 위해 강한 연마성 피부 제품을 사용하는 것이 포함된다. 이와 더불어 이들이 찾는 의료적 시술들에는 치아 교정, 지방 흡입, 성형 수술, 보톡스 시술, 항생제와 국소치료 등의 피부과 치료 그리고 탈모 방지 약물 등이 있다.

연구를 통해서 분명하게 알 수 있는 사실은, 미용 및 기타 물리적 시술들이 신체이형장애 자녀들에게 유익한 경우가 매우 드물다는 것이다. 대부분의 경우, 치료 결과에 대하여 만족하지 못하고, 원하는 결과를 얻기 위해 추가적으로 치료를 하거나 집에서 혼자 방법을 찾아 시도하려고 한다. 비록 치료나 시술이 성공적으로 이루어졌다고 하여도, 이들은 여전히 심리적으로는 무가치함과 불안을 느끼고 있기 때문에 문제가 되는 신체 영역이 다른 부위로 이동할 가능성이 높다. 많은 부모들이 피부과나 치과, 성형외과 등에 신체이형장애 자녀를 데리고 가는 마음은 충분히 이해가 된다. 아마 신체이형장애 자녀들이 자신의 인식하는 외모 결함이 고쳐질 수 있다면 심리적인 고통이 사라질 것이라고 말했을 것이다. 그래서 대부분의 부모들은 자녀가 더 나아질 수 있을 거라고 생각되면 필사적으로 돕기 위해 치료나 시술예약에 자녀를 데리고 가거나, 비용을 지불하는 것을 마지못해 허락하기도 한다. 하지만, 이러한 의료적 시술에 부모들이 동의하는 것은 신체이형장애 자녀들로 하여금 자신의 외모에 결함이 있다는 믿음을 더욱 강화시킬 뿐이다. 그리고 피부과 의사나 치과의사 그리고 성형외과 의사들이 치료나 수술하는 것에 동의를 하게 된다면 이는 신체이형장애 자녀가 실제로 결함이 있고 치료를 진행해야 할 만큼 충분히 심각한 상태라는 추가적인 증거물이 될 수 있다. 앞에서도 언급했지만 연구에서도 알 수 있듯이 미용적 시술이나 수술의 결과에 만족하는 신체이형장애 자녀들은 매우 드물다. 한 신체이형장애 사례자는 다음과 같이 말하였다.

'저희 엄마는 저를 정말로 도와주고 싶어했고, 그래서 정말 비싼 피부과 시술 예약을 해주셨지만 효과는 없었어요.'

피부 관리 제품이나 치아 화이트닝 제품 등을 구입해주거나, 의료적 치료를 받을 수 있도록 지원해 주는 등 부모의 입장에서는 자녀의 부탁을 거절하기란 상당히 어려울 수 있다. 하지만 이것은 가족 간의 갈등의 원인이 될 수도 있고, 심지어는 공격적인 싸움으로 이어지기도 한다. 또한 신체이형장애 자녀들이 수술이나 피부 관리 제품을 받지 못하면, 자해 또는 자살을 할 거라고 말하기도 한다. 아마 이는 부모가 자녀에게 들을 수 있는 가장 무서운 말 중에 하나일 것이다. 신체이형장애의 자살과 관한 자세한 내용은 5장에서 다루도록 하겠다.

　신체이형장애 치료에서 전문가들은 신체이형장애로 인해 경험하는 심리적인 고통을 중심으로 당사자와 다른 가족들의 삶에 어떠한 영향을 미치는지 주목한다. 치료 과정의 일부로서 성형 수술과 치과 시술 및 피부과 시술에 집중된 관심을 줄이고, 스킨케어 제품이나 그 비슷한 제품들을 구입하는 것을 그만두도록 한다. 이럴 때에는 부모들이 신체이형장애 자녀가 다른 세안제를 사용해보고 싶어 하는 그 마음은 인정해 주면서, 그 제품을 사는 것이 도움이 되지 않는 이유에 대하여 부드러운 어조로 설명해주는 것이 도움이 된다. 아마 신체이형장애 자녀에게 과거에 세안제를 사주었지만 스트레스 수준이 전혀 줄어들지 않았고, 세안제를 사는 것보다 공예품 키트나 책과 같이 좋아하는 취미에 돈을 소비하는 것이 더 도움이 될 거라고 말하고 싶을 수 있다. 하지만 이러한 제안은 신체이형장애 자녀들에게 실망감과 좌절감을 느끼게 할 수 있는데, 자신이 나아지기 위해 필요하다고 생각하는 것들을 부모가 무작정 들어주지 않는다고 여기거나 혹은 벌을 주고 있다고 느낄 수 있다. 따라서 자녀가 느끼고 있는 좌절감은 충분히 인정해주면서 자녀의 행복을 최우선으로 생각하고 그들을 진심으로 사랑하고 있음을 최대한 전달하도록 한다.

　설사 신체이형장애 자녀가 지금 수술에만 모든 희망을 걸고 있다 하더라도, 그 희망을 함부로 무너뜨리지 않아야 한다. 이 때에는 신체이형장애 자녀에게 얼마나 힘든 일이고 큰 용기를 요구하는 것인지 그 마음을 충분히 알아주면서, 치료에 대한 계획을 잠시 보류해보자고 권유하는 것이 도움이 될 수 있다. 적절한 심리치료를 통해 자녀들이 건강해지면 성형수술이나 외모 관련 제품들에 대한 관심을 멈추고 예전에 희망했던 시술들을 받지 않은 것에 대해 다행스럽게 생각할 수 있다.

피부 뜯기 행동

신체이형장애 자녀의 관심이 피부에 있다면, 피부 뜯기 행동은 매우 흔하게 관찰할 수 있다. 긴 시간을 거울 앞에서 또는 거울을 피해 인식하는 피부의 잡티를 제거하거나 피부의 표면을 매끄럽게 하려고 할 것이다. 하지만, 실제로 피부 뜯기 행동은 피부에 흠집과 흉터를 유발하고, 더 진하게 화장을 하게 되며, 심리적으로 더 고통스럽게 만드는 악순환에서 못 벗어나게 된다. 따라서 전문가의 적절한 도움을 통해 장기적인 피부 손상과 흉터를 방지하고 삶의 질을 향상하기 위해 즉각적인 조치를 취하는 것이 아주 중요하다.

강박적인 피부 뜯기 행동은 혼자의 힘으로는 극복하기 굉장히 어려운 만큼 임상 경험이 많은 전문가의 도움이 필요할 수 있다. 신체이형장애 자녀의 피부 뜯기 행동을 전문가에게 알리고, 다음에 제시한 행동들을 활용하여 자녀를 돕도록 한다. 자녀의 손을 바쁘게 하기(엉킨 것을 풀거나 블루 택(Blu TacK) 조각을 만지작거리기, 예술작품 만들기, 구슬 꿰기, 뜨개질 하기, 부드러운 공 짜기), 면장갑 착용하기, 거울이나 화장실을 사용하는 시간을 정하기, 피부 뜯기 행동을 하고 싶은 충동과 피부를 직접 만지는 행동 사이에 시간 간격 늘리기(예. 핸드폰 타이머를 세거나 사용하기), 멘톨껌을 씹거나 라벤터 향을 담고 있는 손수건 향을 맡는 것과 같이 자신을 진정시킬 수 있는 다른 감각들을 활용하기, 나무 연필에서 연필심을 빼기, 실 풀기, 잡초 뽑기 등 다른 활동들도 장려한다. 또한 아이가 손톱을 잘 다듬고 정리하는 것도 도움이 될 수 있으며 감염을 방지하기 위해 상처를 소독하며 깨끗하게 유지한다. 그리고 마지막으로 집에 있는 모든 핀셋과 핀을 없애는 것도 도움이 될 수 있다.

제3장

신체이형장애가 가족에게 미치는 영향

신체이형장애는 가족들에게 광범위한 영역에서 심각한 영향을 미칠 수 있다. 이번 장에서는 신체이형장애 자녀가 가족 구성원, 가족 관계 그리고 가족 기능 및 일상생활에 미칠 수 있는 영향에 대해서 살펴보고자 한다. 그래서 이번 장을 통해 같은 고통을 경험하는 사람들이 있다는 것과 당신은 결코 혼자가 아니라는 사실을 느낄 수 있기를 바란다. 이제부터는 자녀가 신체이형장애라서 부모가 느낄 수 있는 감정들, 신체이형장애 진단에 대한 의견 차이, 자녀를 돕기 위해 신체이형장애를 수용하는 방법, 마지막으로 형제자매 관계를 포함한 가족들에게 미치는 영향 등등, 신체이형장애 자녀로 인해 부모가 일반적으로 직면하게 되는 다양한 문제들에 대해서 논의하겠다.

신체이형장애 자녀로 인해 부모가 느낄 수 있는 감정들

대부분의 부모나 보호자들은 자녀가 일상 기능에 있어 심각한 손상(예. 심각하게 고통스러워하거나 학교 등교를 거부하는 등등)을 보이기 전까지, 자녀에게 신체이형장애가 있다는 사실을 깨닫지 못하는 경우가 많다. 1장에서 신체이형장애 진단 기준을 읽어보았겠지만,

신체이형장애는 일상 기능을 수행하는데 심각한 영향을 미칠 뿐 아니라, 신체이형장애로 인해 경험하는 심리적 고통이 매우 큰 것이 특징이라고 할 수 있다.

  때로는 부모들이 신체이형장애 징후를 초기에 발견하지 못하고 더 빨리 개입하지 못한 것에 대해 죄책감을 느낀다고 말한다. 하지만 신체이형장애를 초기에 발견하는 것은 매우 어려운 일이다. 신체이형장애 자녀들은 자신의 고민에 대해서 다른 사람들에게 숨기려는 경향성이 있는데, 이는 수치심과 창피함이 크게 자리잡고 있기 때문이다. 또한 외모에 대한 고민을 부모 또는 다른 사람들에게 솔직하게 말하면, 자신이 허영심이나 자만심이 가득한 사람으로 생각할까 봐 걱정하기도 한다. 보통 외모에 대한 스트레스는 청소년기 때 자연스럽게 경험할 수 있는 일이라고 생각하는 경향이 있는데, 이는 이 책을 읽는 독자도 같은 생각을 했을 것이다. 또는 위와는 반대로 자녀가 외모에 대해서 집착하고 있는 자신의 행동에 대해 다른 사람들에게 이야기하였지만, 오히려 말다툼으로 이어지거나 서로 충돌하는 상황이 발생했을 수 있다. 아니면, 보통 사람들 눈에는 보이지 않지만, 자신의 외모에 결함이 있다고 주변 사람들에게 설득하려고 했을지도 모른다. 이러한 행동은 신체이형장애에서 보이는 또 다른 중요한 특징이기도 하다. 이 행동은 신체이형장애에 있어 매우 흔하게 나타나는 행동인 만큼 너무 심각하게 생각하지 않아도 괜찮다. 따라서 초기에 증상을 발견하지 못하였다고 해서 결코 부모의 잘못이 아니며 너무 자책하지 않기를 바란다. 한 사례자는 다음과 같이 말하였다.

  '저도 그리고 제 가족도 신체이형장애에 대해서 들어본 적이 없었습니다. 우리는 그것이 무엇인지 몰랐었고, 심지어 저의 이런 괴로운 감정이 외모와 관련 있는 거라고 생각하지 못했습니다. 지금 돌아보면, 학교에서 거울을 체크하거나 이리 저리 살피기도 하고 다른 친구들이 뭐라고 말하는지 궁금해 하는 행동들을 보였던 것 같습니다. 친구들이 저에 대해서 이야기하는 것만 같았고, 만약 그들이 웃으면 나를 비웃는 것이라고 생각하기도 하였습니다. 하지만 이 모든 행동이 그저 평범한 행동이라고 여기며 크게 생각하지 않았습니다. 자연스럽게 저의 일부분이 되어 제가 하였던 행동들이 신체이형장애 때문이라고 전혀 예상하지 못했습니다. 나중에 학교에 가는 것이 어려워지고 나서야 문제가 심각하다는 사실을 알게 되었습니다.'

많은 부모들은 다른 이유로도 죄책감을 느끼기도 한다. 예를 들어, 어떤 부모들은 일상생활에서 신체이형장애 자녀가 고통스러워할 때, 잘 챙겨주지 못한 것에 대해 죄책감을 느낀다고 한다. 신체이형장애 자녀가 힘들어할 때, 부모로서 아이의 감정을 조절해주고 진정시켜주는 역할을 해야 한다고 생각하지만, 신체이형장애가 있는 상태에서는 그렇게 하기 매우 어렵고, 심지어는 불가능하다는 사실을 느낄 때도 있다. 신체이형장애 자녀의 기분이 나아지기 위해서 자신이 어떻게 도와주어야 할지 감도 못 잡을 수 있다. 또 다른 부모들은 자신이 하는 다른 일(예. 직장을 가거나 다른 자녀 또는 가족들을 돌봐야 하는 경우)로 인해, 신체이형장애 자녀를 보살피지 못할 때 죄책감을 느낀다고 말한다. 실제, 부모가 신체이형장애 자녀에게만 온전히 집중하기란 매우 어려운 일이다. 그러한 이유로 신체이형장애 자녀를 가진 부모들이 대체로 흔하게 느끼는 감정은 죄책감이기도 하다.

죄책감과 함께 부모들이 흔하게 보이는 모습으로는, 부모가 자신의 잘못으로 여기며 자책하는 것이다. 때때로 부모들은 자녀가 신체이형장애가 생기기 전에 이를 막기 위해 무엇이라도 할 수 있었을 것이라고 생각한다. 부모들은 자녀가 신체이형장애 초기 시절을 떠올리면서 '만약에 내가 그때 다르게 했다면, 내 아이가 신체이형장애에 걸리지 않았을 것이다.'고 말하기도 한다. 하지만, 다시 말하지만 자녀가 신체이형장애 진단을 받은 것은 어느 누구의 잘못도 아니라는 점을 거듭 강조하고 싶다.

또한, 신체이형장애 자녀를 둔 부모들은 슬픔이나 상실감에 대해서 표현하기도 한다. 그들은 자녀들이 신체이형장애를 가지고 어떻게 살아가야 할 지, 예전과는 달라진 아이의 행동을 어떻게 받아들여야 할지 혼란스러워 한다. 부모들은 자녀가 신체이형장애로 고통스러워하기 전에 보였던 모습을 그리워하면서, 자녀를 완전히 잃어버린 느낌이 들어 속상할 수 있다. 이것은 부모로서 당연하게 느낄 수 있는 감정과 반응이지만, 희망은 언제나 있다는 것을 기억하면서 예전의 자녀의 모습으로 돌려줄 수 있는 전문적인 치료방법이 있다는 것을 잊지 않기를 바란다.(신체이형장애 치료에 대한 자세한 내용은 7장과 8장를 참조) 치료를 받기 위해 기다리는 시간뿐 아니라 치료를 받는 과정 속에서도 매 순간순간이 아주 길게 느껴질 것이다. 때로는 끝이 보이지 않는다고 느껴질 수도 있다. 하지만, 스스로 대처하는 방법을 찾았고 심지어는 장애를 완전히 극복한 자녀를 둔 부모들도 위와 같은 감정을 느꼈었다는 사실을 알아두었으면 한다. 다음은 한 어머니가 치료를 받고 깨달은 점들을 공유한 것이다.

'제가 조언하고 싶은 것은 신체이형장애 자녀의 아픔을 자신의 탓으로 자책하지 않는 것입니다. 신체이형장애로 힘들어하는 사람을 위해 같이 있어주면서 많은 시간을 함께 보내시기를 바랍니다. 부모는 항상 자녀 옆에 있어 줄 수 있는 존재임을 알려주세요. 때로 신체이형장애 자녀들이 부모들을 힘들게 하는 끔찍한 행동을 보일지라도 이는 신체이형장애라는 괴물로 인한 것임을 기억하기 바랍니다. 자녀의 공격적인 행동을 개인적으로 받아들이지 마세요. 신체이형장애 자녀와 함께 하는 것은 매우 힘든 일입니다. 아마 상처를 받을 수 있고, 좌절될 때도 있고, 화가 날 수도 있습니다. 하지만 자녀가 신체이형장애를 잘 극복하면 다시 사랑스러운 모습으로 돌아올 수 있을 거라는 사실을 기억하기 바랍니다.'

가족 중에 신체이형장애 자녀가 있다면 다른 여러 감정들도 나타날 수 있다. 이는 신체이형장애 진단과 신체이형장애가 가족들의 삶과 관계에 미치는 영향과도 관련이 있다. 부모들은 자녀의 신체이형장애로 인해 많은 스트레스를 받으며, 몸도 마음도 지치고, 불안감과 좌절감 그리고 우울감을 경험하기도 한다. 이러한 측면은 배우자와의 관계나 직장생활 그리고 사회적인 관계를 포함한 삶의 다양한 부분에서 큰 영향을 미칠 수 있다. 다음 섹션에서는 신체이형장애가 가족들 삶에 미치는 중요하고 다양한 영향에 대해서 이야기를 나눌 것이다. 그래서 신체이형장애가 가족의 일상생활과 부모의 정신 건강에 얼마나 큰 영향을 미치는지 이해하는데 도움이 되기를 바란다.

여기서 중요한 것은 부모가 자신을 위한 지원이 개별적으로 필요할 수 있다는 점이다. 이 모든 과정에서 부모도 감정적으로나 심리적으로 욕구가 있는 존재임을 기억하면서 자기자신을 잃어 버리지 않도록 노력해야 한다. 부모가 건강하고 행복해야만 어려운 상황을 잘 대처하고 아이를 잘 도와줄 수 있다. 비행기에서 다른 사람들을 돕기 전에 자신부터 산소마스크를 쓰는 것과 같이 신체이형장애 자녀를 대할 때에도 동일하게 적용된다.(부모의 자기 관리와 관련된 자세한 내용은 10장을 참조)

신체이형장애 진단에 대한 의견 차이

가족 내에서 생기는 긴장과 갈등의 경우, 자녀가(부모도 그럴 수 있지만) 신체이형장애 진단이 자신이 경험하는 고통에 적합한 진단이 아니라고 생각할 때 발생하기도 한다. 신체이형장애 자녀들은 실제로 외모에 문제가 있다고 생각할 뿐, 정서나 심리적인 문제로 보지 않는다. 이러한 의견 차이는 가족 내에서 언쟁이나 갈등으로 이어질 수 있다. 부모나 다른 사람들은 전혀 보이지 않음에도 불구하고, 신체이형장애 자녀들이 자신에게 결점과 흠이 있다고 계속해서 주장한다면 부모로서 좌절감이 크게 들고 매우 속상할 것이다. 신체이형장애 자녀에게 괜찮아 보인다거나 혹은 보이지 않는다며 설득할 수 있지만, 이러한 대화는 도움이 되지 않을 뿐만 아니라, 쉽게 휘말리게 된다. 아마 경험을 통해 알겠지만, 자녀의 기분이 나아지도록 하기 위해서 외모에 결함이나 흠이 없다고 말해주는 것은 전혀 도움이 되지 않는다.

또한, 신체이형장애 자녀들을 위한 해결 방법이라고 생각하는 것들로 인해, 가족구성원 모두가 스트레스를 받을 수 있다. 예를 들어, 신체이형장애 자녀가 수술이나 제품 또는 화장품 혹은 새로운 옷 등을 지속적으로 요구하거나, 이러한 요구에 빨리 응답해 달라고 재촉하는 경우처럼 말이다. 하지만 이러한 신체이형장애 자녀들의 요구에 가족들이 응해주는 것은 장기적으로 볼 때, 신체이형장애 자녀의 고통을 줄여주지 못한다. 오히려 재정적으로 부담이 될 수 있고, 가족간의 갈등의 원인이 되기도 한다. 실제, 신체이형장애 자녀들이 요구하는 신체적인 시술이나 화장품 또는 옷들을 부모가 제공해 주어도 잠깐의 안도감만 제공할 뿐, 문제를 해결하거나 불안감을 감소시키지 못한다. 이러한 대화와 요구에 대처하는 방법에 대해서 가족 구성원들마다 다른 의견을 가질 수 있는데, 이것이 또다시 부모와 신체이형장애 자녀, 혹은 부모와 다른 가족 구성원 사이에 팽팽한 의견 대립을 불러일으킬 수 있다.

 이렇게 초기에는 신체이형장애 진단에 대한 의견 대립은 흔한 일이다. 하지만, 전문가들은 많은 환자들을 치료해 오면서 자녀들이 신체이형장애 진단을 받아들일 뿐만 아니라, 진단으로부터 안도감까지도 느끼는 것을 보아왔다. 그러므로 희망을 가지고 자녀를 고통스럽게 만드는 신체이형장애 진단에 대해 부드럽고 열린 대화를 나눌 수 있기를 바란다. 신체이형장애로 인해 일상생활에 미치는 영향을 중심으로 대화를 나누며, 신체이형장애의 근본적인 원인은 신체적인 것이 아니라 심리적인 것임을 계속해서 알려주는 것이 필요하다. 자신의 외모에 진짜 결함이 있다고 믿으며 성형수술까지 받으려 했던 한 사례자는 다음과 같이 말했다.

  '상담가가 저에게 보낸 편지에는, '당신은 신체이형장애인 것 같습니다. 이것은 국민 건강 보(NHS)험에 따른 정의이며 도움이 될 만한 읽을 거리를 추천해드립니다.'라고 적혀있었습니다. 가족들이 저에게 방문하러 왔다가 편지를 읽으며 '어머나 세상에, 이건 너를 그대로 적어 놓은 것 같구나!'라고 하였습니다. 마치, 확인을 받는 것만 같았습니다. 그것은 많은 것을 설명해 주었습니다. 돌이켜보면 8살 때부터 18살 사이의 세월 동안 나와 가족들에게 크나큰 변화와 혼란을 경험했기에, 한편으로는 안도감이 들었습니다. 가족들을 너무나도 사랑하지만 나로 인해 그 힘든 일을 겪게 했다는 것에… 내 잘못이 아니라는 것을 알지만, 내가 왜 그렇게 행동을 했었는지 그 이유에 대해서 이성적으로 받아들일 수 있었습니다. 신체이형장애 진단은 그런 면에서 나에게 안도감을 주었고, 우리 모두에게 필요한 것이었다고 느꼈습니다.'

신체이형장애에서 가족의 부응 행동(Family accommodation of BDD)(신체이형장애 자녀를 안심시키기 위해 가족들이 하는 행동)

'가족의 부응 행동'이라는 용어는 신체이형장애 자녀의 고통을 완화시키기 위해 가족 구성원들이 그들의 행동을 변화시키는 것을 의미한다. 부모들은 자녀의 신체이형장애 행동에 부응하기 위한 다양한 방법을 이야기하였는데, 그 자체만으로도 가족 구성원들에게는 큰 영향을 미친다. 예를 들어, 신체이형장애 자녀들이 자주 빗질하는 것을 도와주거나, 자신의 외모에 대하여 살펴봐달라고 물어볼 때 반응해 주거나, 또는 자녀에게 피부관리제품이나 치과 수술처럼 시술에 돈을 지원해주는 것과 같이, 부모들이 신체이형장애와 관련된 반복적인 행동이나 의식적인 행위에 직접 관여하게 된다고 말한다. 제품을 사주거나 시술을 해주는 것은 가족들에게 재정적으로 부담이 될 수 있다. 특히, 자녀가 다양하고 여러 가지 제품들을 구매하였지만, 인식하는 외모의 결함이 고쳐지지 않아 다른 제품이나 새로운 시술을 희망하면서 기존에 구입한 물품들을 버리게 되는 경우에는 더더욱 그렇다.

또한, 신체이형장애 자녀들은 자신의 결함이 보이는지 또는 자신이 생각하는 것만큼 정말 이상한지 확인하기 위해 다른 사람들에게 물어보면서 심리적으로 안정감을 얻고자 한다. 하지만, 이러한 신체이형장애 자녀들의 행동은 인식하는 외모의 결함이 부모들 눈에는 실제로 보이지 않아 엄청난 갈등이 생길 수 있고 가족 관계있어서도 부정적인 영향을 미칠 수 있다. 또한 심리적 안정감을 얻기 위하여 자녀가 대화를 시도할 때 부모들은 다소 짜증이 날 수도 있다. 신체이형장애 자녀는 자신의 외모에 문제가 있다고 부모들을 설득하려 하고, 부모들은 자녀에게 아무런 문제가 없다며 서로 설득하게 된다. 단순히 자녀가 보는 방식으로 부모는 볼 수 없을 뿐인데, 이에 대해 자녀들은 자신의 고민을 부모가 심각하게 여기지 않는다고 생각하거나 무시한다고 느낄 수 있다. 신체이형장애에 대하여 자녀와 함께 대화를 나누는 방법은 4장에서 다루도록 하겠다. 한 사례자는 다음과 같이 말하였다.

'사람들은 저에게 말하곤 합니다. "있잖아, 내가 보기에는 괜찮은데, 무엇이 문제야? 매력적인 소녀로만 보이는데, 무엇이 불만인 거야?" 하지만 저에게는 그들이 말하는 것처럼 보이지 않습니다. 오히려 저에게 거짓말을 하거나 아니면 속이려고 한다고 생각될 뿐입니다.'

그리고 신체이형장애 자녀들은 사회적인 상황과 같이 특정한 환경을 최대한 피하려고 할 것이다. 신체이형장애를 전문적으로 치료 받는 자녀들 중 적어도 3분의 1은 집 밖으로 나가지 못하고 방에서만 갇혀 지내거나 학교 수업에 지속적으로 출석하지 못했다. 신체이형장애 자녀들 중 일부는 부모님이나 가족들에게 자신이 힘들어하는 모습을 들키기도 하는데, 이것은 가족에게 말로 표현할 수 없을 정도로 가슴 아픈 일이 되기도 한다. 또한, 신체이형장애 자녀들의 회피 행동에 있어, 부모가 도움을 주려고 할 수도 있다. 예를 들어 어떤 부모들은 집안에 있는 거울들을 없애거나 완전히 덮어 가리기도 하는데, 이는 신체이형장애 자녀가 거울에 비친 자신의 모습에 고통스러워하지 않도록 또는 인식하는 외모의 결함을 체크하기 위해 거울 앞에서 오랜 시간을 보내지 않도록 도와주기 위함이다. 또는 신체이형장애 자녀가 외부 사람에게 자신의 모습을 보여주기 힘들어 대중교통을 이용하지 못하는 경우, 부모가 직접 운전을 해주거나 택시비용을 지불해주기도 한다. 어떤 가족들은 신체이형장애 자녀가 다른 사람들과 함께 식사하는 것을 너무 고통스러워하여, 자녀가 머물고 있는 방으로 직접 음식을 가져다주기도 하였다고 말한다. 한 사례자는 다음과 같이 설명하였다.

'저는 밖에 나가지 않고 몇 달을 지냈습니다. 거실에 나갈 수는 있었지만, 혹여 누군가 저의 맨 얼굴을 볼까봐 너무 두려워서 커튼이 열려 있는 거실 소파에 앉는 것조차 어려웠습니다.'

신체이형장애 자녀를 맞춰주기 위해 직업 패턴을 바꾸는 경우도 있다. 예를 들어 자녀가 화장을 하거나 혹은 옷을 챙겨 입는데 몇 시간이 걸리고, 거울로 자신을 확인하느라 오랜 시간을 보내는 등, 아이가 아침에 준비하기 힘들어 한다면 부모는 직장에 늦게 출근하게 될 수도 있다. 또 다른 부모들의 경우, 걱정되는 자녀를 혼자 집에 두고 나가기 어려워, 일을 그만두기도 한다.(절망감과 자살에 대한 대응은 5장을 참고) 이렇게 되면 경제적으로 크게 부담감을 느낄 수 있는데, 특히 신체이형장애 자녀에게 외모를 고칠 수 있는 물건을 사주거나 시술을 하도록 돈이 추가적으로 지출된다면 더욱 그렇다.

  신체이형장애 자녀들의 심리적인 고통을 줄이기 위해 가족들이 부응하는 행동에는 여러 가지가 있다. 하지만, 이러한 방법으로 고통을 줄이는 것은 아주 일시적이다. 신체이형장애 자녀의 요구에 부응하게 된다면 더 많은 것을 해주어야 할 것이고, 이것은 결국 악순환이 된다. 가족들이 부응하는 행동은 자녀의 신체이형장애 증상을 강화시키며, 외모의 중요성을 더욱 높이고, 인식하는 외모의 결함을 고치거나 숨겨야 할 필요가 있음을 은연중에 강조하게 된다. 하지만 이러한 자녀들의 요구에 가족들이 부응하지 않는다는 것은 상당히 어려운 일이다. 아마, 그 당시에는 신체이형장애 자녀의 요구에 부응하는 것이 가장 안전하고 적절한 대응책이라고 여기어질 수도 있다.

  신체이형장애 자녀들은 가족들이 부응하는 행동에 고맙다고 생각할 수 있지만, 아마 본인 스스로도 외모에 대한 고민을 일시적으로만 줄여준다는 사실을 인지하고 있을 것이다. 이러한 가족들의 부응 행동은 부모 또한 자신의 외모에 문제가 있다고 생각하는 것으로 받아들여질 수 있는데, 예를 들어 자신의 피부에 문제가 없다고 믿는데 부모가 왜 피부과 제품을 사주는지 마음속으로 궁금해하는 것과 같다. 이렇듯 신체이형장애 자녀의 요구를 들어주기도, 그렇다고 그냥 무시하기도 어려워 부모는 갈팡질팡할 수 있다. 특히, 부모는 자녀가 행복해질 수 있도록 하는데 모든 것을 집중하는 경향으로 인해 더더욱 그럴 수 있다.

아마 이러한 자녀들의 요구에 부응하지 않고, 어떻게 대응해야 하는지 고민할 수 있다. 게다가 많은 경우 신체이형장애 자녀가 적절한 치료를 받기 전까지 부모는 이러한 요구에 부응할 수도 있다. 하지만 명백한 사실은 전문적인 치료를 통해서만 도움을 받을 수 있다는 점이다.(8장을 참조) 만약, 신체이형장애 자녀와 함께 계획을 세우지 않는다면, 부모가 무엇을 어떻게 해야 할지 더욱 혼란스러울 수 있다. 또한, 적절한 조언이나 지원 없이 자녀의 요구를 무작정 거절하는 경우, 가족들이 신체이형장애 자녀들을 다루기 더욱 어려워질 수 있다. 여러분들이 신체이형장애 자녀들과 대화를 시도할 때 필요한 몇 가지 내용들은 아래와 같다.

가족의 부응 행동과 관련하여 신체이형장애 자녀들과 대화를 시도할 때 필요한 것

☐ 가족들이 부응하는 행동과 관련해서 신체이형장애 자녀와 이야기 나눌 수 있는 시간을 마련하고, 자녀들이 대화를 나눌 준비를 할 수 있도록 기회를 충분히 제공한다.
☐ 중립적인 태도와 비판단적인 어조로 신체이형장애 자녀가 느끼고 있는 감정, 행동방식, 그리고 가족 역동과 관련하여 조금이라도 느껴지는 변화들이 있는지 물어본다.
☐ 부모가 느끼고 있는 딜레마와 고민에 대해서 자녀와 함께 나눈다. 예를 들어 '현재 가족이 어려운 상황에 있다는 것에 대해서 이해

하고 있는 것 같구나. 우리 모두가 좀 더 나아지기 위해 다 함께 할 수 있는 변화들에 대해서 생각해보고 싶은데, 네 생각은 어떤지 궁금하구나.'
☐ 각 자녀들마다 다르겠지만, 신체이형장애 관련하여 줄여야 하는 가족들이 부응하는 행동으로 대표적인 예는 다음과 같다. 화장실 사용 시간을 제한하거나 타임 스케줄 표 만들기 // 하루에 거울을 보는 시간을 정해서 다른 가족들도 사용할 수 있도록 하기 // 제품을 사용할 수 있는 용량을 제한하기 // 자녀가 안심추구행동을 할 때 어떻게 반응할지에 대한 합의 등등
☐ 지금 이 과정에서 중요한 것은 자녀가 스트레스를 많이 받고 있다는 점을 인정해주는 것이다. 만약 가족들이 부응하는 수준을 줄이기 위해 시도한 방법이 자녀에게 어렵다고 판단되면, 단계를 다시 조정하고 더 세분화시켜 적용한다.
☐ 가족들이 부응하는 행동을 줄여나가는 것은 처음에는 매우 힘들게 느껴질 수 있지만, 시간이 지나면 더 쉬워질 것이라고 자녀를 격려하는 것이 도움이 될 수 있다. 또한 '우리가 한동안 거울을 가졌지만, 가족 모두가 이 거울을 사용해야 한다는 것을 알고 있을 거라고 생각해. 우리가 이러한 시도를 하는 것은 우리 가족들의 삶에 있어 아주 중요하단다.'라며 가족들이 부응하는 행동을 줄이려는 목적과 그 이유를 설명하고 반복적으로 상기시켜 준다.
☐ 가족들이 부응하고 있음에도 불구하고 아직도 자녀는 심리적으로 고통스럽고, 외모에 대한 고민으로 여전히 일상생활에 있어 어려움이 겪고 있음을 언급해 줄 필요가 있다. 가족들이 부응하는 것은 장기적으로 볼 때, 상황을 더 나아지게 만들지 못한다. 따라서 가족들이 부응해주는 것 이외에 다른 지원을 받을 수 있다고 말하며, 예를 들어 신체이형장애에 특화된 전문가를 만나보라고 권유할 수도 있다.

신체이형장애가 가족 관계에 미치는 영향

신체이형장애는 다양한 이유로 가족관계에 있어 긴장감을 형성하도록 만들 수 있다. 누구나 영향을 받을 수 있지만, 특히 일반적으로 형제 또는 자매들에게 영향을 미친다. 만약 여러 명의 자녀를 두었다면 부모로서 다른 자녀들의 요구와 균형을 맞추는 것이 어려울 수 있다. 형제자매 입장에서 자신이 방치되었다고 또는 무시 받았다고 느끼게 되면 신체이형장애 자녀가 특혜를 받는다고 생각할 수 있으며, 특히 형제자매를 힘들게 하는 것이 무엇인지 이해하지 못한다면 더욱 그러할 것이다. 형제자매들도 부모와 마찬가지로 신체이형장애에 대해서 수용해야 한다고 느낄 수 있는데, 이것은 큰 부담으로 다가올 수 있다.

부모들은 종종 자녀들 사이에서 미묘한 긴장감이 느껴진다고 말한다. 때로는 형제자매와 다툼이 있을 때 신체이형장애 자녀 외모에 대해서 부정적인 의견을 말하기도 하는데, 이럴 때에 어느 쪽도 옳고 그른 것이 없기 때문에 형제자매들 간의 다툼을 조율하기 어려울 수 있다. 이런 경우에는 형제자매들이 정서적으로 또는 심리적으로 도움이 필요한 건 아닌지 고려해 보아야 한다. 다음은 신체이형장애 자녀에게 영향을 받는 다른 가족 구성원들을 돕기 위한 몇 가지 방법들이다.

> **신체이형장애 자녀로 인해 힘들어하는 가족 구성원을 지원하는 방법**
>
> ☐ 가족 구성원들에게 따로 시간을 내어서 그들이 어떤 감정을 느끼고 있는지 그리고 신체이형장애 자녀가 자신의 삶에 어떠한 영향을 미치고 있는지 대화를 나눈다. 아마 부모의 경험과 비슷한 감정을 느끼고 있을 가능성이 높을 것이다.
> ☐ 가족 구성원들이 필요로 하는 것을 함께 생각하면서, 그들도 지지 받고 있다고 느끼도록 한다. 그리고 가족구성원이 힘들어하는 부분을 어떻게 다루어야 할지 다양한 대응책들을 함께 찾아본다. 예를 들어 가족구성원들이 좋아하는 것을 일대일로 같이 하거나, 그들의 기분에 대해서 충분히 이야기할 수 있도록 많은 시간을 할애하거나, 부모가 신체이형장애 자녀에게만 집중하지 않는 것 등이 될 수 있겠다.
> ☐ 형제자매들에게 신체이형장애 자녀들이 의도적으로 상처를 주려고 그런 식으로 행동을 하는 것이 아니라, 정신적으로 힘들기 때문이라고 설명하며 이해를 돕는다.
> ☐ 보드게임을 같이 하면서 시간을 보내는 등, 형제자매들이 신체이형장애 자녀와 관계를 잘 유지하며, 함께 어울릴 수 있도록 격려한다.

신체이형장애는 친척들(고모, 삼촌, 할머니 또는 할아버지)나 친구들 그리고 주변의 지인들에게까지도 지대한 영향을 미칠 수 있다. 신체이형장애 행동을 관리하는 방법에 대하여 서로 다른 의견을 가질 수 있다. 때로는 신체이형장애 자녀를 둔 부모들은 다른 사람들이 자신들을 비난하는 것처럼 느껴진다고도 말한다. 예를 들어 부모에게 조부모들이 신체이형장애 자녀들을 더 강하게 훈육시켜야 한다고 말하기도 한다. 이것은 부모를 매우 힘들게 할 수 있다. 이럴 때에는 신체이형장애가 무엇인지 그리고 가족들에게 어떠한 영향을 미칠 수 있는지 다른 사람들과 공유하는 것이 도움이 될 수 있다. 그리고 다른 가족구성원들이나 친구들의 생각대로 하게 되었을 때, 신체이형장애 아이들이 얼마나 힘들어질 수 있는지 서로 이야기 나누어 보는 것도 좋다. 예를 들어 신체이형장애 자녀들이 하는 위장술을 부모가 갑자기 못하게 막는다면, 자녀는 심적으로 극도로 스트레스를 받을 수 있다고 이야기 나누어 보는 것도 좋다.

또한 부모로서 지금 경험하고 있는 고통에 대해서 다른 사람들이 이해하는 것도 중요하다. 당신의 경험과 신체이형장애 대한 지식들 그리고 영국 신체이형장애 재단(BDD Foundation)과 같이 전문적인 지식과 정보들을 타인들과 공유함으로서 이해를 높이고, 지원 또한 받을 수 있다. 중요한 건 지금 아주 어려운 상황에서 부모로서 할 수 있는 최선을 다하고 있다는 점을 기억하는 것이다. 가족 구성원들과 대화를 나누고 도움을 요청하는 것에 대한 자세한 정보는 10장을 참고하기 바란다.

신체이형장애로 인해 자녀가 전혀 다른 사람이 되어버린 것 같을 때

많은 부모들이 자신의 자녀들을 신체이형장애로 잃어버린 것 같다고 말한다. 신체이형장애 자녀들은 너무 고통스러워, 그들의 성격이나 기질과는 전혀 다른 방식으로 행동할 수 있다. 한 사례자는 다음과 같은 이야기를 했다.

> '제가 느끼는 바로는, 제 머리 속에 두 개의 마음이 있다고 생각됩니다. 하나는 신체이형장애가 있는 제 모습이고, 다른 하나는 원래의 제 모습입니다.'

많은 신체이형장애 자녀들은 자신의 고통을 공격적인 방식으로 표현하는데, 이것은 언어적일 수 있지만 육체적일 수도 있다. 부모들은 신체이형장애 자녀가 집에서 공격적으로 행동할 때, 다루기 매우 어렵다고 이야기한다. 물론, 신체이형장애가 너무 고통스러워 순간적으로 폭발적인 감정을 표현하는 것으로 이해될 수 있지만, 가족들이 받아줄 수 있는 부분과 그렇지 못하는 부분에 대한 기준은 필요할 수 있다. 이러한 기준은 자녀의 공격적인 행동에 대해서 대응할 때 판단하는 기초가 될 수 있다.(이와 관련된 내용은 다음 장에서 더 자세하게 다룰 것이다.)

중요한 것은 자녀가 이해할 수 없는 행동을 보인다 하더라도, 자녀의 원래 모습은 여전히 남아 있다는 사실을 기억해야 한다. 자녀의 예전의 모습은 신체이형장애가 조절하게 되거나 치료되었을 때 다시 돌아오게 될 것이다. 많은 부모들이 기쁜 마음으로 이야기하는 것으로는 치료를 통해서 자녀가 원래 가지고 있었던 흥미나 취미, 성격 등이 다시 돌아왔다는 것이다. 12장에서 신체이형장애 자녀가 치료 이후에도 어떻게 희망을 유지할 수 있는지, 그리고 미래에 대한 계획을 세우는데 있어 무엇을 더 고민해야 하는지 다룰 예정이다. 다음은 수년간 신체이형장애와 씨름하며 보냈던 사례자가 한 말로, 그 속에 담겨있는 희망을 발견할 수 있기를 바란다.

'치료를 받으면서 다른 사람들도 만나고 다양한 경험을 쌓으며 점점 발전할 수 있었고, 그로 인해 진정한 제가 될 수 있었습니다. 자유! 과거에는 부정적인 생각에 빠져있었지만, 이제는 그 생각들로부터 해방되었습니다. 어쩌면 누에고치에서 나오는 나비의 모습이 신체이형장애와 함께하는 여행의 예가 될 수 있을 것 같습니다. 이제 저는 신체이형장애로부터 자유로워졌다고 생각합니다.'

제4장

신체이형장애가 가족에게 미치는 영향 다루기

우리는 3장에서 신체이형장애가 가족들의 일상생활에 미치는 다양한 영향들에 대해서 살펴보았다. 이번 장에서는 이러한 영향들을 다루고 관리하는데 도움이 될 수 있는 몇 가지 방법들을 제시하려고 한다. 앞으로 제시하는 내용들은 일반적인 지침이며, 만약 부모가 자녀의 개별적인 특성을 고려하여 신체이형장애를 전문적으로 하는 정신 건강 전문가와 함께 한다면 최고의 효과를 얻을 수 있을 것이다. 신체이형장애뿐 아니라, 다른 정신 건강 장애도 한 가지 방식으로 치료할 수 없다. 이 책을 읽고 있는 부모가 정신 건강 지원 서비스를 받아본 적이 없을 수 있으므로, 이번 장에서 이와 관련하여 다루고자 한다. 이 부분에 대하여 다루는 것은 매우 중요하며, 더 자세한 조언은 7장에서 확인할 수 있다. 특히, 신체이형장애 자녀가 치료를 시작하기 전, 자녀의 심리 상태가 가능한 안정적으로 유지하는데 중점을 두어야 한다.

신체이형장애에 대해 자녀와 대화하는 방법

자녀와 신체이형장애에 대해서 대화를 나누는 과정에는 여러 단계가 있다. 신체이형장애 자녀와 이야기를 전혀 나누지 못했을 수도 있고, 또는 자녀에게 신체이형장애에 대하여 대화를 나누었을 수도 있다. 아니면 다른 가족 구성원이나 또래 친구들을 통해 신체이형장애에 대해 자녀가 알게 될 수도 있다. 결정적으로는 신체이형장애 진단을 받게 되면서 알게 되는 경우도 있는데, 이때 자녀들과 주변 사람들 사이에 의견 차이가 발생할 수 있다. 예를 들어 자녀는 이 문제에 대하여 신체적 외모에 원인이 있다고 믿는 반면, 부모는 정서적이고 심리적인 이슈로 인한 것으로 생각할 수 있다.

물론, 올바른 치료적 접근을 위해서는 진단이 필요할 수 있다. 하지만 신체이형장애 진단에 대해 자녀와 옳고 그름을 따지는 것은 그렇게 중요하지 않다. 신체이형장애 진단에 지나치게 집중하게 되면, 자녀들의 불안감만 커지고 결국 그들에게 도움이 될 수 있는 대화를 나누기 더욱 어려워질 수 있다. 그 대신, 자녀가 함께 동의하는 다양한 진단 요소들에 초점을 맞추면서, 자녀가 경험하고 있는 심리적 고통이나 기능적 손상에 대해서 대화를 나누는 것이 중요하다. 실제, 치료 전문가들은 신체이형장애 자녀들을 치료에 참여시키기 위해서 그들이 경험하는 심리적 고통이나 기능적 손상에 대해 대화를 나누는 방법을 사용하기도 한다. 이러한 접근법은 매우 효과적으로 작용하는 경우가 많은데, 대부분 부모와 자녀가 일상생활에서 경험하는 심리적인 고통과 기능적 손상에 대해서 동의하기 때문이다. 이렇게 의견 차이를 줄이는 것은 치료할 때 중점을 두는 부분이기도 하다.

따라서 자녀가 신체이형장애를 가지고 있는지 아닌지 논쟁하는 것은 최대한 피해야 한다. 또한 자녀의 외모에 결함이 있는지 없는지 자녀와 대화를 나누는 것은 도움이 되지 않는다. 물론, 이러한 대화를 자제하는 것은 매우 어려운 일이다. 특히 감정적으로 혼란스러워하고 있는 신체이형장애 자녀의 안심추구행동에 부모들은 쉽게 휘말릴 수 있다. 이럴 때에는 신체이형장애 자녀와 함께 있어주면서, 다음과 같이 말해줄 수 있다. 예를 들어 '외모에 대한 걱정 때문에 네가 많이 괴로워한다는 것을 알고 있단다.' 또는 '서로가 가지고 있는 견해가 다르다 보니, 나에게 보이는 것과 보이지 않는 것을 너에게 말해주기 어렵게 느껴지는구나. 그렇지만 네가 굉장히 고통스러워하는 것을 너무 잘 알고 있단다. 그래서 가능하다면 너를 도와주고 싶구나'와 같이 말할 수 있다. 하지만, 위와 같은 부모의 노력에도 불구하고 자녀의 고통이 즉각적으로 줄여지지 않을 수 있다. 자녀들은 계속해서 자신의 질문에 답변을 달라고 하거나 부모로부터 안심을 요구하면서 귀찮게 할 수 있다. 따라서 신체이형장애 자녀가 자신이 고통스러워하는 것에 대해 부모가 공감하고 있다는 사실을 느낄 수 있도록 해주어야 한다.

만약, 신체이형장애 자녀들과 대화를 나눌 때, 그들이 걱정하는 외모의 특정 부분이 계속해서 언급되고 피하기 어렵다면, 부모로서 경험하는 딜레마에 대해 자녀의 나이에 맞는 이해 수준에 따라 대화를 시도해 볼 수 있다. 서로 다른 견해를 가지고 있는 상태에서 지금 일어나고 있는 상황을 어떻게 대처해야 하는지 혼란스러운 부모의 마음을 전달할 수 있다. 이는 신체이형장애 자녀가 지금 얼마나 고통스러운지 인지하고 있으며 이와 동시에, 부모 또한 자녀들 못지않게 힘들어 하고 있음을 부드럽게 전달할 수 있다. 만일 신체이형장애로 진단되고, 그에 대한 대화를 나누어야 한다면 아래 상자에 있는 조언들을 참고하여 자녀와 함께 논의해 보도록 한다. 다음은 신체이형장애에 대해서 자녀와 대화할 때 필요한 사항들이다.

신체이형장애에 대하여 자녀와 대화 나누기

- ☐ 신체이형장애라는 장애명에 집중하기보다 외모에 대한 지나친 관심으로 발생하는 부정적인 영향이나 심리적 고통에 초점을 맞춘다.
- ☐ 신체이형장애가 허영심으로 인한 것이 아님을 알고 있다고 자녀에게 설명해준다. 그리고 그들이 실제로 심리적 고통을 얼마큼 느끼고 있는지, 또는 외모의 결함에 얼마나 집착하고 있는지 확인하도록 한다.
- ☐ 자녀가 경험하고 있는 고통에 대해서 과소평가하거나, 그들이 말하는 인식하는 외모의 결함에 대해서 어떠한 조언도 하지 말아야 한다. 예를 들어 "너의 모습을 있는 그대로 받아들여야 한다"고 말하는 것은 자녀들에게 도움이 되지 않을 뿐더러, 오히려 심리적 고통만 유발시킨다.
- ☐ 어려울 수 있겠지만, 신체이형장애 자녀가 말하고 인식하는 외모의 결함에 대해서 대화를 나누는 것은 최대한 피하도록 한다. 인식하는 외모의 결함이 보이는지 아닌지에 대해 대화를 나누는 것은 서로간의 긴장과 갈등을 일으킬 뿐 회복에 도움이 되지 않는다. 인식하는 외모 결함은 자녀들의 개인적인 경험이며, 신체이형장애로 인하여 삶에 미치는 영향에 대해서 인지할 수 있도록 돕는다.
- ☐ 때로는 신체이형장애 자녀와 대화를 나누는 것이 너무 어렵다고 느껴질 수 있다. 그런 경우에는 대화를 나누려고 하는 대신, 영국 신체이형장애 재단(BDD Foundation) 홈페이지에 있는 자료와 정보

> 어려움에 대한 통찰력을 높이도록 한다. 또는 런던 모즐리 병원 국립 전문 강박장애, 신체이형장애 및 관련장애 클리닉(the National and Specialist OCD, BDD and Related Disorders Clinic at the Maudsley Hospital in London)의 전문가들이 쓴 'Appearance Anxiety(2019)'이 란 책을 자녀와 같이 읽어보는 것도 추천한다.

많은 부모들은 자녀가 심리적으로 안정적일 때, 신체이형장애에 대하여 자연스럽게 대화를 나눌 수 있었다고 말하며, 이와는 반대로 신체이형장애와 관련된 행동을 보이거나 극도로 고통스러워할 때는 대화를 자제하는 것이 좋다고 말한다. 신체이형장애 자녀에게 이런 대화가 어떤 순간에는 위협적으로 느껴질 수 있으며, 심리적 고통을 더욱 증가시킬 수 있다. 따라서 신체이형장애 자녀가 대화를 나눌 수 있는 편안한 시간을 찾고, 자녀가 고통스러워하는 모습이나 신체이형장애 관련 행동들에 대해서 부모가 인지하고 있음을 서로 공유한다. 이러한 대화는 신체이형장애 자녀로 하여금 인식하는 외모의 결함이나 결점들을 고치려고 하기보다, 자신의 고통을 다루기 위해 스트레스를 줄일 수 있는 실질적인 방법을 도모하게 만든다. 또한 그러한 방법들이 자신에게 어떠한 영향을 미치는지 관심을 갖도록 할 수 있다. 때로는, 신체이형장애 자녀들이 자신의 결함을 고칠 수 있는 해결책을 제시하며 대화에 응할 수도 있다. 이에 부모는 물리적인 치료법이나 제품 외에 다른 방법들도 있으며, 이에 대해서 탐색할 수 있는 기회로 활용한다.

위와 같은 대화는 일반적으로 여러 번 이루어져야 한다. 신체이형장애 자녀가 정신과나 심리치료를 고려할 때까지 계속해서 이러한 대화를 반복적으로 나누어야 할 수도 있다. 단지 대화를 나누는 것만으로 자녀가 심리 치료를 받는 것에 대해 바로 동의하지 않을 수 있다. 하지만 그럼에도 불구하고 일관성을 유지하면서 지속적으로 대화를 나누는 것이 중요하다. 많은 부모들은 신체이형장애 자녀들이 어떤 반응을 보일지 걱정되어 이러한 대화를 꺼내는 것이 조심스러울 수 있다. 아마, 신체이형장애 자녀와 대화를 나누기 위한 시간을 찾는 것부터 난관에 봉착할 수도 있을 것이다. 하지만 대화의 중요성은 아무리 강조해도 지나치지 않다. 이러한 부모와의 대화를 통해 신체이형장애 자녀가 자신에게 지금 무슨 일이 일어나고 있는지 인식하도록 하고, 심리적 고통에 대한 통찰력을 쌓을 수 있도록 돕는다. 또한 신체이형장애 자녀가 부모에게 도움을 부탁하는데 있어 좀 더 적극적으로 요청할 수 있도록 돕는다. 한 사례자에 의하면 신체이형장애와 싸우는 동안 어머니와 마음을 터놓고 대화하는 것이 큰 도움이 되었다고 말한다.

'저는 저를 도와주었던 엄마와 가족들과 더 가까워질 수 있었습니다. 마음을 열고 다 함께 대화를 나누게 되면서, 저의 상태에 대해서 어머니가 항상 확인하지 않아도 되었고, 신체이형장애에 관한 책을 읽어야 하는 필요성도 줄어들게 되었습니다.'

가족의 부응 행동 다루기

3장에서 살펴봤듯이, 가족들은 자녀의 신체이형장애를 돕기 위해 다양한 시도를 하였을 것이다. 가족의 부응 행동에 대해서 다시 설명하자면, 신체이형장애가 있는 자녀의 고통을 완화시키기 위하여 가족 구성원들의 행동을 변화시키는 것을 의미한다. 치료를 시작하지 않은 상태에서는 가족의 부응 행동에 대하여 조언(해도 되는 것과 하면 안 되는 것)하기 어려운 부분이 있는데, 이는 일반적으로 치료적 맥락에서 이루어져야 가장 효과적이기 때문이다. 그럼에도 불구하고 이번 장에서는 몇 가지 일반적인 지침을 제공할 것이며, 이에 궁극적으로 치료적 조언과 지원을 보완하고자 한다.

물론, 치료를 시작하기 전에 가장 중요한 것은 신체이형장애 자녀가 심리적으로 안정되어 있어야 한다는 것이다. 그리고 자녀가 신체이형장애를 이해하고 수용하기 위해 가족 구성원들이 무엇을 해야 하는지 전문가와 상의해보는 것도 도움이 될 수 있다. 또는 자녀가 신체이형장애를 이해하기 위해 매일 같이 하고 있는 일들을 적는 등 일기를 간단히 작성하는 것도 도움이 될 수 있다. 아마도 신체이형장애 자녀를 돕고 싶은 마음에 부모나 가족들이 이들에게 부응하는 행동을 계속해 왔을 것이다. 따라서 이 단계에서 가족의 부응하는 행동이 자녀의 신체이형장애 증상을 강화시킨다는 사실을 인식하면서, 가족들이 부응하는 행동을 새로 만들지 않도록 주의한다.

신체이형장애 자녀를 이해하기 위해 부모가 하고 있는 행동들과 관련하여 자녀가 심리적으로 안정적일 때 자연스럽게 이야기해 보는 것도 좋다. 부모로써 자녀가 힘들어하지 않도록 특정한 일을 해야만 한다고 느끼거나 또는 집과 가족일상에 있어 무언가 바꾸어야 한다고 생각하는 것은 충분히 이해되는 부분이다. 하지만 그러한 노력에도 불구하고, 자녀가 계속해서 고통스러워하는 것을 보면 그들에게 도움이 되는 것이 아니라는 사실을 깨닫게 될 것이다. 따라서 위와 같은 대화는 두 가지 기능을 수행한다. 첫째로 신체이형장애 자녀들은 가족들이 자신에게 얼마나 부응해주고 있는지 잘 모르기 때문에, 자신이 힘들어하는 문제에 대하여 통찰력을 쌓을 수 있도록 도움을 준다. 그리고 둘째로는 가족들이 부응하는 행동을 계속하는 것이 문제 해결에 도움이 되지 않는다는 사실에 대해 신체이형장애 자녀들이 받아들일 수 있도록 돕는다. 가족들이 부응하는 행동을 멈추는 것은 자녀를 위한 일이라는 것을 전하면서, 자녀에게 가장 이익이 되는 결정을 내리는 것이 부모의 역할이라고 알려준다. 만약 자녀가 부모의 의견에 동의한다면, 가족들이 부응하는 행동을 하는데 있어 가족이 할 수 있는 것과 할 수 없는 것에 대해 같이 정리해 보도록 한다. 그리고 이렇게 자녀와 합의된 내용은 최선을 다해서 지키겠다는 것을 분명히해야 한다. 또한, 합의된 내용을 구체적으로 적어 놓는 것도 도움이 된다. 그러면 자녀가 갑자기 추가적으로 요구하는 상황에서 참고 가능한 구체적인 자료가 될 것이다. 또한 안심추구행동 증가와 같이 만약에 자녀의 요구가 점점 많아진다고 느껴지면, 합의한 내용을 자녀들에게 조심스럽게 언급할 수 있다. 이는 신체이형장애 자녀로 하여금 고통을 다루는데 있어 다른 방법을 찾아보도록 이끌어 주기도 한다.

　가족들이 부응하는 행동에 대해서 경계선을 정하려고 할 때, 부모로써 어떻게 해야 할지 혼란스럽고 심리적으로 매우 힘들 수 있다. 한편으로는 자녀의 고통을 완화시키기 위해 무엇이라도 해야 한다고 생각하지만, 다른 한편으로는 자녀의 고통과 장애를 장기적으로 유지시키는 것은 아닌지 걱정될 수 있다. 따라서 경계선을 정할 때에는 부모 자신이 쉽게 다룰 수 있는지 그리고 장기간 고수할 수 있는지 잘 살펴보는 것이 중요하다. 또한 다른 가족 구성원들의 동의도 함께 이루어져야 한다. 신체이형장애를 다루는데 있어 불일치가 생긴다면 자녀를 더 불안하게 만들고 장애를 더 지속시키게 된다. 이 과정은 부모만큼이나 신체이형장애 자녀들에게도 매우 힘든 일이다. 아래 박스에는 가족들이 부응하는 행동과 관련하여 이를 다룰 때 필요한 몇 가지 사항들을 요약한 것이다.

가족들이 부응하는 행동을 줄이기 위한 대화의 예

☐ 다정하고 중립적이며 비판적이지 않는 어조로 자녀가 보이고 있는 행동에 대해 관찰한 바를 나눈다. 예를 들어 '네가 최근에 더 많은 제품을 요구하는 것처럼 느껴지는데, 너를 위해서 계속 구입해주고 있지만 우리의 행동이 정말 너를 돕는 것인지 아니면 상황을 더 악화시키는 것인지 걱정이 되는 구나'라며 조심스럽게 말할 수 있다.

☐ 어떤 것이 최선의 선택인지 혼란스럽고 힘들어하는 자녀의 심정에 대해 이야기 나눈다. 예를 들어 '우리와 함께 저녁을 먹는 것이 어려운 일임을 알고 있단다. 네가 많이 고통스럽겠구나. 우리도 너와 많은 시간을 같이 보내지 못해서 아쉬운 마음이 크단다. 우리와 같이 식사를 하기 위해서 무엇이 최선의 방법인지 아직은 알 수 없지만, 네가 얼마나 힘들어하는지 느껴지는구나.'

☐ 자녀들의 요구적인 행동을 줄일 수 있는 몇 가지 방법들에 대해서

> 다 같이 생각해본다. 예를 들어 '아마, 너에게 많은 용기가 필요하겠지만, 지금 이 어려운 상황을 현명하게 마주하기 위해 필요한 것이 무엇인지 같이 생각해보자꾸나. 예를 들어 크림 구입비용을 제한해 보는 것은 어떨까? 그래서 이러한 새로운 시도를 통해서 스스로 도전도 해보고, 그리고 돈도 절약하는데 도움이 될 수 있을 것 같구나.'
>
> 위 대화는 자녀가 불안하지 않고 스트레스 받지 않는 편안한 상태에서 이루어져야 한다.

공격성 다루기

3장에서 언급했듯이 신체이형장애 자녀들은 높은 수준의 심리적 고통을 경험하며, 이로 인해 때로는 다소 격한 행동을 보일 수도 있다. 이러한 공격적인 행동에는 언어적 폭력도 있고 자해로 협박하는 것도 해당될 수 있으며, 자신을 심하게 비난하는 행동 모두를 포함한다. 물론, 자녀가 의도적으로 행한 것은 아니겠지만, 가족 안에서 허용 가능한 행동과 허용되지 않는 행동에 대하여 기준을 정하는 것이 필요하다. 신체이형장애 자녀에게 공격적인 행동은 가족 내에서 용납할 수 없음을 알리고, 자녀의 공격 행동과 다른 위험 행동에 대해서 부모는 신체이형장애가 없는 아이들에게 적용되는 기준과 동일하게 대처한다. 하지만 신체이형장애를 가지고 있는 자녀에게 기준을 지키기란 다른 보통의 아이들보다 더 어려울 수 있다. 그렇게 행동하는 분명한 이유가 있기 때문이다. 그럼에도 불구하고 자녀의 공격적인 행동과 다른 위험한 행동들이 지속되지 않기 위해서 또는 심지어는 더 확대시키지 않기 위해서는 이러한 기준선을 정해놓는 것이 필요하다. 이것은 절대로 사소한 일이 아니다. 자녀의 공격적인 행동에 부모가 대처하려고 할 때 자녀가 심리적으로 더 고통스러워할 수도 있고, 점점 위험해지는 자녀의 행동에 부모로서 두려울 수도 있다.(자녀의 위험한 행동을 다루는 방법과 관련해서는 5장을 참조) 만약 전문가의 도움을 받고 있다면 자녀의 공격적인 행동에 더 자신감을 가지고 대처할 수 있을 것이며, 발생 가능한 위험 행동에 대해서도 적절한 지원을 받을 수 있을 것이다.

만약, 신체이형장애 자녀의 공격적인 행동에 부모가 대응하기로 마음을 먹었다면, 자녀가 지금 보이고 있는 행동이 용납될 수 없는 이유를 명확하게 설명해 주어야 한다. 또한, 이 모든 과정 중에서 자녀가 느낄 수 있는 수치심에 대해 세심하게 살펴주어야 한다. 이 때, 중요한 부분은 신체이형장애 관련 행동들을 자녀와 분리해서 보아야 한다는 것이다. 이것은 신체이형장애 자녀 자신들로 인한 것이 아니라 자녀의 행동으로 인해 부모가 화가 나고 불편하다는 사실을 전달할 수 있다. 외모에 대한 스트레스로 인한 행동임을 알고 있지만,(그리고 의도적으로 공격적인 행동을 한 것이 아니라는 사실을 알고 있지만) 가족 내에서 지켜야 할 규칙이 있다는 사실을 자녀가 잘 이해할 수 있도록 설명한다. 만약, 신체이형장애 자녀가 특혜를 받는다고 생각하는 형제자매가 있다면 이러한 접근법은 도움이 될 것이다. 이처럼 가족 구성원 모두에게 동일한 기준과 가치가 적용되었을 때, 신체이형장애 자녀와 그 형제자매들 모두에게 안정감을 제공하고 갈등을 방지해줄 것이다.

부모 본인을 포함하여 다른 가족 구성원들이 신체이형장애 자녀로부터 신체적 위협을 받는 극단적인 경우가 있는데, 이는 모두에게 매우 고통스러운 일이 될 수 있다. 따라서 이런 일이 발생할 가능성을 최대한 줄이기 위해서는 다양한 대응책을 마련하는 것이 중요하다. 이때, 부모가 감정적으로 대처하지 않는 것이 필요하며, 이러한 행동은 아이의 안전을 확보하고 자해의 위험성을 낮출 수 있다. 최악의 경우, 모두의 안전을 위해서 경찰이나 사회복지기관과 같이 관계 당국에 신고할 수 있다.

가족 관계 다루기

안타까운 일이지만, 신체이형장애는 점점 가족생활의 중심이 되면서 가족들이 할 수 있는 것과 할 수 없는 것을 정하는 기준이 되어버린다. 따라서 신체이형장애가 주변 사람들에게 어떤 영향을 미치고 있는지 그리고 가족 관계에 어떻게 관여를 하는지 아는 것은 매우 중요하다. 복잡한 인맥을 관리하는데 있어 한 가지 방법만 있는 것은 아니지만, 자녀와 관계를 맺고 있는 다양한 사람들에게 신체이형장애가 어띠한 영향을 미치고 있는지 살필 수 있어야 한다.

가족 모임을 통해 가족 구성원 모두가 함께 앉아서 신체이형장애가 어떠한 영향을 미치는지 이야기 나눌 수 있다. 이는 신체이형장애 자녀로 하여금 가족들이 자신의 말에 귀 기울여 준다고 느끼게 해준다. 가족 구성원들이 경험하는 부분이 서로 비슷하다면 이는 가족을 하나로 뭉치도록 하는데 큰 역할을 한다. 또한 신체이형장애가 가족을 분열시키는 것 같다고 느낄 때 크게 도움이 될 것이다. 특히 여기서 중요한 점은 현 상황에 대하여 대화를 나눌 때 신체이형장애 자녀에게 어떠한 비난도 하지 않는 것이다. 자녀의 신체이형장애가 부모의 잘못이 아닌 것처럼, 마찬가지로 자녀의 잘못도 아니다. 가족들 중에서 가장 고통스러운 사람은 신체이형장애 자녀이며, 자녀가 스스로 선택한 것도 아니다.

만약, 가족 구성원 중 신체이형장애 자녀의 고통에 대해 이해하지 못하는 사람이 있다면, 이 책의 1장과 2장을 같이 읽어보거나 참고문헌에 적혀져 있는 웹사이트나 자료를 살펴보는 것이 도움이 될 수 있다. 이와 같은 방법으로 주변의 모든 사람들이 신체이형장애가 무엇인지 그리고 자녀가 어떤 경험을 하고 있는지 이해하는 것은 매우 중요하다. 다시 강조하여 말하지만, 대화를 할 때 서로 비난하는 행동은 자제해야 한다. 그보다 가족 전부의 이슈로 신체이형장애를 다루어야 한다.

이쯤 되면, 부모뿐 아니라 다른 가족 구성원들도 신체이형장애 자녀로인해 어려움을 겪을 수 있다는 사실을 알게 되었을 것이다. 따라서 가족 구성원 각자가 자신에게 필요한 것은 무엇인지 대화를 나누면서, 그들이 지지 받고 있음을 느끼도록 한다. 예를 들어, 다른 자녀가 자신이 소외 받고 있다고 느끼고 있다면, 부모하고 단 둘이 보낼 수 있는 시간을 따로 마련하거나 그들이 관심 있어 하는 것을 함께 할 수도 있다. 하지만, 가족 구성원들 중 유독 많이 힘들어하는 사람이 있다면, 심리 상담이나 놀이치료와 같이 전문적인 지원이 필요할 수 있다. 물론, 가장 중요한 것은 부모가 자기 자신을 잘 돌보는 것이다. 부모가 자신을 돌보는 방법에 대한 내용은 10장에서 볼 수 있다.

자녀를 안전하게 지키는 방법

신체이형장애 자녀는 큰 위험에 노출될 수도 있는데, 많은 부모들이 책을 통해서나 또는 직접적인 경험을 통해서 이미 알고 있을 수 있다. 예를 들어 자녀가 절망감을 보이고 자살할 생각을 하거나 음식 섭취를 제한하고 자해하는 것이 될 수 있다. 또는 외모를 고치기 위해 집에서 혼자 수술을 시도해보거나 연마재 제품을 사용하는 등의 아주 위험한 행동을 하기도 한다. 절망과 자살을 다루는 방법에 대한 더 자세한 내용은 다음 5장에서 볼 수 있다.

만약, 자녀가 안전하지 않거나 위험하다고 판단된다면, 정신건강 서비스 지원 센터에 알리고 적절한 지원을 받아보기를 추천한다. 그 무엇보다도 안전이 가장 중요한 만큼, 위험한 상황에 놓여있다면 자녀의 동의를 따로 구하지 않아도 된다. 자녀가 위험에 노출되어 있거나 긴급한 상황인 경우 의료 전문가들의 도움을 받을 수 있는 응급실(Accident and Emergency (A&E), Emergency department or emergency room)에 데리고 가야 한다. 또한 자녀가 신체 건강에 이상이 있어도 응급실로 데리고 가야 한다. 만약 아이가 응급실에 가지 않으려 한다면, 자녀를 호송할 수 있는 응급구조대를 부를 수 있다. 이때, 의료 전문가들이 신체이형장애에 대해서 알지 못할 수도 있으므로, 이에 대하여 미리 알리는 것이 도움이 될 수 있다. 만약에, 긴박한 상황이 아니라면, 담당 주치의에게 연락해서 상황을 설명하고 문제를 상담하면서 신체이형장애를 언급하거나 이 책에 있는 자료를 공유할 수도 있다.

이러한 절차들이 부담스럽게 다가올 수 있지만, 자녀가 적절한 도움을 받기 위해서 필요할 수 있다. 자녀들이 이러한 도움을 받게 된다면, 신체이형장애를 극복하기 위한 좋은 기회를 얻는 것과도 같다. 특히 신체이형장애 자녀를 가족으로서 다소 과감한 조치를 취하고 있다고 느껴진다면, 앞 문장을 반복해서 떠올리기 바란다.

제5장

우울한 기분과 절망감 다루기

이번 장에서는 신체이형장애 자녀가 경험하는 우울한 기분과 절망감에 대해서 다소 무겁지만 아주 중요한 주제이기에 이를 다루고자 한다.

많은 신체이형장애 자녀들이 우울한 기분으로 힘들어하고, 때로는 절망감도 느낀다는 사실을 다양한 신체이형장애 연구를 통해 알 수 있다. 신체이형장애 자녀들 중 어떤 아이들은 자살에 대해 생각을 하거나 심지어는 자살을 시도하기도 한다. 우울한 기분과 절망감 그리고 자살의 징후들은 모호한 형태로 들어나는 만큼 알아차리기가 어려울 수 있다. 이번 장에서는 자녀가 눈에 띄게 우울해하거나 절망감으로 힘들어할 때, 부모가 어떻게 도움을 줄 수 있는지 알아볼 것이다. 그리고 위와 같은 이유로 아이가 힘들어할 때 받을 수 있는 전문적인 서비스에는 어떤 것들이 있으며, 이러한 서비스를 연계하기 위해 취할 수 있는 다양한 방법에 대해서도 살펴볼 것이다.

우울한 기분과 절망감은 파도와 같이 주기적으로 나타나는 경향이 있다. 신체이형장애 자녀가 깊고 우울한 파도에 빠져있는 동안에는 긍정적으로 생각하기 어려울 수 있다. 하지만 그럴 때일수록 모든 감정은 일시적이며 어떤 감정도 영원하지 않다는 사실을 상기시키는 것이 중요하다. 그리고 신체이형장애 자녀에게 부모가 항상 옆에서 도와줄 것이며, 지금 이 폭풍은 반드시 지나갈 것이라고 격려한다. 특히, 신체이형장애 자녀가 감당하기 힘든 우울한 감정이나 절망감을 억누르거나 밀어내지 않도록 조심해야 한다. 오히려 신체이형장애 자녀들이 자신의 힘든 감정을 수용하고, 안전한 분위기 속에서 표현할 수 있도록 격려하며, 폭풍이 지나갔을 때 자녀가 즐거워하는 활동에 참여할 수 있도록 한다.

신체이형장애 자녀가 우울한 기분이나 절망감을 보이는 이유

신체이형장애로 인해 우울한 기분을 느낄 수 있지만, 때로는 우울한 기분이 신체이형장애보다 먼저 나타날 수 있다. 어떤 아이들은 우울한 기분과 절망감을 먼저 경험한 뒤, 이러한 힘든 감정을 인식하는 외모의 결함 및 결점에 투사하거나 고정시키기도 한다. 이들은 자신이 우울한 기분을 느끼는 이유로 자신의 코가 반듯하지 않아서 또는 머리 모양이 이상하기 때문이라고 탓한다. 그래서 자신의 외모 결함이 고쳐지거나 사라지면 자신의 우울한 기분도 해결될 것이라는 잘못된 믿음을 갖기도 한다.

이와는 반대로 몇몇 자녀들에게서는 신체이형장애로 인하여 우울한 기분이 발생하기도 한다. 신체이형장애로 인해 생겨난 믿음이나 행동들은 자녀로 하여금 삶에 대한 흥미를 잃어버리게 만들고, 밝은 성격도 빼앗아 버린다. 어떤 부모들은 한때 명랑했던 자녀가 우울해하고 불안해하면, 신체이형장애로 자신의 아이를 잃어버린 것 같다고 말한다.

신체이형장애 이면에는 만성적인 수치심과 낮은 자아존중감이 자리잡고 있다. 수치심은 죄책감과 다르며, 수치심은 모든 감정을 아우르고 있다. 죄책감의 경우, '나는 나쁜 행동을 했다'이지만, 수치심은 '나는 나쁘다'이기 때문이다. 죄책감은 가져도 자신의 행동과 자신의 개념을 별개로 인지하는 반면, 수치심은 자신이라고 불리는 모든 측면에 스며드는 경향이 있다. 이러한 수치심은 그 자체만으로도 절망감을 느끼게 한다.

때로는 신체이형장애 자녀들은 인지된 외모 결함이 절대 고쳐질 수 없고 다른 사람들이 싫어할 거라고 생각하면서 절망감을 느끼기도 한다. 실제로, 신체이형장애 자녀들이 외모를 고치거나 바꾸려는 노력에도 이들에게 만연해 있는 수치심과 절망감은 사라지지 않고, 오히려 더 깊은 우울한 기분과 절망감을 느낀다.

자녀들이 우울한 기분으로 힘들어하고 있다는 위험 신호

다음은 자녀들이 절망감을 느끼고 우울한 감정으로 고군분투하고 있다는 몇 가지 징후들이다. 물론, 이 목록은 전부를 포함하고 있는 것이 아니다. 신체이형장애 자녀들마다 고유한 경험을 바탕으로 다르게 표현될 수 있다. 어쩌면 부모의 본능적인 촉이 더 정확할 수도 있다. 자녀가 느끼는 괴로움과 절망감은 부모가 생각하는 것보다 더 클 수 있다. 따라서 신체이형장애 자녀들과 함께 감정에 대하여 비판단적인 자세로 탐색하면서 전문적인 지원 및 지도를 구하도록 이끌어 준다. 이때 중요한 것은 자녀의 고통스런 감정에 대해 신중한 자세로 대화를 나누어야 하며, '모든 청소년들은 가끔 슬프기도 하다.'라고 생각하면서 그들이 느끼는 고통을 가볍게 여기지 않도록 해야 한다.

> **우울한 기분이나 우울증을 나타내는 신호들**
>
> - 평소와는 다른 짜증과 변덕스러움
> - 가족이나 친구와 함께하거나 일상적인 생활로부터 철회
> - 식습관과 수면패턴의 변화(발달 수준에 적절하지 않는 체중감소 및 증가를 포함)
> - 저조한 에너지와 피로감
> - 미래에 대한 절망감
> - 집중 곤란
> - 눈물을 자주 보임
> - 외로움을 자주 표현하고, 가족들이나 친구들과 함께 어울리지 못함
> - 자해행동
> - 자살사고

안타깝지만, 자살사고는 신체이형장애를 경험하고 있는 일부 자녀들에게 두드러진 특성으로 나타날 수 있다. 신체이형장애 자녀가 자살을 한다는 사실은 부모 입장에서 매우 겁나고 두려울 수 있다. 하지만 이러한 신체이형장애 자녀의 우울한 기분과 절망감은 전문적인 도움으로 극복할 수 있으며, 긍정적인 생각과 희망으로 미래를 채워나갈 수 있다.

위험 요인, 회복탄력성 그리고 보호 요인

모든 신체이형장애 자녀들은 절망감과 관련하여 위험 요소, 회복탄력성 그리고 보호 요인을 가지고 있다. 회복탄력성이란, 역

경과 스트레스 상황에 적응하고 이러한 경험으로부터 회복하는 능력을 말한다. 회복탄력성(예. 가족과 친구들의 격려)과 위험 요인은 모두 고정적이지 않으며 외부적 그리고 내부적 요인에 따라 변화된다. 회복탄력성은 안정적이고 지지적인 관계 안에서 형성되며, 일반적으로 자녀의 회복탄력성은 아이가 감당할 수 있는 수준에서 이루어지는 도전적인 상황과 경험에 점진적으로 노출됨으로써 발달된다.

모든 사람에게는 취약성을 증가시키는 위험 요인과 회복탄력성을 강화시키는 보호 요인이 있다. 자녀의 삶에 위험 요소가 많을수록 균형을 맞추기 위해 회복탄력성이 증가하도록 보호 요인을 더 많이 구축할 필요가 있다.

위험 요인을 감소시키고 우울한 기분이 나아지도록 돕는 보호 요인은 아주 다양하다. 다음은 이에 대한 목록을 나열하였다. 그러나 이 목록이 전부는 아니다.

- 친밀한 교우관계
- 적절한 문제 해결 능력 및 관찰 학습(모델링) 능력
- 동료와 부모로부터 받는 사회적 지지
- 높은 자기효능감
- 높은 수준의 생산적인 활동 참여(예. 학교, 취미)
- 어른들의 관계가 편안하고 그들의 지도에 적절하게 대응하는 능력
- 신체이형장애 자녀들의 요구에 적절하게 대응하는 교육적 환경

따라서 자녀와 그 주변에 보호 요소를 늘리고 확장하는 것은 우울한 기분과 절망감을 줄이도록 하는데 도움이 된다. 이는 다

음과 같은 작업들을 통해 이루어질 수 있다.

- 신체이형장애 자녀의 교우관계를 우호적으로 유지할 수 있도록 돕는다. 예를 들어 친한 친구들이 만나러 오게 하거나 전화할 수 있도록 하고, 소셜미디어를 안전하게 사용하면서 친구와 소통하도록 한다.
- 신체이형장애 자녀가 가지고 있는 동료들에 대한 부정적인 신념에 대하여 비판단적인 자세를 가지고 부드럽게 질문한다.(부정적인 신념들의 예: '나를 좋아하는 사람은 없을 것이다.' '나와 같이 다니고 싶은 사람은 없을 것이다.' '나와 친구가 되고 싶은 사람은 없을 것이다.')
- 신체이형장애 자녀가 건강한 방식으로 자기주장을 할 수 있도록 격려하고 좋은 행동은 모델링하도록 장려한다.
- 자신의 경험과 딜레마에 대하여 다양한 해결책을 시도해보고 그에 대한 결과를 부모와 함께 검토하면서 신체이형장애 자녀의 문제 해결 능력을 발달시킨다.
- 신체이형장애 자녀가 안정을 취할 수 있는 공간을 마련하여, 자신의 감정을 표현할 수 있도록 한다.
- 신체이형장애 자녀를 위해 영양가 있는 식사를 준비하고 균형 잡힌 식사를 할 수 있도록 돕는다.
- 신체이형장애 자녀가 매일 충분한 수면을 취할 수 있도록 한다.
- 부모가 먼저 긍정적인 자기 대화와 적극적인 대처 방식을 선보이며, 신체이형장애 자녀들에게 좋은 모델이 되어준다.
- 부모가 신체이형장애 자녀에게 허락을 받아, 다른 친척들도 자녀를 지원하는데 함께 참여할 수 있도록 격려한다. 가족들 중에서도 자녀가 특별히 더 친하다고 느끼는 사람이 있을 것이며, 그 사람과 대화

를 나누는 것을 선호할 수 있다. 부모 입장에서는 받아들이기 어려울 수 있지만, 몇몇 신체이형장애 자녀들은 부모보다 더 가까운 가족 구성원이나 정신 건강 전문가와 이야기 나누는 것을 선호할 수도 있다. 한 사례자는 다음과 같이 말했다.

'엄마하고는 너무 가깝다 보니 전부 다 말하기 어려웠어요. 가끔은 너무 가깝지 않는 사람과 대화를 나누고 싶을 때도 있어요. 왜냐하면 부모님들은 자주 보아야 하는 사람이기 때문이에요. 가끔은 마음의 짐을 덜 필요가 있고, 아무런 결론 없이 스쳐가 듯 이야기 나누고 싶기도 해요.'

- 자녀가 다니는 학교에 신체이형장애를 적극적으로 알린다.(예를 들어, 안내문을 친구들에게 나누어 주거나, 영국 신체이형장애 재단(BDD Foundation) 정보를 제공해 줄 수 있다.)

우울한 기분과 위험 요소에 대해서 자녀와 대화하기

어떤 부모들은 신체이형장애 자녀와 절망감이나 자살에 대해서 이야기를 하게 되면 자녀가 진짜로 자살할 것만 같아 언급하기 매우 조심스럽다고 말한다. 이러한 두려움은 충분히 이해되며 많은 부모들이 비슷한 감정을 느낀다. 하지만 어떤 연구에서도 이를 뒷받침하는 증거는 없으며, 신체이형장애 자녀와 자살에 대하여 이야기 나눈다고 해서 실제 자살로 이어지지 않는다. 오히려 신체이형장애 자녀가 절망감과 자살에 대해서 신뢰하고 있는 어른들에게 마음을 터놓고 대화를 나누었을 때, 자살 경향성이 낮아진다는 연구 보고가 있다.

우울한 기분/ 절망감/ 자해/ 자살에 대하여 자녀와 대화 나누기

☐ 신체이형장애 자녀가 겪는 고통에 대하여 경청하고 공감해주며, 부모 또한 충분히 이해하고 있음을 전달한다.
☐ 능동적 경청 방법을 사용하여 자녀가 하는 말을 주의 깊게 듣고, 다른 말로 바꾸어 전달하면서 그들의 언어적 내용을 반영해준다. 여기서 판단이나 해결책은 제시하지 않도록 주의한다.
☐ 자녀가 느끼고 있는 절망감에 부모가 같이 빠지기보다, 오히려 자녀가 왜 그런 감정을 느끼게 되었는지 열린 질문('예 또는 아니요' 만으로 대답하는 것이 아닌 다양한 반응을 이끌어 내는 질문법)을 사용하여 대화를 나눈다.
☐ 비판단적인 자세를 취하며, 가급적이면 놀라는 반응은 삼가한다.
☐ 자신감이 있게 행동하고 감정적으로 조절된 부모의 모습을 보여준다. 예를 들어 '앞으로 어떻게 대처해야 할지 함께 찾아가보자'와 같은 말을 할 수 있다.
☐ 자녀가 말하는 속도에 맞추어 대화하며, 자녀에게 이야기할 수 있는 충분한 시간을 주도록 한다.
☐ 함부로 약속하지 않도록 한다. 현실적으로 가능한 것과 불가능한 것을 확실하게 한다.
☐ 자녀에게 다르게 생각해 보라고 권하지 않는다. 그것은 자녀에게 매우 어려운 일이다.
☐ 자녀가 무엇을 하고 싶은지 또는 어떤 도움을 받고 싶은지 물어보고, 다음 단계로 나아가기 위한 계획을 함께 세우도록 한다.

다음은 신체이형장애 자녀와 대화를 시작할 때 사용해 볼 수 있는 문구들이다.

- 내가 틀릴 수 있겠지만, 내가 보기에는 네가 자해를 하고 있는 것처럼 들리는구나. 내가 잘못 알고 있는 거니? 아니면 내가 생각한 것이 맞는 거니?
- 사람들은 때로 너무 고통스럽다고 느껴지면, 절망감이 들기도 하고 자살을 생각하기도 한단다. 혹시 너도 절망스럽거나 또는 자살을 생각하고 있는지 궁금하구나.
- 지금, 삶을 끝내고 싶어서 무언가를 할 생각이라고 말하는 거니?
- 지금, 네가 절망스럽게 느끼고 있다고 말하는 것 같구나. 혹시 그 마음에 대해서 더 이야기해 줄 수 있겠니?
- 왜 우울한 기분이 드는지 우리에게 더 이야기해 줄 수 있겠니?
- 절망감에 대해서 이야기를 한다는 것은 많은 용기가 필요한 만큼, 무섭게 느껴질 수 있을 것 같아. 나는 항상 네 옆에 있다는 것을 알아주었으면 하는구나. 네 이야기를 진심으로 듣고 싶단다. 충분히 생각할 시간을 가져도 돼.

관련 전문가에게 필요한 정보를 공유하거나 또는 전문적인 서비스 의뢰하기

신체이형장애 자녀의 정서 상태가 평소와는 다른 모습을 보인다면 정신 건강 전문가에게 이러한 사실에 대해서 공유해야 한다. 만약, 자녀가 자해나 자살 계획에 대해서 이야기한다면 부모로서 관련 전문가에게 이를 알려야 할 수도 있다. 이때, 부모와 나눈 대부분의 대화는 비밀을 유지하겠지만, 자해나 자살의 경우에는 전문가에게 알려야 할 의무가 있음을 신체이형장애 자녀들에게 미리 언질해두어야 한다. 특히, 당신이 자녀를 얼마나 사랑하는지 그리고 건강하게 지내면서 다치지 않기를 바라는 마음을 전달하도록 한다. 또한 자녀가 안전하도록 지키는 것이 부모의 의무라고 말해준다. 비록, 신체이형장애 자녀가 부모에게 실망감을 표현할 수 있지만, 부모가 왜 그러한 행동을 할 수 밖에 없었는지 자녀는 이미 알고 있을 가능성이 높다.

신체이형장애 자녀에게 정보를 전달해야 하는 필요성에 대해 설명하였다면, 심리학자 또는 정신과 의사 그리고 지역사회 정신건강 지원 팀과 같이 관련 전문가에게 연락을 취하도록 한다. 그리고 부모가 걱정이 되는 부분과 자녀가 말한 내용에 대해 간략하게 설명하도록 한다. 이에 전문가들은 필요한 정보를 빠르게 제안하고, 부모와 전문가가 따로 일정을 잡아 앞으로 나아갈 방향에 대해 종합적으로 논의할 수 있다. 만약, 교육환경에 있는 중요한 사람들(예들 들어, 학교 관리자 또는 학교 안전 요원 등 이와 유사한 사람들)에게 알릴 수 있다면 가장 이상적이다. 때로는 자녀의 동의 없이 다른 사람과 정보를 공유해야 할 수도 있다. 하지만 부모가 자녀의 고민을 다른 사람과 공유해야 한다면 가능한 자녀의 동의를 구하는 것이 좋다.

지원 받을 수 있는 추가적인 경로

자녀가 고통스러워할 정도로 매 순간 우울한 기분을 경험하고 있다면, 항정신과 약물을 권유(만약, 신체이형장애 치료를 위해 따로 약물을 복용하는 상태라면, 약물에 대해서 검토할 것)할 수 있다. 처방 전문가는 잠재적 부작용도 포함하여 자신이 제안하는 약물에 대해서 자세하게 설명해 주어야 한다. 혹여, 특정 약물이 자녀에게 도움이 되지 않는 것처럼 보이더라도 좌절은 금지다.(7장에서 더 자세히 살펴보겠지만, 효과가 나타나기 위해서는 충분한 기간을 두고 복용하는 것이 필요하다) 때로는 어떤 약물이 자녀에게 가장 효과적인지 알아보기 위해서, 몇 가지 약물을 시도해 볼 수도 있다.

신체이형장애 자녀의 기분이 악화되거나 달라진다면 신체이형장애 치료 방향 및 속도에 있어 변화를 주어야 한다. 예를 들어, 자녀가 유독 힘들어하거나 어떠한 희망도 없다고 느끼고 있다면, 노출치료(추후에 설명할 예정)를 뒤로 미루거나 난이도 또는 강도를 낮출 수 있다. 이 기간 동안에는 신체이형장애를 위한 인지행동치료를 통하여 우울한 기분과 관련된 자녀(그리고 부모 자신)의 생각, 감정, 행동을 명확하게 인지하고, 이에 적절하게 대응할 수 있도록 돕는다.

만약 현재 연락하는 정신 건강 전문가가 없는 경우, 자녀와 함께 지역 주치의에게 상담 받아 볼 수 있도록 조심스럽게 설득해 본다.(또는 자녀가 자살 계획을 공유하거나 감정적으로 너무 힘들어한다면, 지역 병원에 있는 응급실로 간다.) 물론, 자녀와 함께 주치의를 만날 수 있다면 가장 이상적이지만, 만약 자녀가 거부한다면 부모 혼자서라도 방문하여 조언을 얻을 수도 있다. 보통 자녀는 부모와 다른 공간에서 주치의와 단 둘이 이야기 나누는 것을 선호할 수 있다. 특별한 경우에는 주치의가 가정에 방문하여 침실 문을 통해 자녀와 대화를 시도할 수도 있다.

만약, 자녀가 매우 고통스러워하고 자살을 시도할 수 있는 상황에서 지역 병원에 있는 응급실에도 가지 않으려 한다면, 응급구조대에 전화를 해서 구급차로 이송할 수 있다. 이것은 부모로서 감당하기 어렵겠지만, 부모가 가장 필요한 순간이기도 하다.

아마, 그 당시에는 신체이형장애 자녀가 부모에게 화가 난 것처럼 보일 수 있다. 하지만 나중에는 부모가 왜 그런 결정을 하였는지 이해할 것이고 심지어 부모의 결정에 감사함을 느끼게 될 것이다.

정신 건강 전문가들은 신체이형장애 자녀가 자살 생각을 보이는 경우 이를 대비할 수 있는 안전 계획(safety plan) 또는 이와 유사한 계획을 세울 것이다. 안전 계획은 자녀와 부모 그리고 전문가가 함께 협력하여 만들며, 일반적인 내용들은 아래와 같다.

안전 계획 세울 때, 활용 가능한 요소들

- 스트레스를 유발하는 잠재적인 요인이나 상황들은 심리적 고통을 예고하는 경고 신호이다.
- 자녀들이 자신의 안전을 위해 취할 수 있는 행동, 예를 들면,
  - 혼자 있지 않도록 한다.
  - 자신이 어떤 기분인지 다른 사람에게 알린다.
  - 주위를 환기시킬 수 있는 작업에 몰두한다.
  - 친구들과 대화를 나눈다.
  - 마음의 안정을 얻을 수 있는 행동(예. 껌 씹기, 반신욕 하기, 흥겨운 음악이나 차분한 음악 듣기 등등)을 시도한다.
- 자녀의 안전을 위하여 가족들이 취할 수 있는 행동, 예를 들면,
  - 가능한 유해하거나 치명적인 물건을 자녀가 사용하지 않도록 한다.
  - 화장실이나 침실의 문은 가능한 열어두도록 한다.
  - 만약 자녀가 혼자 있는 경우, 부모가 체크하는 횟수에 대하여 자녀와 협의한다.

- 자녀의 기분이 어떤지 열린 자세로 대화를 나누는 시간을 갖는다.
  - 자녀가 좋아하는 활동을 정하고 최대한 집중할 수 있도록 도와주며, 이와는 반대로 인식하는 외모의 결함에 몰두되어 있다면 관심을 최대한 다른 곳으로 돌릴 수 있도록 한다.
  - 생명의 전화 같이 위급한 상황에서 사용할 수 있는 연락처를 자녀에게 알려준다.
- 자녀의 안전을 위하여 다른 사람들이 취할 수 있는 행동. 예를 들면,
  - 교육 환경을 조성할 때 자녀가 안전하게 느낄 수 있는 공간을 마련한다.
  - 교육 환경을 조성할 때 자녀가 편안하게 대화를 나눌 수 있는 사람을 연결해준다.
  - 자녀가 수업이나 활동에 참여할 수 있도록 장려한다.
  - 자녀의 교육 시간표가 적절한지 검토한다(만약, 위험하거나 치명적인 제품 및 장비가 있는 수업의 경우 보호감시가 필요할 수 있다.).
  - 위급한 상황 시 학교 상담사 또는 학교 의무실 선생님에게 바로 도움 받을 수 있도록 조치한다.
  - 긍정적인 활동과 적절한 책임감을 통해 자녀의 자아존중감을 높이도록 한다.

희망 상자(Hope Box) 및 희망 일기(Hope Book) 만들기

영국의 자살 예방 자선단체인 파피루스(Papyrus)에서는 절망감을 느끼고 있는 자녀들에게 희망 상자나 희망 일기를 제안하고 있다. 희망 상자에는 자녀의 기분을 좋게 만들어 주는 것들로 가

득 채울 수 있다. 반드시 상자일 필요는 없으며, 다른 용기나 가방이어도 괜찮다. 신체이형장애 자녀들 중 몇몇은 성냥갑 같이 작은 상자를 선호하기도 한다. 희망 박스는 개인적인 것이어야 하며, 자녀가 직접 고른 물건들이어야 한다. 자신의 취향과 특징이 담기도록 가방이나 박스를 예쁘게 장식하는 과정에서 신체이형장애 자녀는 즐거움을 느낄 수 있다. 어떤 자녀들은 자신을 진정시켜주는 제품들을 담기도 한다. 예를 들어, 고무공, 직접 만든 장난감이나 물건, 손목에 착용할 수 있는 고무 밴드, 향이 담겨있는 향초, 라벤더 아로마 파우치, 민트, 톡톡 튀는 캔디, 태엽으로 움직이는 뮤직 박스 등이 있다. 또는 위기 상담 전화나 비상 연락망 같이 위급할 때 연락할 수 있는 번호를 넣기도 한다. 이와 더불어 자신의 감정을 적을 수 있는 전자패드나 펜을 넣을 수도 있으며, 마음을 진정시킬 수 있는 호흡법 목록 그리고 주위를 전환할 수 있도록 하는 기술을 나열하여 희망 상자에 넣을 수 있다. 자녀와 함께 희망상자를 만드는 방법에 대한 자세한 내용은 파피루스 홈페이지*에 접속하면 확인할 수 있다.

어떤 아이들은 희망 일기를 만드는 것을 더 선호하기도 하고, 아니면 희망 일기를 희망 상자와 함께 만들기도 한다. 희망 일기는 희망 상자와 비슷하며 아이가 희망을 느낄 수 있도록 도와주는 사진이나 그림, 시, 문구, 노래 가사, 잡지 일부분, 영화 티켓 등등으로 만들어진다. 더 많은 내용은 파피루스 홈페이지에서 제공하는 유인물을 통해 확인할 수 있다.

---

* https://papyrus-uk.org/help-advice-resources

가정 환경에서 위험 요소 제거하기

자녀가 자해를 할 때 사용 가능한 물건들은 신중하게 생각하고 옮겨야 하며, 특히 아이가 특정한 도구를 사용하여 자해한 적이 있다면 더욱 조심해야 한다. 다소 극단적인 경우일 수 있지만 잠재적으로 유해하거나 치명적인 물품들을 집에서 완전히 없애거나, 또는 아이가 함부로 열 수 없는 금고 같은 곳에 보관할 수도 있다. 만약, 자녀가 과거에 사용한 수단이나 관련된 물품이 있다면, 이를 치우는데 있어 매우 신중해야 한다. 예를 들어 이전에 파라세타몰(paracetamol)을 사용하여 자살을 시도한 적이 있다면 모든 종류의 약을 치우거나 또는 위험한 칼을 사용한 적이 있다면 창고나 차고에 있는 날카로운 물건들을 잠금 장치가 있는 보관함에 옮겨 놓을 수 있다. 자해를 시도했던 물건만 치우게 된다면, 절망감에 빠진 자녀가 다른 방법으로 자해를 시도할 수 있다는 의견도 있지만, 증명된 바는 없다. 오히려, 치명적인 물건에 접근하지 못하도록 하는 것이 많은 경우 위험 수준을 상당히 감소시키며, 일반적으로 긍정적인 영향을 미친다.

위기 상황에서 도움을 요청할 수 있는 전화번호 목록 공유하기

위기 상담 전화에 대한 세부적인 내용이나 목록(참고 문헌 참고)은 자녀가 쉽게 볼 수 있고 찾을 수 있는 곳에 두도록 한다. 이는 위기 상담 전화에 대해서 자녀가 잘 인지하도록 시각적으로 알려주는 역할을 하기도 한다. 자녀가 걱정되어 힘들어 하는 부모가 이용 가능한 상담 전화 목록(참고 문헌 참조)도 있다.

희망을 놓지 않기

자녀가 신체이형장애로 인해 우울한 감정과 절망감으로 힘들어할 때 도와줄 방법이 없는 것은 아니다. 연구에 따르면, 신체이형장애 치료가 자녀의 우울한 기분과 불안한 감정을 크게 감소시켜 주고, 삶에 대한 긍정적인 태도와 열정을 회복시켜 준다고 한다. 이 때, 부모는 신체이형장애 자녀의 든든한 버팀목으로서 자녀의 감정과 고민을 들어주고 공감을 보이며 자녀에게 필요한 정신 건강 서비스를 받을 수 있도록 도와주어야 한다. 한 사례자에게 무엇이 가장 도움이 되었는지 물었을 때, 다음과 같이 우리에게 답하였다.

'신체이형장애에 대해서 이야기한 다음날 아침에 어머니께서 하셨던 말씀은 '다 괜찮을 거야.'이었습니다. 어머니는 제가 어떤 계획을 세우더라도 잘 될 거라고 굳게 믿어주셨습니다. 어머니는 저와 함께 작은 계획을 세운 뒤에 '내일은 이것을 할 예정이었고, 의사에게 갈 예정이었단다.'라고 이야기 해 주셨습니다. 저는 그 말에 크게 안도감을 느낄 수 있었고, 도움이 되었습니다.'

다른 사례자는 다음과 같이 말하였다.

"우리는 이겨낼 수 있어!'와 같이 사람들이 저를 응원해주는 말은 저에게 큰 도움이 되었습니다. 그 말을 듣고 저는 '그럴게요, 왠지 이겨낼 수 있을 거 같아요. 신체이형장애가 치료된 이후의 삶이 있다면 정말 멋질 것 같아요!'라며 이야기 할 수 있었습니다."

신체이형장애 자녀들이 우울한 기분과 절망감을 느끼고 있을 때 필요한 것은 자녀가 충분히 공감 받고 있고, 사랑을 받고 있다고 느끼도록 하는 것이다. 신체이형장애 자녀들은 자신의 외모가 고쳐지지 않는다면 사랑 받지 못 할 거라는 잘못된 핵심 믿음을 가지고 있다. 따라서 자녀가 가지고 있는 수치심과 사랑 받을 수 없을 거라는 핵심 생각을 다루는 것이 신체이형장애 자녀들의 자살 위험을 줄이는 데 중요한 요소가 될 수 있다. 이는 본 책에서 다룬 많은 사례들과 같이 적절한 치료 그리고 전문적인 지원을 통해서 이루어질 수 있다.

부모로서 자녀가 절망감을 느끼고 자살까지 생각하고 있다는 것만큼 무서운 일은 없다. 따라서 파피루스 전화번호(참고 문헌 참고)나 다른 가능한 자원들을 적극적으로 활용하면서, 부모가 희망을 잃지 않도록 스스로 노력해야 한다. 그리고 이 책의 10장을 읽으면서 부모가 자신의 건강을 챙기고 가장 고통스러운 상황에서도 자녀를 양육할 수 있는 방법을 찾을 수 있기 바란다. 대부분의 아이들은 덜 치명적인 방법으로 자살을 시도하려는 경향이 있으며, 이에 구조될 가능성도 높다. 또한 견딜 수 없는 절망감에 자살을 시도했던 신체이형장애 자녀라 하더라도 과거에는 행복하고 만족스러운 삶을 살았었다는 사실을 기억해야 한다. 신체이형장애를 넘어서 자녀가 삶을 온전히 살아갈 수 있도록 지원하는 방법은 12장에서 확인할 수 있다.

제6장

학교생활에서 신체이형장애 자녀 지원하기

'매 수업마다 화장실에 가기 위해 손을 자주 들어야 했습니다. 화장실에 가서는 거울을 보며 저의 피부상태를 살폈고, 확인을 마치고 나서야 교실로 다시 돌아갈 수 있었습니다.'

-신체이형장애 사례자-

이번 장에서는 신체이형장애 자녀가 학교와 직장 생활을 하는데 신체이형장애가 어떤 영향을 미치는지 알아보고자 한다. 또한 신체이형장애 자녀가 마주하는 흔한 장애물들을 몇 가지 살펴보고 이를 잘 이겨낼 수 있도록 부모가 어떻게 도와주어야 하는지 생각해 볼 것이다. 신체이형장애 자녀들에게 좋은 교육 환경은 어떤 모습인지 알아보고, 도움이 되는 환경 조건에는 무엇이 있는지 탐색하고자 한다. 그리고 자녀들의 신체이형장애 증상에 대응 가능하도록 부모가 취할 수 있는 행동들에 대하여 살펴보려고 한다.

여러 연구 및 개인 진술들에 의하면, 신체이형장애 자녀들은 학교(* 대학교도 편의상 '학교'라고 지칭)에 등교하기 힘들어하고, 많은 시간을 결석한다. 자녀들 중 일부는 저조하거나 산발적인 출석률을 보이며, 심지어는 자퇴까지 한다. 다음은 실제 신체이형장애 사례자들이 말한 학교에 가기 힘들었던 이유들이다.

- 사회불안장애/ 사회공포증으로 인해 다른 사람, 특히 또래들이 신체이형장애 자녀의 인식하는 외모의 결함을 발견하고 평가할 거라는 두려움
- 과거에 겪었던 괴롭힘이나 집단 따돌림을 다시 경험할 수 있다는 두려움
- 체육이나 수영과 같은 특정 수업 과목에 대한 두려움
- 위장술을 허락하지 않는 학교 규칙들. 예를 들어 학교에서 모자나 화장을 금지하는 규칙 등
- 학교에서 안전추구행동을 할 수 없는 경우. 예를 들어 학교 수업 시간 도중에 충동이 자주 느껴지더라도 거울을 확인할 수 없는 경우
- 학교 기념일이나 졸업식 때, 자신이 사진에 찍히는 것에 대한 두려움
- 과제 발표할 때와 같이 다른 학생들 앞에서 말해야 하는 두려움
- 전교생이 모이는 자리에 가거나 다른 학생들이 자신을 쳐다보는 것에 대한 두려움
- 학업의 영역까지 확장된 완벽주의 경향성
- 신체이형장애 증상으로 인한 집중의 어려움
- 지각이나 과도한 메이크업에 대하여, 학교 선생님들로부터 벌을 받고 있다는 느낌
- 공동화장실, 특히 거울이 있는 화장실에 대한 두려움
- 신체이형장애 관련 행동에 대해 소문이 나는 것. 예를 들어 자주 결석하는 이유에 대한 여러 가지 소문들
- 학교 선생님이나 다른 어른들로부터 자신이 이해 받지 못하고 자신의 행동에 대해서도 오해할 거라는 생각. 예를 들어 자신이 학교에

지각하는 행동에 대해서 불량한 학생으로 간주하거나 게으른 사람으로 취급당함
- 학교 분위기가 학업적인 부분에 있어서 강압적인 경우.

이 책의 저자 중 한 명은 신체이형장애 자녀들과 대화를 나누며 학교 환경에서 자신에게 도움이 되었던 것과 그렇지 않았던 것에 대하여 안내문을 만들었다. 안내문은 영국 신체이형장애 재단(BDD Foundation) 홈페이지*에서 다운로드 할 수 있으며, 자녀와 관련된 학교 선생님 및 교육 전문가들에게 공유할 수 있다.

신체이형장애 자녀를 위한 전문가 지원하기

자녀가 학교에 결석하는 날이 많아질수록 부모의 걱정은 날마다 커질 것이다. 게다가 자녀가 많이 결석하게 되면서 학기 또는 학년 수업시간을 이수하지 못해 학교 담당자나 사회복지사가 방문할 수도 있는데, 이는 부모들에게 위협적으로 다가올 수 있으며 속상함까지 느낄 수 있다. 또한 자녀가 매일 지각하고 결석하는 것에 대하여 주변 사람들이 신체이형장애 자녀와 부모 그리고 해당 가족들에 대하여 오해하기도 한다. 한 어머니는 다음과 같은 질문이나 충고들이 받아들이기 어려웠다고 말했다.

- 자녀가 왜 학교에 오지 않았나요?
- 딸에게 문제가 있나요? 보기에는 괜찮은 것 같은데.

---

* https://bddfoundation.org/wp-content/uploads/BDD-Leaflet-for-Educa- tion-Professionals.pdf

- 자녀를 좀 엄하게 다루어야 할 것 같아요.

한 사례자는 매일 아침마다 학교에 가려고 노력했지만, 감정적으로 너무 힘들어서 갈 수 없었던 심정에 대하여 다음과 같이 이야기하였다.

"매일 아침마다 제 머리 속은 여러 가지 생각들로 전쟁을 치릅니다. 만약 내가 학교에 가게 된다면 사람들이 비웃을 것이고, 빤히 쳐다보면서 역겨워할 텐데, 차라리 침대에 누워있는 것이 더 좋지 않을까 생각도 됩니다. 하지만 이러한 생각과 동시에 학교에 너무 가고 싶기도 합니다. 정말로 학교에 가고 싶었습니다. 학교에 가고 싶어하는 저의 욕구는 학교에 등교할 수 있도록 만드는 원동력이 되기도 하였습니다. 이와 같은 욕구는 때로 신체이형장애를 이겨내기도 합니다. 하지만 이와 동시에 신체이형장애 힘이 역으로 강해져서 갑자기 모든 주도권을 가지게 될 것 같아 걱정되기도 합니다. 아마도 적절하게 대처할 수 있는 도구가 없어서 그랬던 것 같습니다. 그 당시에는 신체이형장애 치료를 받지 않았고, 내가 신체이형장애 증상에 휘둘리지 않기 위해서 필요한 기술이 무엇인지 알지 못했습니다."

앞에서 언급한 영국 신체이형장애 재단(BDD Foundation)에서 제공하는 안내문과 같이 신체이형장애 대해서 자세하게 다룬 안내문을 다른 전문가들이 필요할 때 제공할 수 있도록 준비해 두는 것이 좋다. 다시 한 번 강조하지만, 신체이형장애는 어느 누구의 잘못도 아니며, 부모로서 어려운 상황에서도 최선을 다하고 있다는 것을 전문가들에게 설명할 필요가 있다. 혹은 자녀가 학교에 잘 다닐 수 있도록 시도했던 방법을 다이어리 또는 일지에 남겨 두거나, 자녀의 출석문제나 심리적인 상황에 대해서 학교 선생님과 면담했던 내용을 기록해 놓는 것도 좋다. 이렇게 정리한 일지와 다이어리는 자녀의 결석에 대해서 설명할 수 있는 자료로 사용할 수 있으며, 자녀의 학교 출석 패턴이나 전문가의 반응 등을 작성한 문서로 활용할 수도 있다.

신체이형장애 자녀들이 정규 교육 과정을 따라가지 못하는 이유에는 여러 가지가 있는데, 그 예들은 다음과 같다.

- 아침에 외출 준비하는데, 오랜 시간이 걸리는 경우
- 우울증(침대에서 일어나기 어려워하는 것도 포함)
- 불안(특히, 사회적 불안)
- 식습관 문제(부족한 식사량으로 힘이 빠진 느낌)
- 신체이형장애 증상에 압도된 경우
- 신체이형장애로 인한 심리적 고통이나 신체 감각을 둔하게 만들기 위하여 다량의 알코올 섭취로 인한 숙취(또는 처방전 없이 구입할 수 있는 약물 사용도 해당되며, 보통 중학교 이후 또는 대학교 때 흔하게 이루어진다)

또한 신체이형장애 자녀들은 자기 스스로 또는 부모나 교육 관계자로부터 학업에 대한 스트레스를 과도하게 받는다고 말한다. 자녀들 중 일부는 특히 중학교 때 학업 스트레스를 더 많이 경험하기도 한다. 이러한 학업 스트레스는 일반 학생들과는 다른 방식으로 대처한다. 신체이형장애를 경험하고 있는 자녀들의 경우, 이미 증상으로 인하여 스트레스를 받고 있는 상태에서 학업 스트레스까지 더해져 감당하기 힘들어할 수 있다. 이러한 학업 스트레스는 신체이형장애와 밀접하게 연관된 완벽주의 경향과 연결될 수 있다.

학교 교육을 방해하는 요소

어떤 부모들은 매일 아침마다 자녀를 학교에 가도록 설득하는 것이 굉장히 힘들다고 말한다. 이로 인하여 부모들은 좌절감이나 심지어 분노까지 느끼기도 한다. 이러한 부모들의 감정은 쉽게 이해되는 부분이기도 하다. 하지만 신체이형장애 자녀들은 부모의 전폭적인 지지와 인내심에도 불구하고 내면으로는 끝없이 갈등을 경험한다. 신체이형장애 자녀는 학교에 가고 싶어 하는 마음과 집을 나가기 어려워하는 마음이 서로 충돌하면서 힘겨워하는 경우가 많다. 이러한 사실에 대해서 부모가 가장 잘 알고 있어야 한다. 몇몇 신체이형장애 자녀들은 자신으로 인해 부모님까지 힘들게 만드는 것 같아 죄책감을 느끼고 수치심을 강화시킨다. 한 사례자는 다음과 같이 이야기하였다.

'제가 가장 먼저 그만두었던 것은 학교 통학 버스를 이용하는 것이었습니다. 대중교통을 이용하는 것이 저에게 매우 어려운 일이다 보니 어머니께서 운전을 시작하시게 되었습니다. 하루는 학교 정문까지 갔다가 집으로 돌아오기도 했습니다. 저는 어머니께 집까지 데려다 달라고 말한 다음, 다시 학교에 가겠다고 하였고, 그렇게 학교와 집을 10번 정도 왔다 갔다 하기도 하였습니다. 어머니께서는 매일 학교에 전화해서는 '딸을 학교에 끌고 가지 않는 이상 할 수 있는 일이 없다'고 말씀하시기도 하였습니다.'

신체이형장애 자녀들은 학업에 집중하기 힘들어할 수 있는데, 이는 신체이형장애 증상으로 인한 생각과 집착 행동으로 방해를 받기 때문이다. 어떤 아이들은 집중력을 향상시키기 위하여 수업 시간에 잠시 나와 거울을 확인하면서 불안한 마음을 조절하기도 한다.

가장 우려되는 부분은 자녀들이 신체이형장애와 관련된 행동으로 인해 교육 환경에서 자신들이 '처벌'을 받았다고 느끼는 것이다. 대부분 신체이형장애 자녀들이 말하기를, 지각이나 진한 화장 또는 안전추구행동들로 인하여 수업을 빠졌다는 이유로 방과 후 남게 되거나 처벌을 받았다고 한다. 이러한 처벌은 신체이형장애 자녀들에게 자신이 오해를 받고 있고, 거부당하고 있다는 느낌을 가중시킨다.

신체이형장애로 인하여 몸과 마음이 이미 고통스러운 자녀들에게 등교에 대한 압박감은 심리적으로 감당하기 어려울 수 있다. 이들은 학교에 가고 싶은 마음도 있지만, 이와 동시에 선생님과 또래 친구들을 마주해야 하는 두려움에 압도되어 두 마음 사이에서 크게 혼란스러워 한다. 일부 신체이형장애 자녀들이 특히 참석하기 어려워하는 수업들이 있는데, 가장 흔하게 피하는 과목으로는 체육과 수영이 있다. 이러한 회피 행동은 일반적으로 심리적 두려움과 관련이 있으며 예를 들어 옷을 벗어야 하거나 반바지와 반팔 상의를 입는 것, 머리가 물에 젖는 것, 머리를 올려야 하거나 화장이 번지는 것 등이 될 수 있다. 어떤 아이들은 체육시간이나 수영수업이 있는 날에는 학교를 가지 않기도 한다. 그리고 신체이형장애 자녀가 학교에서 경험하게 되는 또 다른 어려움으로는 다른 사람들 앞에서 발표하는 것이고, 조례시간에 다른 반 학생들 앞에서 걸어야 하거나 학교 행사 사진에 자신의 모습이 찍히는 것들이 될 수 있다.

하지만 안타깝게도 대다수의 선생님이나 교육 관계자들은 신체이형장애 자녀들의 행동에 대해 궁금해하는 경우가 아주 드물다는 것이다. 이러한 까닭에 교육 관계자들에게 신체이형장애에 대하여 교육을 하는 것은 매우 중요할 수 있다.

특히 시험 기간에는 자녀들이 시험에 대한 스트레스를 과하게 받거나 신체이형장애 증상이 심해지면서 시험을 치르기 어려운 상황이 발생하기도 한다. 신체이형장애 자녀들에 의하면 이러한 경우에 분리된 시험장을 제공해 주거나, 불안이 강하게 느껴질 때 잠시 쉴 수 있는 추가적인 시간을 허용해 주는 것이 도움이 되었다고 말한다. 또한 GCSEs(general certificate of secondary education)/ A-levels 에 참가하는 인원을 줄이는 것도 도움이 되었다고 한다. 따라서 자녀가 시험을 볼 때 추가 시간을 받을 수 있는지 또는 학교 밖에서 시험을 치를 수 있는지 미리 알아보아야 한다. 이러한 내용은 거주하고 있는 지역이나 교육 기관에서 실시하고 있는 시험 진행 절차 방식에 대한 안내문을 통해 확인할 수 있다.

학교 교육에 도움이 되는 요소들

신체이형장애 자녀들이 학교 수업에 자주 결석할수록 학업을 따라가는데 있어 힘들어질 수 밖에 없다. 이때에는 주변 친구들에게 따로 물어볼 필요 없이, 과제물을 집으로 보내주거나 결석한 수업 내용을 인터넷 포털 서비스를 이용하여 들을 수 있도록 마련해 준다면 학업을 이수하는데 크게 도움이 될 수 있다. 또한 수업 활동하는데 있어 과제 제출기한을 늘려준다면 신체이형장애 자녀들이 교육을 잘 따라갈 수 있을 것이다. 신체이형장애 자녀 중 일부는 일정 기간 동안 시간제로 수업을 진행하거나, 때에 따라 유연하게 시간표를 변경할 수도 있다. 이러한 가능성에 대해서 학교 통합 지원팀이나 교육 심리학자 또는 이와 유사한 전문가와 함께 대화를 나누어 볼 수 있다.

신체이형장애 자녀들이 결석하지 않고, 학교에서 자신의 능력을 펼치도록 하는데 학교 교사나 교육 관계자들의 태도는 중요한 역할을 한다. 특히, 신체이형장애 자녀들은 자신의 심리적인 어려움을 넘어서 진정한 모습을 알아주는 어른이 교육 환경에 함께 있을 때 크게 도움이 된다고 말한다. 이는 신체이형장애 자녀들이 더 넓고 다양한 자신의 정체성을 발견하도록 하고, 자신이 오해 받고 있다는 느낌이나 수치심을 줄여주는데 도움을 주는 것으로 보여진다. 그리고 신체이형장애 자녀들은 부모와 학교가 자신들의 결석과 관련하여 개방적으로 의사소통이 가능한 연락망을 형성하는 것 또한 도움이 되었다고 말한다. 특히, 신체이형장애 자녀들은 친구나 동료들이 오랫동안 결석한 이유에 대해서 물어보지 않고 모르는 채 넘어가 주었을 때, 크게 편안함을 느낀다고 한다. 어떤 신체이형장애 자녀들은 체육수업이나 수영수업에 참석하지 않고 그 시간에 다른 과목을 공부할 수 있도록 허락해 주었을 때 도움을 받았다고 느끼기도 한다.

일부 신체이형장애 자녀들은 중고등학교 시절에 비해 대학교 생활이 좀 더 쉽게 느껴진다고 말하기도 한다. 그 이유로는 수업 시간 간에 충분한 휴식시간을 가질 수 있고 수업에 결석을 하여도 크게 문제가 되지 않기 때문이라고 말한다. 또는 대학교에서 지원해주는 정신건강서비스의 혜택과 주변 또래들이 보여주는 심리적인 문제에 대한 개방적인 태도를 언급하기도 한다. 하지만 이와 반대로 처음 보는 동기들과 기숙사 생활을 같이 하게 되면서 불안함과 외로움을 경험하게 되고, 대학교의 획일적인 심리상담 서비스로 인하여 신체이형장애를 위한 전문적인 상담지원이 제공받지 못해 대학교 생활에 어려움을 느낀다는 자녀들도 있다. 또는 불안으로 인해 알코올을 지속적으로 섭취하면서 초래되는 예상 밖의 여러 가지 부정적인 영향들로 대학생활을 어렵게 만들기도 한다. 대학 생활을 긍정적으로 보낸 한 사례자는 다음과 같이 말하였다.

> '많은 신체이형장애 자녀들이 대학 생활을 하는데 여러 가지 면에서 일반 학생들과 다른 경험을 하게 됩니다. 특히, 신체이형장애가 대학 생활을 하는데 크게 방해하기도 합니다. 하지만 저는 지금 거의 확실하게 다 나았다고 생각합니다. 한동안 새롭게 시작하기 어려웠던 만큼 대학교는 새로운 출발을 하기 아주 좋은 기회가 되었기 때문입니다.'

신체이형장애 자녀에게 가장 적절한 교육 환경 조건에 대해서 부모보다 더 잘 알고 있는 사람은 없다. 교육 현장에 있는 전문가들이 아동과 청소년들을 교육시키고 지원하는 영역에 있어 전문성을 가지고 있는 것은 사실이다. 하지만, 자녀가 가지고 있는 특수한 과거 이력과 성격 그리고 좋아하는 것과 싫어하는 것, 또는 두려워하는 것 등 이들을 촉발시키는 요소에 대한 정보는 부모가 가장 많이 알 수밖에 없다. 신체이형장애 자녀들은 자신들이 교육 환경에서 온전하게 이해 받고, 인정받는 존재로 공감 받기를 희망한다. 그래서 수치심을 느끼기보다 자신이 가지고 있는 특성이 교육 환경에서 인정받고 존중되며 지지를 받고 싶어 한다. 이러한 의미에서 본다면 부모는 모든 과정에서 신체이형장애 자녀와 협력하여 교육 전문가를 지원할 수 있는 좋은 위치에 있다고 할 수 있겠다.

학교가 취할 수 있는 조치(상황에 맞게 조율하는 것도 포함)

학교 환경을 조금이라도 조율하는 것은 신체이형장애 자녀들이 수업에 출석하고 친구들과 함께 어울리며 공부에 집중하는데 있어 큰 차이를 만들어 낸다. 학교에서 취할 수 있는 신체이형장애 자녀들에게 도움이 될 수 있는 몇 가지 조치 및 조율 사항은 아래와 같다.

학교에서 취할 수 있는 조치 및 조율 사항

☐ 신체이형장애에 대해서 자세히 알아보고 신체이형장애 자녀들이 결석하는 이유에 대해 이해하고 있는 교육 관계자를 배치한다.
☐ 신체이형장애 자녀가 경험하는 어려움에 적절히 대처할 수 있는 보조교사를 배치한다.
☐ 신체이형장애 자녀들이 필요할 때 언제든지 보조교사에게 도움을 청할 수 있는 사실에 대해서 안내한다. 또한, 특정 행동(예. 운동복을 벗는 것을 거부하는 것)에 대해서 비판단적으로 질문하는 것을 허용한다.

☐ 평소에도 비판단적인 태도를 취하도록 한다.
☐ 결석할 때, 연락을 취할 수 있는 전화번호를 알려준다.
☐ 학기 중에 신체이형장애 자녀가 불안을 느낄 때, 일반 학생들과는 다른 관점으로 접근하도록 한다.(예, 시험 결과를 다른 학생들이 모두 나간 후 핸드폰 메시지로 전송)
☐ 신체이형장애 자녀들이 일반적이지 않는 행동을 할 때, 공개적으로 질문하지 않도록 한다.(예, 거울을 확인하기 위해 교실 밖으로 나가는 행동)
☐ 진심으로 배려하는 태도를 가진다.
☐ 신체이형장애 자녀들이 통제할 수 없다고 느끼거나 고통스러울 때, 언제든지 갈 수 있는 '안전한 공간'을 제공한다.
☐ 신체이형장애 자녀가 안전한 공간에 가고 싶어 할 때 원활한 소통이 가능하도록 선생님과 자녀만 알 수 있는 신호를 만든다.(예, 선생님에게 카드를 건네기, 과제 일기를 책상 위에 뒤집어 놓기, 또는 서로 동의한 손짓 등)
☐ 신체이형장애 자녀가 자신의 상태를 알릴 수 있는 조기 위험 신호 목록을 보조교사에게 전달한다. 예를 들어 자신의 피부를 만지거나 의자에 앉아서 흔들거리기, 교실을 여기저기 쳐다보기 등을 통하여 자녀들이 지금 자신을 통제하기 어려운 상태임을 알린다. 그리고 각 신호마다 적절한 반응을 제공해준다. 예를 들어 신체이형장애 자녀들이 집요하게 피부를 만지는 것을 발견하였을 때, 아이에게 다가가서 산책을 하도록 하거나 교실 장비를 분류시키거나 소리 나는 공을 쥐어주거나 블루택을 만지게 하면서 행동을 조절할 수 있도록 돕는다. 허용 가능한 범위와 사용 가능한 자원을 정하는 것은 위와 같은 노력에 도움이 될 수 있다.*

교육 관계자들은 자녀의 신체이형장애 증상을 일찍 발견하지

---

* www.zonesofregulation.com.

만, 그것에 대해 궁금해하는 사람은 거의 없다. 따라서 교육 관계자들은 신체이형장애 자녀들이 왜 그런 행동을 하는지 개방적으로 물어보기보다는 추측만 하는 경우가 많다. 예를 들어 '지금같이 더운 날에도, 수업시간에 운동복을 왜 항상 입고 있는지 궁금하구나?'와 같이 '왜'라는 질문을 사용하는 경우는 매우 드물다. 또한, 신체이형장애 자녀들이 진한 화장을 하는 이유에 대해 학교 규칙을 무시하기 때문이라고 추측하기도 하고, 학교에 매일같이 늦게 오는 것에 대하여 부모의 훈육이 부족하다거나 생활리듬이 망가져서라고 생각하기도 한다. 이때 교육 관계자들이 신체이형장애 증상에 대해서 비판단적인 호기심을 가질 수 있도록 초대한다면 도움이 될 수 있다. 성급하게 결론을 내리거나 함부로 추측하지 않고, 열린 질문과 공감적인 표현을 한다면 신체이형장애 자녀들이 느끼는 고통과 고립감은 줄어들 것이며, 학교생활에 잘 적응할 수 있는 도움이 될 수 있을 것이다.

때로는 신체이형장애 자녀의 부모가 교육 관계자들에게 조언하는 것이 교권의 권위에 도전하는 것 같아 어렵게 느껴질 수 있다. 하지만 교육 관계자들의 성급한 추측을 방지하고 자녀의 행동에 대하여 개방적이고 비판단적인 질문을 하도록 안내하는 등, 신체이형장애 자녀에게 도움이 될 수 있는 부모의 견해와 방안을 전달하는 것은 앞으로 나아가는데 매우 중요한 역할을 한다.

일부 신체이형장애 자녀들은 교육 환경을 조율할 때, 개별 돌봄 지원 계획(Individual Support Plan, ISP)을 작성하는 것이 큰 도움이 되었다고 한다. 또한 신체이형장애 자녀들에 대해서 한 페이지로 요약된 안내문을 모든 교육 담당자에게 전달하는 것도 도움이 될 수 있다. 안내문은 신체이형장애 자녀와 소통하거나 교육시킬 때 학교에 있는 모든 어른들이 알아두어야 할 중요한 정보들을 빠짐없이 기입한 것이며, 학교 주요 관계자 그리고 부모와 자녀가 함께 작업하면서 제작하도록 한다.

자녀가 학교에 잘 다닐 수 있도록 지원하는 방법

부모들이 최선을 다하여 노력함에도 불구하고, 일부 수업이나 전체 교육 과정에 신체이형장애 자녀들을 참여시키기 어려울 수 있다. 심지어는 거의 불가능하다고 느껴질 수도 있다.

신체이형장애 자녀들의 교육 참여도를 높이는데 혼자의 힘으로는 역부족인 경우가 많은 만큼, 다양한 분야의 전문가들로부터 도움을 받아야 할 필요가 있다.

만약 신체이형장애 자녀가 학교에 등교하는 것을 고통스러워하거나, 학교생활에서 받는 스트레스로 인해 집으로 돌아오는 빈도수가 많아진다면, 다학제 회의(multi-disciplinary meeting)를 요청하는 것이 좋다. 다학제 회의에 참여 가능한 사람들은 다음과 같다.

- 담임 교사/ 가정 교사
- 교장/ 교감
- 학교 목회 지원 관계자
- 학교 출석 담당 직원
- 통합 교육 관리자(때로는 특수 교육 대상자 코디네이터라고 불린다)
- 교육 심리학자
- 신체이형장애 자녀에 대해 잘 알고 있거나 같이 작업하는 다른 교육 전문가

- 정신 건강 전문가 또는 심리 치료 전문가와 같이 외부 치료 지원을 연계하는 사람들
- 신체이형장애 자녀의 가족들을 지원 하는 전문가
- 신체이형장애 자녀: 인원이 많이 참석하는 자리를 두려워하거나 불편하다고 느낀다면 신체이형장애 자녀들은 회의가 끝나갈 쯤에 참석할 수 있다. 만약 자녀가 직접 올 수 없다고 느낀다면, 신뢰할 수 있는 회의 참석자를 초대하여 자녀의 견해를 전달할 수도 있다. 또는 그들의 의견을 글로 적을 수 있으며, 재생 가능한 녹음기를 사용하여 녹음할 수도 있다.

회의를 주선하는 리더를 정하고 의논할 주제를 명확하게 하는 것은 중요하다. 만약 회의 주제를 정하는 위치가 아니라면, 회의를 시작하기 앞서 주제가 적힌 종이 사본을 요청하여 회의 시작 전에 미리 확인하도록 한다. 그래서 회의에서 다루고 싶은 내용이 무엇인지, 그리고 결과가 무엇이 되기를 원하는지 명확히 한다. 혹여 해결되어야 한다고 생각하는 것과 다른 내용이 나오는 경우, 회의 주제 및 목적에 대해서 두려워하지 말고 리더와 관계자들에게 질문하도록 한다. 사전에 모든 참석자들에게 신체이형장애에 대한 안내문을 미리 보내는 것도 크게 도움이 될 수 있다. 대부분 사람들은 신체이형장애에 대해서 들어보거나 읽어본 적이 없을 것이며, 어려움을 겪고 있는 신체이형장애 자녀를 적절하게 돕는 방법에 대해 알지 못할 수도 있다.

그리고 머릿속으로 반복하여 정리하였다 할지라도 회의 시간에 정확히 기억하고 전달하기 어려울 수도 있다. 따라서 회의에 참석하기 전에 전달하고 싶은 중요한 사항이 적힌 노트를 미리

준비할 것을 권장한다. 그리고 추후 나아가고자 하는 방향에 있어 명확하게 정하고 다루면서 하나씩 체크해 나가도록 한다. 또는 질문을 적은 종이를 가지고 회의에 참석하여, 질의 응답 시간이 따로 주어지지 않는 경우를 대비해 적절한 타이밍에 질문할 수 있도록 한다.

그리고 회의록을 작성하더라도, 자신의 노트를 따로 보관하는 것이 좋다. 이는 회의에서 다룬 중요한 내용을 기억하는데 도움을 주고, 자녀가 정서적으로 안정적일 때 회의 내용을 정확하게 잘 전달할 수 있는 자료가 된다.

회의에서 다루어지는 주제들은 다음과 같다.

신체이형장애 자녀를 위한 교육 환경에 대하여 전문가 회의에서 다루어질 수 있는 안건들

- 환영 인사 그리고 자기소개
- 회의 주제와 희망하는 목표에 대한 전반적인 개요
- 신체이형장애 자녀의 견해
- 학교와 가정의 관점에서 출석하기 어려운 이유에 대해 살펴보기
  (예, 등하교시 경험하는 불편함, 집단 따돌림 경험, 결함을 감추기 위한 위장술 사용 등)
- 실질적으로 도움이 되는 전략 및 조치 그리고 관련된 사람들까지 포함하여 제안하기
- 신체이형장애 자녀가 심리적으로 안정적일 때, 자신의 의견을 공유할 수 있는 기회를 제공하고, 제안된 전략 및 조치에 대하여

  동의하는지 그리고 추가할 사항이 없는지 확인하기

- 전원이 참석하여 실행 계획서(the action plan)에 서명하고, 관련된 모든 사람들에게 배포하기
- 검토를 위하여 차기 회의 날짜는 3개월을 넘기지 않는 선에서 정하기

교육 심리학자(Educational Psychologist) 참여시키기

신체이형장애 자녀가 다니는 학교에 교육 심리학자가 있는지 확인하는 것은 중요할 수 있다. 교육 심리학자는 때로 학교상담사로 불리기도 하며, 이들은 전문가로서 교육 환경에서 학생들의 학습능력, 인지발달, 사회적, 정서적, 정신건강을 지원한다. 교육 심리학자들은 학교, 가족, 학생 모두를 조율하고 해결책을 제공하기 위하여 전문적인 교육을 받은 사람들이며, 정신 건강이나 학습문제와 관련하여 도움을 받을 수 있다. 따라서 학교에 따로 추천하는 교육 심리학자가 있는지 문의하거나, 다른 부모나 학생들로부터 직접적으로 추천을 받아 학교 심리상담 서비스에 연계할 수도 있으며, 또는 유료 심리 상담소를 찾아볼 수도 있다.

아래 목록은 교육 심리학자가 필요한 경우에 대해 나열한 것이다.

- 신체이형장애 자녀들의 요구에 학교에서 적절하게 대응하기 어려워하거나 어떻게 지원해야 하는지 모르는 경우
- 문제를 해결하는데 있어 어떠한 방법도 찾지 못해 전문가의 도움을

필요로 하는 경우
- 신체이형장애 관련 행동으로 자녀가 방과 후 남았거나 일정 기간 동안 정학을 받은 것처럼 처벌을 받았을 경우(학교에서 신체이형장애 자녀의 요구를 이해하지 못하고 적절한 대응에 실패하였다는 신호)
- 신체이형장애 자녀가 학교 수업에 적극적으로 참여하고 잘 활동할 수 있도록 교육 환경을 조율해야 하는 경우
- 신체이형장애 자녀가 일정 기간 동안 결석 하였을 때, 학교에 잘 적응하도록 추가적인 지원이 필요한 경우(파트 타임 시간표에서 풀 타임 시간표로 전환하는 것까지 포함)
- 신체이형장애 자녀의 심리적 기저에 있는 요인이나 인지적 욕구에 대해서 깊은 이해가 필요한 경우
- 신체이형장애 증상의 경계선에 있거나 완전히 벗어난 자녀가 사회적인 의사소통을 시도하려는 경우

일반적인 교육 시스템에서 벗어난 신체이형장애 자녀들에게 적합한 교육 시스템 알아보기

일반적으로는 신체이형장애 자녀들이 기존의 일반 교육 시스템에 잘 적응하도록 돕는데 중심을 두겠지만, 일부 신체이형장애 자녀들의 경우 기간제 현장 실습이나 대안 학교를 고려할 수도 있다. 대안 학교는 대부분 학생 수가 적고, 학생에 비하여 직원의 비율이 높은 편이며, 개별화된 학습 계획과 미래 진로에 대한 지원을 받을 수 있다. 그래서 신체이형장애 자녀와 부모가 일반 교육 시스템에 참여할 준비가 되었다고 느끼기 전까지는 대안 학교를 잠시 이용하는 것도 하나의 방법이 될 수 있다.

대안 학교마다 조금씩 차이는 있지만, 일부는 거주 지역에 따라 이용 가능 여부가 결정되기도 한다. 때로는 대안 학교에 다니기 위해 거주 지역에서 벗어나 장거리를 이동해야 하는 경우도 있다. 물론, 신체이형장애 자녀들이 학교를 다니기 위해 먼 거리를 이동해야 하는 것이 여러 가지 이유로 이상적인 방법은 아니지만, 선택사항에서 배제하지 않도록 한다. 어떤 경우에는 장거리를 이동하는 것이 부모와 신체이형장애 자녀들에게 적합하다고 생각될 수 있으며, 따라서 해결방책 중 하나로 고려되어야 한다. 또한 청소년 정신 건강과 관련하여 특수학교가 마련되어 있으며, 만약 자녀가 입원해야 하는 경우 언제나 병원이 마련되어 있는 학교에 참석할 수도 있다.

신체이형장애로 인해 사회적, 정서적, 정신적 건강 범주에 있어 특수 교육이 필요하다고 판단되는 경우, 거주지에 따라 영국에서는 특수 교육 대상자로 등록될 수 있다. 거주 지역 정책에 따라 특수 교육 대상자로 분류된 경우, 자녀가 만 16세부터 최대 만 25세까지 부모의 동의하에 교육 지원을 받을 수 있다. 교육, 보건 및 의료 계획(Education, Health and Care Plan, EHCP) 또는 이와 유사한 프로그램들을 제안 받을 수 있으며, 활용 가능한 추가적인 재원 및 지원은 다음과 같다.

- 결석한 수업 내용 및 과제를 확인할 수 있는 온라인 사이트에 접속 가능한 노트북 제공
- 현지에서 정서적 지원 제공(예를 들어, 아침 그리고 오후에 기분 체크하기 또는 필요할 때 도움을 받을 수 있는 보조 교사에게 고통스럽고 스트레스 받는 부분에 대하여 상담하기)

- 대중교통 이용을 힘들어하는 경우, 자전거나 스쿠터와 같이 휴대 가능한 이동 장비 구입비용 제공
- 시험을 볼 때에는 별도의 공간을 마련해주거나 개인 시험 감독관 제공
- 체육/ 운동경기/ 수영수업의 경우, 일정 기간 동안 대체 가능한 대안 제공

위와 관련된 내용에 대해서 신체이형장애 자녀가 다니는 학교의 통합 교육 팀이나 교육 심리학자와 충분히 이야기를 나누어 보는 것이 좋으며 특히, 거주하고 있는 관할 지역에서 충분한 지식이 있는 전문가와 상의하기 바란다.

미래에 대한 희망 놓지 않기

신체이형장애 자녀가 학교 수업에 집중하지 못하고, 잦은 결석으로 인해 사회적으로나 학업적으로 친구들에게 뒤쳐지는 모습을 보인다면 부모의 마음은 불안감으로 가득 찰 수밖에 없을 것이다. 그러나 뇌는 가소성(뇌가 환경에 적응하고 변화하는 능력을 나타내는 말)이 있어서 전 생애에 걸쳐 환경에 적응하고 변화하는 능력을 가지고 있다. 따라서 신체이형장애 자녀가 심리적으로 안정을 되찾게 된다면 그 동안 미루어 왔던 과업을 정상범위까지 따라잡고, 적절한 도움과 함께 학업 또는 직업에서 이루고자 하는 바를 모두 성취할 수 있다. 물론, 같은 나이 또래 친구들에 비하여 조금 뒤쳐진다고 느껴질 수 있다. 예를 들어 신체이형장애 자녀들은 몇 시간 동안 강도 높은 치료를 받고 있는 시간에, 다른 친구

들은 대학교에 진학하는 등, 또래들이 앞서나가는 모습을 보게 된다면 이는 자녀들에게 또 다른 좌절로 다가올 수 있다. 하지만 앞으로 나아가는데 자신감을 잃지 않고 적극적인 자세를 유지하며 긍정적인 측면을 자주 상기시켜 준다면 신체이형장애 자녀들에게 큰 힘이 될 수 있다. 또는 영국의 특수 교육 자문 기관(Independent Provider of Special Education Advice, IPSEA)*과 같은 기관이나 전국 부모 연합 네트워크(National Parent Partnership Network)**에서 지원을 받을 수 있다.

새로운 것을 배우고 시험을 통과하여 학점을 받는데 있어 정해진 시기는 없으며 그러한 경험은 삶의 단계와 상관없이 이루어질 수 있다. 때로는 자녀에게 멘토 역할을 해줄 수 있는 친구를 연결해주는 것이 도움이 되기도 하며, 여기서 멘토는 과거에 정신 건강상의 이유로 일반적인 교육 시스템에 적응할 수 없었지만, 현재는 잘 수행하고 있는 사람이어야 한다. 지금과 같은 첨단기술 시대에는 이러한 멘토 역할을 해줄 수 있는 사람을 온라인에서도 찾을 수 있다. 그들의 영상을 보는 것을 좋아할 수 있고, 자신이 꿈꾸는 커리어에 어떻게 도달하였는지 들으면서 신체이형장애 자녀에게 희망을 고취시킬 수 있다. 그래서 목표에 도달하기 위해서는 인내하고 견디는 시간이 필요하다는 사실을 전달하면서 신체이형장애 자녀들에게 동기를 부여해 줄 수도 있다.

물론, 신체이형장애 자녀가 자신의 뜻을 이루기 위해 학위나 학업을 반드시 취득해야 하는 것은 아니다. 시대는 변화하고 있고 이에 직업도 빠르게 바뀌고 있지만, 아직 교육 시스템은 어떤

---

* www.parentpartnership.org.uk.
** www.ipsea.org.uk.

면에서 완전히 따라가지 못하고 있는 실정이다. 일부 분야에서는 교육 자격증을 얻기 위해 오랜 시간을 필요로 하지만, 많은 사람들은 교육 자격증이 없어도 자신의 노력으로 성공적인 삶을 살아가기도 한다. 따라서 신체이형장애 자녀들의 큰 꿈과 열정, 그리고 그것을 성취하는 방법에 대해 고정관념에서 벗어나 생각하는 것은 자녀들에게 도움이 될 수 있다.

제7장

신체이형장애 치료

이번 장에서는 많은 전문가가 추천하고 있는 신체이형장애 치료법에 대해서 알아보려고 한다. 신체이형장애와 증거를 기반으로 이루어지는 치료 방법에 대해서 익숙해질수록, 신체이형장애 자녀의 어려움에 대해 더 잘 이해할 수 있을 것이고, 적절한 지원을 제공하는데 있어 자신감이 생기게 될 것이다.

현재 사용하고 있는 치료 방법들

이 책을 읽고 있는 대부분의 사람들이 알고 있겠지만, 신체이형장애는 정신적 그리고 신체적으로도 심각한 상태를 초래한다. 하지만 이를 치료할 수 있는 방법 또한 존재한다. 예를 들어 미국 국립 보건 의료 우수 연구소(National Institute for Health and Care Excellence)(2015)*에서 제공하는 치료 가이드에서는 과학적 연구를 바탕으로 증명된 두 가지 치료법을 권장하고 있다.

- 신체이형장애에 특화된 인지행동치료 중 노출 및 반응 방지법
  (BDD-specific CBT with Exposure and Response Prevention (ERP))
- 고용량 세로토닌 재흡수 억제제(SSRIs) 복용

---

* www.nice.org.uk.

일부 신체이형장애 자녀들은 자신의 외모에 결함이 있다고 굳게 믿으며 인지행동치료(CBT)와 같은 심리 치료보다는 성형수술, 치과시술 그리고 피부과시술이 필요하다고 주장하기도 한다. 특히 성형수술과 같은 경우는 신체이형장애를 치료하는데 가장 추천하지 않는 방법이기도 하다. 하지만 신체이형장애 자녀가 지금의 고통에서 벗어날 수 있는 방법으로 미용 시술들을 요구한다면 부모 입장에서 이를 무시하기 어려울 것이다. 하지만 많은 연구에서는 신체이형장애 자녀들이 미용 시술을 하였을 때 얻은 결과에 대해서 만족하는 경우가 아주 드물다고 보고하고 있다. 실제로 많은 신체이형장애 자녀들이 시술 결과에 대하여 매우 속상해하고 심지어는 다른 부위까지 확대되기도 한다. 물론, 신체이형장애 자녀의 간곡한 애원을 거절하는 것이 최선이라는 것을 알지만, 미용 시술에 대한 자녀의 간청을 부모로서 외면하기가 매우 어려울 수 있다. 이러한 악순환에 대하여 잘 이해하게 되면, 부모뿐 아니라 신체이형장애를 가진 자녀에게도 그들의 무의식적인 집착 행동을 이해시킬 수 있고, 해결책이라고 믿고 있는 미용 시술에 대해서도 객관적으로 설명하는데 도움이 될 것이다.

미용 시술은 신체적 접근 방법으로, 인지된 외모의 결함이나 결점을 고치는 것을 목표로 한다. 미용 시술은 신체이형장애 자녀들에게 잠깐의 심리적 위안을 줄 수 있으나 장기적인 면에서 보면 외모에 대하여 더욱 집착하도록 만든다. 치료 전문가들은 부모와 자녀가 동등한 입장에서 조용하고 편안한 장소를 찾아 방해 받지 않는 시간에 미용 시술의 결과에 대한 부모의 생각이나 부모가 처한 상황에 대해서 이야기를 나누어 보는 것을 권장하고 있다. 여기서 주의해야 할 점은 자녀가 신체이형장애 증상으로 심리적 고통이 심한 경우에는 이러한 대화를 최대한 자제해야 한다는 것이다.

이때에는 신체이형장애 자녀가 느끼고 있는 고통에 진심어린 공감을 해주는 것이 중요하다. 그리고 신체이형장애 자녀가 잘 이겨낼 수 있도록 부모가 아낌없이 지원을 하겠다는 다짐을 전달할 필요도 있다. 실질적인 예시로 다음과 같이 이야기를 나누어 볼 수 있다.

"네가 피부과 시술을 얼마나 원하고 있는지 알고 있단다. 그리고 시술을 하게 되면 지금보다 나아질 거라고 믿고 있다는 사실도 말이야. 어쩌면 이러한 요구를 내가 거절하였을 때, 너의 마음을 아프게 할 수도 있을 거라고 생각되는구나. 혹여 내가 너의 의견을 무조건 반대한다고 느껴지거나, 그저 승낙하지 않고 보류하는 것으로만 보여질까 봐 걱정된단다. 하지만 나는 언제나 진심으로 너의 편이라는 것을 알아주었으면 좋겠어. 내가 피부과에 데리고 가지 않는 이유는 장기적으로 볼 때 너에게 절대로 도움이 되지 않기 때문이야. 내가 보기에는 피부에 특별한 문제가 있다고 보여지지 않는구나. 어쩌면 피부과보다는 상담심리 같이 심리적으로 접근해 보는 것이 더 좋을 것 같다고 생각되기도 해. 지금 내가 하는 말을 듣는 것이 너를 힘들게 할 수 있다고 생각되니 마음이 많이 아프구나. 그래도 너를 정말 많이 아끼고 사랑한단다. 네가 나를 좀 더 믿어주었으면 하는 바람이야. 그리고 나는 언제나 너의 편이라는 것을 꼭 기억해주었으면 좋겠어."

신체이형장애에 특화된 인지행동치료 중 노출 및 반응 방지법
(BDD-specific cognitive behavioural therapy (CBT) with Exposure and Response Prevention(ERP))

'치료의 첫 단계는 자신이 신체이형장애를 가지고 있다는 것을 이해하고 받아들이는 것이다.'

-신체이형장애 사례자-

지금까지 과학적으로 증명된 효과적인 신체이형장애 심리치료는 인지행동치료가 유일하다. 게다가 다양한 연구를 통해 신체이형장애를 위한 인지행동치료(CBT for BDD)가 신체이형장애 증상과 우울한 기분을 개선하는데 효과적이라고 검증되었다.

신체이형장애를 위한 인지행동치료는 전문가와 함께 대화를 통해서 이루어지며 일주일에 1시간씩 진행된다. 신체이형장애 자녀가 보이는 심각성에 따라 다르지만 일반적으로 신체이형장애를 위한 인지행동치료는 14주에서 20주 정도 진행된다. 신체이형장애 자녀의 나이와 성숙도에 따라 달라질 수 있지만, 치료 과정에서 종종 가족구성원과 함께 진행되기도 한다. 하지만 대부분 나이가 있는 신체이형장애 청소년의 경우 부모 없이 진행하는 것을 더 선호하기도 한다. 그럼에도 불구하고 신체이형장애 자녀를 지원하는데 부모의 역할은 매우 중요하며, 특히 치료 시간에 주어진 과제를 다음 치료 시간 전까지 잘 이행하도록 돕는 등, 자녀가 충실히 치료를 받을 수 있도록 든든한 지원군이 되어 주어야 한다. 인지행동치료에서 핵심은 신체이형장애 자녀들이 자신의 외모에 대해 가지고 있는 사고방식 및 자동적인 반응 행동을 수

정하고 변화를 모색하는데 있다.

　신체이형장애 치료 결과를 극대화시키고 개선하기 위한 연구는 현재도 여전히 진행되고 있다. 그리고 신체이형장애 치료에 있어 몇 가지 핵심 단계가 있음을 알게 되었다. 그 첫 번째 단계는 심리교육(psychoeducation)이다. 이 단계에서는 신체이형장애에 대해서 배우고 불안이 미치는 역할에 대하여 교육시킨다. 그리고 신체이형장애 유지 요인에 대해 설명하면서 안심추구행동이 신체이형장애 자녀에게 외모에 대한 불안감을 어떻게 더 가중시키는지도 안내한다.(때로 안심추구행동은 '신체이형장애 행동', '의식적 행동' 또는 '강박적 행동'이라고 불리기도 한다. 예를 들어, 거울 확인 행동, 반복적으로 머리 빗기, 위장술, 회피행동 등이 될 수 있다.)

　신체이형장애를 위한 인지행동치료 두 번째 단계에서는 신체이형장애 자녀가 외모로 인해 발생한 심리적인 고통을 줄이기 위해 사용하는 다양한 기술과 전략들을 배운다. 여기서 노출 및 반응방지법(Exposure and Response Prevention, ERP)은 신체이형장애 치료에 있어 핵심 기법이다. 다른 인지행동치료 기법을 사용할 수 있지만, 이는 노출 및 반응방지법의 효과를 높이기 위해서 활용되거나 우울한 기분을 개선하기 위해 쓰여진다. 여기서 '노출'이란, 신체이형장애 자녀들이 외모에 대해 불안을 유발하는 상황이나 두렵고 회피하고 싶어하는 환경에 의도적으로 직면하는 것을 말한다. '반응 방지'는 안심추구행동 횟수를 의도적으로 줄이거나 안심추구행동 없이 불안한 상황을 견디어 보는 것을 말한다. 예를 들어 신체이형장애 자녀가 외출할 때 거울 확인 행동을 점차적으로 줄여나갈 수 있도록 부모가 격려하거나 또는 화장을 하지 않고 근처에 있는 상점까지 걸어갈 수 있도록 하는 것이다.

치료를 받는 동안 신체이형장애 자녀들은 단계적으로 두려운 상황에 직면하면서 불안으로 인한 강박행동은 하지 못한다. 따라서 이때에는 신체이형장애 자녀가 가족 구성원이나 전문가에게 많은 도움과 지원을 아낌없이 받는 것이 필요하다. 노출 단계를 반복적으로 진행하게 되면, 신체이형장애 자녀들이 두려움을 느끼는 정도가 낮아지는 경향(또 다른 용어로 '습관화(habituation)')을 보이기도 한다. 다르게 설명하자면, 신체이형장애 자녀들이 반복적인 노출 시도를 통해 정서적 고통이 줄어드는 것을 경험하게 되며, 외모에 대해 걱정하는 수준 또한 낮아지게 된다. 신체이형장애 자녀들이 습관화를 통해 심리적 고통을 견뎌내는 방법을 배울 수 있지만, 그 외에도 자신의 두려움이 현실적인지 확인하면서 배울 수도 있다.(예를 들어, 야구모자를 쓰지 않고 외출을 하였을 때 사람들이 자신의 결함에 대해서 비웃거나 수군거리는지 확인해보는 것) 습관화가 자리를 잡을 때까지, 치료 시간에 배운 노출 및 반응방지법은 평소에도 계속 연습해야 한다. 이와 같이 치료 과제를 성실히하는 것은, 노출 및 반응방지법을 성공적으로 이끌기 위한 중요한 부분이 된다. 여기서 부모의 역할이 특히 더 중요하며, 신체이형장애 자녀들에게 치료 과제를 상기시켜주는 것부터 노출 및 반응 방지법을 실행하도록 정서적인 격려와 지원을 제공하는 것까지 다양하다. 또한 치료 예약 시간을 기록해 두어, 신체이형장애 자녀가 치료 시간에 잘 참석할 수 있도록 도와줄 수도 있다. 물론 치료전문가와 라포관계가 중요하다. 한 사례자는 치료전문가와 농담을 하며 이야기 나눌 수 있었던 것이 신체이형장애를 이겨내는데 도움이 되었다고 말하였다.

'치료전문가와 저는 잘 맞았어요. 제가 이해 받고 있다는 느낌을 주었죠. 그리고 이야기 나누며 함께 웃을 수도 있었어요. 제가 정말 필요로 했던 거에요.'

신체이형장애 자녀가 치료전문가와 긍정적인 라포관계를 형성하기 위해 노력할 수 있는 부모의 역할은 다음과 같다.

- 신체이형장애 자녀에 대한 자세한 정보를 치료전문가에게 최대한 전달한다. 예를 들어 자녀의 성격적인 특성, 유머 감각, 좋아하는 것과 싫어하는 것, 가족력과 과거의 교우관계, 선호하는 관심분야, 사회적 소통에 있어 어려운 부분 등이 될 수 있다.
- 신체이형장애 자녀의 부모와 치료전문가는 지속적으로 연락을 주고받으며, 자녀들이 동의한 선에서 자녀의 기분상태와 변화된 행동에 대하여 치료전문가에게 정보를 제공한다.
- 치료전문가의 스타일과 접근방식에 대하여 열린 자세와 개방적인 태도를 지닐 필요가 있다. 치료전문가에게 더 광범위한 서비스를 무작정 요구하는 등, 치료 과정에서 느낄 수 있는 다양한 불만에 대해서 성급하게 행동하지 않는다.(예를 들어 치료를 위해 오랜 시간 동안 대기 했어야 하는 좌절감 등)
- 다음 치료 예약 시간을 기다리며 보내는 동안 자녀와 함께 가볍게 대화할 수 있는 시간을 가지도록 한다. 그래서 치료과정에서 도움을 받고 있는 것이 무엇이고, 긍정적인 변화를 위해 치료전문가가 어떠한 도움을 주고 있는지 이야기를 나눈다.

어떤 경우에는 부모가 신체이형장애 자녀와 함께 심리치료에 대해 대화를 나누고자 하여도 자녀가 크게 저항하기도 한다. 이는 신체이형장애 자녀가 자신의 불안을 심리적 관점에서 해결하려는 것에 대한 거부감을 반영하는 것일 수도 있다. 이와 비슷한 상황에서는 가장 먼저 해야 하는 것은 부모가 신체이형장애 아이의 심리적 고통을 인정해 주는 것이다. 그리고 그들이 어려움을 잘 이겨낼 수 있도록 도와주고 싶어 하는 부모의 생각을 진심 어린 공감과 함께 전달하는 것이 좋다. 예를 들어 다음과 같이 이야기 할 수 있겠다. '치료를 받는 것이 너에게 스트레스로 다가온다는 사실을 알고 있단다. 그래도 네가 치료 과정을 잘 버티어 주어서 정말 자랑스럽구나. 네가 나아가려는 모든 과정에 내가 옆에 있으면서 항상 지지하고 있음을 알아주었으면 좋겠구나.'

인지행동치료 중 노출 및 반응방지법(CBT with ERP)에서 마지막 단계는 미래를 계획하는 것이다. 마지막 단계는 신체이형장애 자녀와 치료자가(종종 조력자로서 부모도 함께) 치료에서 배운 기법과 전략에 대해서 점검해보고, 재발 방지를 위한 계획을 세워 직접 시도해 보는 과정을 포함하고 있다.

신체이형장애 자녀를 돕는 일은 긴 시간이 필요한 과정이며 두려움, 무기력감 그리고 수치심과 같은 다양한 감정을 불러일으킨다. 고통스러워하는 자녀를 보면서 부모로서 실패한 것 같고, 어떻게 해야 할지 알 수가 없어 죄책감까지 느낄 수 있다. 이러한 감정들은 부모가 신체이형장애로 힘들어하는 자녀를 돌보고 있는 상황이라면 충분히 이해되는 부분이기도 하다. 하지만 잊지 말아야 할 가장 중요한 것은, 당신은 결코 혼자가 아니며 절대 당신의 잘못이 아니라는 점이다. 자녀가 신체이형장애에 대해서 교육을 받고 진단을 받게 되는 순간 변화는 일어나고 상황은 바뀌어질 것이다. 신체이형장애 진단과 교육은 희망을 주기도 하고, 두려움을 완화시키며 적절한 치료를 통해서 신체이형장애는 극복될 수 있다. 회복을 위한 치료 과정을 통해, 신체이형장애 진단이 이루어지고 신체이형장애 자녀가 경험하는 일들이 자연스러운 과정임을 이해하며 이에 맞는 가이드 및 지원을 치료전문가들이 제공해 줄 것이다.

표 7.1 : 신체이형장애를 위한 인지행동치료 핵심 요소

	핵심 요소에 대한 세부 내용
심리 교육	신체이형장애에 대한 전반적인 지식과 불안/ 심리적 고통에 대해서 교육시킨다. 신체이형장애를 유지시키는 요인에 대해서 이해하고 특히 외모에 대한 집착을 더 강화시키며 유지하도록 만드는 안심추구행동 또는 신체이형장애 강박행동의 역할에 대해서 설명한다.
노출 및 반응 방지	외모에 대한 불안을 유발하는 상황이나 두려움을 마주하는 연습을 단계적으로 그리고 반복적으로 하면서, 동시에 안심추구행동이나 신체이형장애 강박행동은 줄인다.
재발 방지	치료 과정에서 학습한 중요한 부분에 대해서 점검하고, 개선된 상태를 계속해서 유지하기 위해서 어떤 부분을 고려해야 할지 살펴본다. 재발 방지 계획은 신체이형장애 증상이 재발하는 것을 방지하거나 또는 증상이 다시 재발하는 경우를 대비하여 세우도록 한다.
추가적인 인지행동 치료 전략	추가적인 인지행동치료 전략은 신체이형장애 자녀가 특수한 증상을 호소하거나 개별적으로 필요로 하는 부분이 발생하는 경우 사용할 수 있다(예를 들어, 거울 재활 훈련, 주의력 훈련, 동기 강화 훈련 등)

'당연한 말이지만, 인지행동치료는 저에게 매우 어려웠습니다. 초반에는 장애물이 너무 많다고 느껴졌습니다. 정말로 험난한 과정이었습니다. 하지만 지금 생각해보면 그때에는 비록 어려웠지만, 그에 대한 적절한 보상을 받았다고 생각합니다. 신체이형장애가 저를 지배하고 있었지만 그 주도권을 제가 다시 잡을 수 있었기 때문입니다.'

-신체이형장애 사례자-

고용량의 세로토닌 재흡수 억제제 사용

효과적인 신체이형장애 치료법으로서 항정신과 약물 사용도 있다. 항정신과 약물은 단독으로 사용될 수도 있고 또는 신체이형장애를 위한 인지행동치료와 함께 사용하기를 권장하기도 한다. 신체이형장애 치료에 사용되는 약물은 세로토닌 재흡수 억제제 계열이며, 설트랄린(Seroxat), 플루옥세틴(Prozac), 플루복사민말레이트(Faverin), 에스시탈로프람(Cipralex) 등이 있다. 이 약물들은 뇌의 세로토닌의 수치를 증가시켜 신체이형장애 증상과 심리적 불안을 감소시킨다. 경험에 근거하여 보았을 때, 신체이형장애 자녀들이 인지행동치료에 참여할 정도로 심리적 불안감을 줄여주는데 도움이 된다. 물론, 장기적인 관점에서 두 가지 치료방법을 단독으로 사용한 경우에 비하여 약물치료와 심리치료가 함께 실시되었을 때, 어떠한 차이점이 있는지 확인하기 위해서는 더 많은 연구가 이루어져야 한다.

여기서 중요한 점은, 항정신과 약물은 반드시 정신과 전문의에 의하여 처방되어야 하고 면밀하게 모니터링해야 된다는 것이다. 많은 사람들이 항정신과 약물에 대해서 부정적으로 생각하는 만큼, 항정신과 약물을 사용함으로써 발생할 수 있는 장점과 단점에 대해서 정신과 전문의와 신중하게 의논하는 것이 매우 중요할 수 있다. 따라서 신체이형장애 자녀들이 항정신과 약물을 사용하면서 발생 가능한 장점과 단점에 대하여 충분히 살펴보게 하고, 자녀가 궁금해하는 점에 대해서 질문할 수 있는 기회를 마련해 주어야 한다. 많은 신체이형장애 자녀들과 그 부모들이 가지고 있는 대부분의 우려와 걱정은 정신과 전문의와 함께 한다면 해결될 수 있다. 이러한 논의를 통해서 어떤 부분을 기대할 수 있는지, 또는 어떤 위험성이 있는지, 그리고 가능한 부작용은 무엇인지 자세하게 이해하는데 도움이 될 것이다. 또한 이와 더불어 치료과정에서 발생할 수 있는 어려움이나 걱정이 생겼을 때 대처하는 방법도 알 수 있다.

정신과 전문의는 적절한 약물을 탐색하는 과정에서 신체이형장애 자녀와 관련된 모든 정보를 주의 깊게 살펴볼 것이다. 예를 들어 항정신과 약물 필요성을 느끼고 있는지, 병력, 과거 약물 사용 이력, 잠재적인 부작용 그리고 마지막으로 약물을 사용하는데 필요한 정보들이 될 수 있다. 정신과 전문의는 약물을 처방할 때 낮은 용량에서 시작하여 시간이 지남에 따라 목표한 용량까지 단계적으로 증가시킨다. 연구에 의하면 신체이형장애의 경우, 우울증과 같이 다른 여러 정신 장애에 처방하는 용량보다 훨씬 높게 처방해야 한다고 보고하고 있다. 비록, 신체이형장애 자녀에게 적절한 약물을 찾는 데 있어 시간이 다소 걸릴 수 있지만, 대부분의 경우 목표한 약물 용량을 복용한 지 4주에서 6주 후에 호전되는 모습을 보인다. 여기서 중요한 부분은 중간에 항정신과 약물을 갑자기 중단하거나, 사용하는 약물의 용량이 부족했다면 정신과 전문의들이 신체이형장애 자녀에게 적합한 약물인지 판단하기 어려울 수 있다. 따라서 이에 충분한 시간적 여유를 가지고 약물치료에 임해야 한다.

때로는 세로토닌 재흡수 억제제 복용으로 인해 원치 않는 부작용이 생길 수 있다.(예. 변비, 어지러움, 두통) 만약 이러한 증상이 계속된다면 약을 처방한 정신과 전문의에게 점검 받는 것을 권유한다. 하지만 대부분의 부작용은 약물을 복용한 초기 단계에 발생하며, 약물이 몸에 적응하고 나면 몇 주 내로 줄어들게 될 것이다.

신체이형장애 치료 받도록 지원하기

신체이형장애를 가지고 있는 대부분의 아이들의 경우, 외모로 힘들어하는 자신의 고민에 대해 다른 사람에게 말하기 굉장히 부끄러워한다. 이는 다른 사람들이 외모에 대해 고민하는 자신을 바보 같다거나 허영심 가득한 사람으로 생각할 수 있고 또는 자신의 외모에 문제가 있다는 사실을 확인하게 되는 계기가 될 수도 있기 때문이다. 그리고 외모에 대한 고민을 다른 사람들과 나누었을 때, 자신을 자만심에 빠진 사람으로 바라보지 않을까 두려워하기도 한다. 하지만 신체이형장애 자녀들은 허영심이 가득한 사람들이 절대로 아니다. 그들은 자신의 외모가 추하다고 생각하고 자신의 모습에 정말로 문제가 있다고 걱정한다. 연구에 따르면 평균적으로 신체이형장애 진단을 받기까지 10년에서 15년이 걸린다고 한다. 정확한 진단을 받지 않은 상태에서는 신체이형장애 증상이 더 심각해질 수 있기 때문에, 이를 방지하기 위해서는 조기 진단과 신속한 치료 개입이 매우 중요하다. 특히, 신체이형장애 자녀들이 치료전문가에게 자신이 외모에 대한 고민을 말할 수 있도록 하는데 부모가 적극적으로 지원해 준다면, 증상을 회복하는데 있어 크게 도움이 될 수 있을 것이다.

이 때, 신체이형장애 자녀들이 치료를 시작할 수 있는 좋은 장소로 지역 주치의 진료소(Local GP)가 있다. 지역 주치의 진료소는 신체이형장애 자녀가 가지고 있는 고민을 심도 있게 다루면서, 해당 지역에 있는 아동 및 청소년 정신 건강 서비스(Child and Adolescent Mental Health Service, CAMHS)를 연계해 주기도 한다. 아동 및 청소년 정신 건강 서비스는 정신과 전문의, 심리학자, 가족치료사와 같이 정식적으로 수련을 받은 다양한 분야의 전문가로 구성되어 있으며, 주 대상은 정서적으로 힘들어하는 18세 이하의 아동 및 청소년들과 이들과 함께 지내는 가족들이다. 아동 및 청소년 정신 건강 서비스가 성공적으로 연계되면, 설문지를 통하여 신체이형장애 자녀와 부모가 현재 힘들어하고 있는 부분에 대하여 자세한 정보를 수집한다. 이렇게 수집된 정보는 추후 대면 상담 때 사용된다. 또한 개인의 발달력(예. 과거의 중요한 사건이나 일), 학업수준, 교우관계, 관심분야, 병력, 가족력 등과 같이 추가적으로 참고 가능한 배경 정보를 탐색할 수도 있다. 설문지 중 일부 문항은 반드시 신체이형장애 자녀가 보이는 외모에 대한 집착 정도나 다른 정신 장애 양상 여부를 확인할 수 있는 자세한 정보를 제공해야 한다. 외모와 관련된 고통의 수준과 그 정도를 정확히 파악하기 위해 평가질문지를 사용할 수 있으며, 여기에는 '청소년을 위한 신체이형장애 질문지(The Body Dysmorphic Disorder Questionnaire(BDDQ) for adolescents)', 그리고 '외모 불안 척도(The Appearance Anxiety Inventory(AAI))'

또는 '신체이형장애 측정을 위해 변형된 청소년용 예일-브라운 강박 척도(The Body Dysmorphic Disorder Modification of the Yale-Brown Obsessive Compulsive Scale (BDD-YBOCS) for adolescents)' 등이 있다. 신체이형장애 평가는 보통 치료 초기 단계에서 실시하며, 얻게 된 결과를 바탕으로 정신 건강 전문가가 진단을 내리거나 적절한 치료를 고려할 때 필요한 정보를 제공한다.

만약, 자녀가 신체이형장애로 진단을 받게 되면, 전문가들이 권장하는 인지행동치료 중 노출 및 반응방지법이나 항정신과 약물 치료를 정신 건강 서비스 기관에서 제공할 것이다. 하지만 안타깝게도 현실에서는 일부 전문가들만이 신체이형장애에 대한 지식과 치료 경험을 가지고 있다. 이러한 이유로 신체이형장애 자녀들은 지역 정신 건강 서비스 기관에서 신체이형장애를 전문적으로 치료하는 곳으로 연계되기도 한다. 또한 거주 지역에서 신체이형장애를 위한 노출 및 반응방지 인지행동치료 전문가가 없는 경우, 다른 지역으로 연계되기도 한다. 이는 신체이형장애 증상이 아주 심각하거나 또는 신체이형장애 전문가를 찾기 어려운 경우에도 해당된다. 또한, 거주 지역에서 신체이형장애에 전문화된 인지행동치료를 받기 어렵거나, 지역 정신 건강 서비스 기관에서 인지행동치료를 받았지만 효과를 보지 못할 수 있다. 이러한 자녀들의 경우 신체이형장애를 전문으로 하는 치료 서비스 기관에서 평가 및 치료를 시행하기도 한다. 국가 서비스 지원을 고려하기 전에 거주 지역에서 찾아볼 수 있도록 단계적 모델을 제시한 'NICE 지침서'를 참고한다.

영국 신체이형장애 재단(BDD Foundation)이나 영국 강박장애 재단(OCD Action)과 같이 전문 재단 및 자선 단체들로부터 신체이형장애에 대한 정보와 자료 그리고 도움을 제공 받을 수 있으며, 치료를 위한 방법들을 안내하는 동시에 자신이 가지고 있는 권리와 선택권 등에 대해서도 알 수 있다.

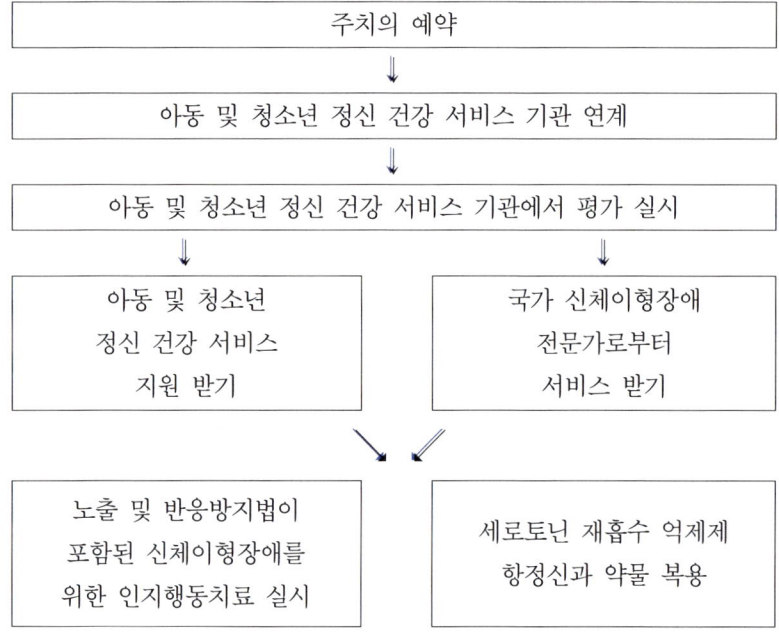

그림 7.1 : 신체이형장애 치료를 위한 가능한 치료 경로 흐름도

주치의나 다른 전문가들에게 도움이 되는 정보 공유하기

많은 부모들과 신체이형장애 자녀들은 주치의에게 무엇을 이야기해야 하는지 또는 어느 정도까지 개방해도 되는지 많은 고민을 하게 된다. 신체이형장애를 가지고 있는 자녀들 대부분은 자신의 외모에 대한 고민을 다른 사람에게 말하게 되었을 때 당황스럽고 수치스러운 마음이 들 수 있으며 또는 원치 않는 관심을

받게 되는 것은 아닌지 걱정할 수 있다. 또한 정신 건강 전문가와 신체이형장애 치료에 대해 상의를 하고자 할 때, 사회불안장애나 우울증과 같이 다른 장애에 비하여 신체이형장애는 잘 알려져 있지 않아 잘 모를 수 있고 또한 치료 경험이 부족할 수도 있다.

치료의 첫 단계에서 중요한 것은 신체이형장애 자녀가 자신이 가지고 있는 외모와 관련된 고통에 대해서 편안하게 이야기할 수 있도록 격려하는 것이다. 따라서 치료를 진행하는 지역 주치의나 정신 건강 전문가는 신체이형장애 자녀들이 얼마나 많은 시간을 외모에 대해서 고민하고 있는지 그리고 평범한 일상생활을 방해할 만큼 고통스럽다는 사실 또한 잘 알고 있어야 한다. 이러한 이유로 신체이형장애에 대한 정보나 치료 방법에 대해서 자세하게 적힌 안내문이나 자료를 지역 주치의나 정신 건강 전문가에게 전달할 수 있다. 이는 신체이형장애와 관련된 대화를 시작하는데 도움이 되며 필요한 지원을 받을 수 있는 계기를 만들어 준다.(신체이형장애에 대한 지역 주치의 안내서는 영국 신체이형장애 재단(BDD Foundation) 홈페이지에서 상단 메뉴(Resources Leaflets)에서 다운 받을 수 있다)* 또한 외모불안 척도(The Appearance Anxiety Inventory, AAI) 또는 신체이미지에 대한 질문지(The Body Image Questionnaire, BIQ)와 같이 자기 보고 양식의 심리검사는 정신 건강 전문가와 함께 신체이형장애 자녀들의 심리적 고통 수준을 측정하고 이에 대한 치료를 논의하는데 도움이 될 수 있다. 이러한 자가 보고 양식 심리검사지는 영국 신체이형장애 재단(BDD Foundation) 또는 영국 강박장애 재단(OCD Action) 홈페이지에서 이용 가능하다.

다음은 신체이형장애 자녀의 외모에 대한 고민을 지역 주치의

---

* https://bddfoundation.org/wp-content/uploads/FINAL-GP-CARD.pdf

나 정신 건강 전문가와 공유할 때 사용할 수 있는 방법들이다.

- □ 신체이형장애 자녀가 전문가와 공유하고 싶은 내용을 정리하고, 그들에게 어떤 질문을 하고 싶은지 목록을 작성하도록 도와준다. 이러한 내용은 지역 주치의나 정신 건강 전문가가 진료할 때 참고할 수 있도록 서면으로 정리하는 것이 도움이 된다.
- □ 신체이형장애 자녀가 치료를 잘 받기 위해서 누구로부터 도움을 받기를 희망하는지 고려해 보고(예를 들어, 친구, 부모, 또는 가족 구성원), 이와 더불어 신체이형장애 자녀가 어떤 방식으로 도움 받기를 원하는지 이야기 나눈다.
- □ 치료에 도움이 될 수 있는 신체이형장애 정보가 담긴 문서나 자료를 휴대하고 다닌다. 예를 들어 신체이형장애 정보가 담긴 안내문과 치료 지침을 제공하는 자료가 될 수 있다.
- □ 정신 건강 전문가는 신체이형장애 자녀를 함부로 평가하지 않을 것이고, 가족과 함께 고민하면서 도움을 주기 위해 노력하고 있음을 자녀에게 상기시켜 준다.

신체이형장애 자녀가 만으로 18세가 되었을 때

영국에서는 자녀들이 특정 연령에 도달하면 일반적으로 아동 및 청소년 정신 건강 서비스에서 성인 정신 건강 서비스(Adult Community Mental Health Services)로 전환된다. 이러한 서비스의 전환 시기는 보통 만 18세에 발생하지만, 거주하는 지역에 따라 정해진 나이는 다를 수 있다. 이러한 변화는 신체이형장애 자녀에게 두려운 순간으로 다가올 수 있는데, 아동 및 청소년 정신 건강 서비스 치료에 한동안 익숙해져 있다면 더욱 그럴 수 있다. 따라서 성인 건강 서비스로 전환하기 전, 다른 서비스로 이동하는 과정이 원활하고 수월하도록 아동 및 청소년 정신 건강 서비스 기관에서는 최소 3개월에서 6개월 정도 여유를 두고 이와 관련된 논의를 시작해야 한다. 일반적으로 아동 및 청소년 정신 건강 서비스 기관에서 일하는 관계자는 성인 정신 건강 서비스로 연계되는 신체이형장애 자녀들이 어떠한 도움이 필요한지 그리고 지속적으로 지원받기를 희망하는 것은 무엇인지 논의하기 위해 단체 회의를 진행하기도 한다. 때로 일부 신체이형장애 자녀들은 성인 정신 건강 서비스 지원 조건에 미달되는 경우가 발생하기도 하는데, 이러한 경우 아동 및 청소년 정신 건강 서비스 기관에서는 신체이형장애 자녀와 가족들이 서로 협력하여 계획을 세우면서 앞으로 발생 가능한 일에 잘 대처할 수 있도록 돕는다.

때로 아동 및 청소년 정신 건강 서비스 기관에서는 성인 정신 건강 서비스로 전환하는 과정에서 신체이형장애 자녀들이 잘못 알고 있는 생각들을 정리해주기도 한다. 이와 관련하여 한 사례자는 다음과 같이 말하기도 하였다.

'제가 병원에 입원해 있었을 때, 아동 및 청소년 정신 건강 서비스 직원이 제가 곧 만 18세가 될 거라고 말씀해 주셨습니다. 저는 그 사실을 미리 안내 받을 수 있어서 너무 감사했습니다. 정말 행운이라고 생각되기도 하였습니다. 아동 병동과 성인 병동은 완전히 분리되어 있기 때문에 제가 몇 달 안에 만 18세가 된다는 것은 치료 시스템이 완전히 바뀌어질 수 있기 때문입니다. 직원 분은 제가 계속해서 성인 병동에서 치료를 받을 수 있도록 부모님에게 미리 동의까지 구해 놓기도 하였습니다. 그 덕분에 운이 좋게도 만 17세에 성인병동에 입원하여 18세가 되었을 때에도 다른 곳으로 가야 할 필요 없이 계속해서 치료를 받을 수 있었고 이것은 정말로 저에게 크게 도움이 되었습니다. 또한 저와 저희 가족은 치료가 다 계획되어 있다는 사실에 크게 안심할 수 있었습니다.'

치료 과정에서 인내의 중요성

많은 부모들은 신체이형장애 자녀들이 적절한 치료를 받았을 때, 회복하는데 있어 비약적인 변화를 보였다고 이야기한다. 또한, 치료 중에는 의료 전문가(예를 들어 지역 주치의 또는 정신 건강 서비스 전문가)에게 끈기와 인내심을 가져야 한다고 언급한다. 그리고 치료가 매우 느리게 진행되는 것처럼 보이더라도 희망을 버리지 말아야 한다고 강조한다. 만약, 신체이형장애 자녀에게 필요한 검사 및 치료 그리고 지원을 못 받고 있다고 느껴진다면, 치료와 관련된 정보를 혼자서 찾으려고 하지 말고, 정신 건강 권리 옹호 서비스(mental health advocacy service)에 연락하여 함께 의논해보는 것도 좋다. 신체이형장애 자녀를 위하여 치료 방법을 찾고 지원 받는 내용에 대한 부모들의 이야기는 11장에서 볼 수 있다.

제8장

치료 과정에서 신체이형장애 자녀 지원하기

우리는 7장에서 현재 전문가들이 가장 추천하고 있는 신체이형장애 치료 방법들에 대해서 알아보았다. 이번 장에서는 신체이형장애 자녀가 치료를 받는 동안 부모와 한 팀으로서 다 같이 노력하는 방법에 대해 알아보려 한다. 부모는 신체이형장애 자녀에게 아주 특별한 지원군이며 치료 과정을 도와주는 공동치료자로서 역할을 하게 될 것이다. 따라서 신체이형장애 치료에서 중요한 측면을 놓치지 않고 지원하기 위하여 자녀와 치료전문가가 고려해야 하는 것은 무엇이며 그리고 합의되어야 하는 역할과 책임에는 어떤 것이 있는지 논의해 보고자 한다.

공동 치료자(co-therapist)가 되기 위한 준비

신체이형장애 자녀가 치료를 잘 받도록 도와주는 일은 쉽지 않을 수 있으며, 두려움, 죄책감 그리고 심신적으로 소진되는 등 다양한 감정을 불러일으킬 수 있다. 실제로 신체이형장애 치료 과정이 자녀뿐 아니라 부모에게도 매우 힘든 여정이 될 수 있으며, 신체적으로나 정신적으로 강인함을 요구하기도 한다. 따라서 부모가 먼저 지치지 않도록 자신을 스스로 끊임없이 잘 돌보는 것이 매우 중요하다. 그래서 우리는 부모가 자신에게 도움이 된다고 생각하는 어떤 방법이든 에너지를 보충하기 위한 시간을 매일 같이 가져야 한다고 조언한다. 예를 들어 명상, 음악 감상, 사회적 지원, 신체적 운동, 혼자만의 시간을 갖거나 긴장을 풀어주는 동작 등이 될 수 있다. 여기서 기억해야 할 중요한 부분은 치료 과정 중에 부모 자신의 기본적인 욕구까지 희생하면 안 된다는 점이다. 부모가 자기 자신에 대해서 관리하는 법은 10장에서 다룰 것이다.

신체이형장애로 고군분투하고 있는 자녀를 지원하다 보면, 부모가 매우 힘겨울 수 있고 다양한 감정이 생길 수도 있다. 실제 많은 부모들이 마주하게 되는 여러 가지 어려움들로 인해 신체이형장애 또는 자녀들에 대한 그리고 세상에 대하여 원망스러운 마음을 가질 수 있다. 어떤 부모들은 신체이형장애 자녀들에게 화가 나기도 하고 절망감을 느끼기도 하며 슬프면서도 동시에 걱정이 된다고 말한다. 이러한 감정을 느끼고 있다는 사실에 부모들은 죄책감을 경험하기도 한다. 하지만 이는 지극히 정상적이며, 특히 신체이형장애가 자녀와 가족들의 삶을 송두리째 흔들어 버리는 마음의 병인 것을 감안하면 더욱 그러하다. 그러나 이러한 감정들은 문제를 해결하는데 있어 판단력을 흐리게 하고 현실직으로 바라보지 못하도록 방해하는 만큼 감정을 바로 제거하려고 하기 보다 여유를 가지고 수용하는 것이 중요하다. 그리고 사랑하는 사람들로부터 또는 치료전문가에게 도움을 받으며 적극적인 의사소통을 통해 어려운 순간들을 잘 이겨내도록 한다. 부모들 중에는 자녀가 신체이형장애로 인해 괴로워할 때, 자신이 느끼는 감정과 떠오르는 생각을 글로 표현하는 것이 도움이 되었다고 말하기도 한다. 부모가 평소 반복해서 떠오르는 주제들을 알아차리는 것은 감정을 조절하는데 도움이 되며, 이러한 주제들의 대표적인 예로는 '자녀가 힘들어하는 것을 고쳐낼 수 있어야 한다', '자녀의 증상이 나아지지 않으면 어떡하지?' 또는 '자녀를 돕기 위해 무엇을 할 수 있을지 모르겠고, 내 자신이 무능하게만 느껴진다.' 등이 될 수 있다. 이러한 생각들과 그 영향들에 대해서 정확하게 알아차리는 것은 상황을 객관적으로 바라보도록 하고, 치료받는 자녀들을 지원하는데 도움이 된다.

자녀가 신체이형장애 치료에 참여하도록 동기 부여하기

신체이형장애 자녀의 부모로서 가장 중요한 임무는 자녀가 치료 과정에 잘 참여하도록 돕는 것이다. 예를 들어 치료 예약 시간을 캘린더에 적어놓기, 또는 예약된 치료에 참석하기 위해 개인 일정이나 직장 시간을 조율하기, 그리고 자녀가 적절한 도움을 받을 수 있도록 동기 부여하기와 같이 아주 다양하다. 여기서 불안과 두려움으로 심리적 고통까지 경험하고 있는 자녀들에게 치료에 대한 동기를 부여하는 것은 매우 힘겨운 일이 될 수 있다. 특히, 신체이형장애로 인하여 자녀가 변화에 대한 모든 기대가 무너져 있는 상태에서는 그 자체만으로도 감당하기 어렵기 때문이다. 신체이형장애 자녀를 치료해야 한다고 부모가 책임감을 느끼는 것은 충분히 이해되지만, 신체이형장애 자녀에게 치료를 받아야 한다고 강요한다면 오히려 의견 충돌만 일어날 수 있다.

따라서 첫 번째 단계에서 필요한 것은, 신체이형장애 자녀가 치료를 주저하는 이유에 대해서 경청하고 공감해주는 것이다.(예. 절대 나아지지 않을 거라는 절망감) 그리고 신체이형장애 자녀가 작은 희망이라도 가질 수 있도록, 나중에 외모에 대한 불안이 줄었을 때

할 수 있는 활동이나 성취 가능한 일들을 자연스럽게 상기시켜준다. 여기서 치료가 큰 도움이 될 수 있을 거라고 신체이형장애 자녀들에게 상기시켜주는 것 또한 중요하다. 혹여 신체이형장애 자녀들이 치료를 받아야 하는 이유를 찾기 어려워한다면, 부모는 그 이유를 찾아보도록 격려하고, 목표를 설정해주며, 동기 부여에 따른 보상을 제공할 수 있다. 치료를 받기 전 신체이형장애 자녀의 상태를 기억하면서, 치료를 받는 동안 성공한 경험을 잘 간직하도록 하고, 작은 노력에도 칭찬과 격려를 충분하게 제공해주어야 한다. 이는 치료 과정을 방해하는 장애물을 잘 이겨내도록 동기를 부여하고 자신감을 유지시키는데 매우 중요한 역할을 한다. 특히, 칭찬과 격려는 신체이형장애 자녀들이 가장 힘들어하는 노출 및 반응 방지법 치료를 받을 때, 중도에 포기하지 않도록 힘을 실어주기도 한다.

　치료 과정에서 부모들이 계속해서 동기를 유지하는데 유용하게 사용할 수 있는 방법으로는 과거보다 신체이형장애 자녀의 증상이 얼마나 개선되었으며, 그래서 우리가 궁극적으로 목표하는 바는 무엇인지 확인하는 것이다. 그 이유로는 신체이형장애 자녀들이 힘들어하고 어려워하는 것에 집중이 되어 있다 보면, 전보다 나아졌다 할지라도 이를 당연시 여길 수 있고 또한 할 수 없을 거라고 단념해 버릴 수 있기 때문이다. 한 예로 사라(Sarah)는 학교에 등교하기 위해 아침에 외출 준비하는데 있어 해야만 하는 동작이나 절차들을 줄이려고 하자, 두려움에 압도되어버려 안절부절못한 모습을 보였는데, 이에 그녀의 아버지는 크게 좌절감을 느꼈다고 한다. 하지만 과거를 돌이켜 보았을 때, 몇 달 전까지만 해도 오랜 시간 동안 머리를 손질하지 않으면 동네 가게도 가기 어려워했다는 사실을 떠올릴 수 있었고, 이에 두 사람 모두 희망과 용기를 느꼈다고 한다. 지금은 동네 가게에 혼자서 걸어갈 수 있을 뿐 아니라, 완벽하게 머리를 손질하지 않아도 가게 점원과 이야기까지 나눌 수 있는 상태까지 되었다. 따라서 예전에는 어려워했지만 지금은 할 수 있게 되었거나 또한 피하지 않고 직면하는 모든 성공 일화들을 아무리 작더라도 적어두라고 전문가들은 말한다. 이러한 일화들은 신체이형장애 자녀들이 힘든 치료를 계속 이어나가도록 동기를 부여하는데 유용하게 쓰일 수 있다. 변화는 늘 힘들고 엄청난 노력이 필요하며, 치료는 언제나 큰 용기와 끈기를 요구한다. 마지막으로 칭찬과 격려 그리고 보상은 치료를 지속하고 잘 마치기 위해 굉장히 중요하며, 그 중요성은 아무리 강조해도 지나치지 않는다.

치료에서 중요한 요소와 관련하여 신체이형장애 자녀 지원하기

심리교육(Psychoeducation)

신체이형장애에 대해서 교육하는 것은 치료에 있어 매우 중요한 부분이며, 부모와 신체이형장애 자녀가 자신이 무엇을 상대하고 있는지 이해하는데 그 첫 단계가 되어준다. 심리교육은 신체이형장애를 위한 인지행동치료 첫 시간에 이루어지며, 이 시간을 통하여 신체이형장애를 배우고, 신체이형장애가 어떻게 발달하였는지 알아보면서, 증상을 유지시키는 요인은 무엇인지 확인한다. 또한 자녀와 신체이형장애를 분리하여 바라볼 수 있도록 문제를 명명하고 외현화 시킨다. 심리교육 시간에 치료전문가는 신체이형장애의 악순환에 대해서 설명하는 동시에 자녀와 부모가 궁금해하는 어떤 질문에 대해서도 자세하게 안내해 줄 것이다. 신체이형장애에 대해서 항상 호기심을 가지고 정보를 탐색하면서 자세히 알아보며 활용할 수 있는 다양한 책이나 논문 그리고 인터넷 자료, 영상들을 참고하도록 한다.(이 책의 뒷부분에 있는 참고 문헌이나 영국 신체이형장애 재단(BDD Foundation) 홈페이지에서 다양한 정보를 얻을 수 있다) 사람들이 말하는 것처럼 지식은 힘이 될 수 있다. 신체이형장애와 그 치료 과정을 이해하게 되면 자녀를 공감하는데 도움이 될 뿐 아니라, 치료에 대한 희망과 자신감도 가질 수 있게 될 것이다. 또한 치료전문가가 없는 상황에서 어려움이 생겼을 때 당황하기보다 침착하게 신체이형장애 자녀를 지도할 수 있을 것이다.

신체이형장애는 불안장애로 간주된다. 심리 교육을 통해서 아이가 왜 불안해하는지, 아이가 불안할 때 몸에서는 어떤 반응이 일어나는지, 그리고 불안감은 어떻게 평가될 수 있는지 등등, 불안에 대해서 전반적으로 다룬다. 사실 불안은 정상적인 감정이며 삶을 살아가는데 필요한 감정이다. 불안은 선천적인 생존 기제로서 우리가 위험에 맞서 싸우거나 위험으로부터 도망갈 수 있도록 돕는다. 여기서 중심이 되는 것은 신체이형장애 자녀들이 불안을 바라보는 관점과 불안에 대한 반응을 바꾸어 주는 것이다. 따라서 불안이라는 감정은 다소 불편하게 느껴질 수 있지만, 일시적으로 느끼는 감정이고 위험한 상황이 아님을 인식하는 것이 필요하다. 불안을 촉발하는 상황은 신체이형장애 자녀들에게 좋은 기회로 활용할 수 있으며, 위험으로부터 도망치기보다 맞서 싸울 수 있다는 것을 학습할 수 있다. 이러한 기회는 부모인 당신으로부터 시작하여 큰 변화를 만들어 낼 수 있다. 실제로 감정을 조절하고 불안에 직면하는 것은 중요한 기술이며, 이러한 기술은 부모가 불안에 스스로 대처하는 방식을 자녀가 모델링하면서 학습하기도 한다. 치료 초기에는 치료전문가와 신체이형장애 자녀가 다 함께 불안 온도계(anxiety thermometer)를 만들면서 특정 상황이나 노출 과제에 대한 불안의 정도를 자세하게 탐색하는 시간을 갖는다. 상담 시간 외에도 신체이형장애 자녀와 가족들이 불안 온도계를 사용하는 연습을 함으로써 치료 과정을 지원해 줄 수 있다. 또한 불안 온도계를 자신만의 스타일로 응용할 수 있으며, 이렇게 응용된 불안 온도계는 신체이형장애 자녀가 증상으로 어려워할 때 고통의 수준을 파악하고 그들의 불안 정도를 이해하는 등, 가족들과 소통하는 언어로써 활용할 수 있다.

노출 및 반응 방지법(Exposure and Response Prevention, ERP)에 대한 전반적 개요 그리고 신체이형장애 자녀가 성공적으로 ERP 치료를 받을 수 있도록 지원하기

노출 및 반응 방지법은 신체이형장애를 위한 인지행동치료에서 사용되는 핵심 기법이다. 따라서 부모가 노출 및 반응 방지법에 대해서 충분히 알고 있는 것이 중요하며, 이에 관련된 용어나 기법에 대해서 배워두는 것이 필요하다. 노출 및 반응 방지법에 대한 부모의 참여도가 높을수록, 신체이형장애 자녀가 경험하는 심리적 고통에 대하여 더 쉽게 이해할 수 있도록 한다. 또한 노출 및 반응 방지법을 수행하는 과정 중에서 자녀가 어려움에 봉착한 경우 부모가 적절한 시기에 필요한 지원을 제공할 수 있다.

일반적으로 치료는 일주일에 한 번씩 진행되는데, 여기서 신체이형장애 자녀가 기법을 습득하고 효과를 최대로 이끌어 내기 위해서는, 치료 회기와 다음 치료 회기 사이에 주어진 치료 과제를 잘 이행하여야 한다. 따라서 신체이형장애 자녀가 치료 과제 연습을 잘 하고 있는지 잘 살피는 것은 매우 중요하며, 이 때 부모가 관여하는 방식과 정도는 신체이형장애 자녀마다 다를 수 있다. 부모가 다루게 되는 범위는 광범위하다. 실제 신체이형장애 자녀가 노출 및 반응방지법을 연습하도록 돕고, 치료 과제를 까먹지 않도록 상기시키며, 필요한 경우에 잠시라도 시행해 볼 수 있도록 격려하는 등 이 모든 과정을 포함하고 있다. 치료 초기 단계에서 치료전문가와 신체이형장애 자녀 그리고 부모가 다 같이 모여, 자신들이 기대하는 바와 필요한 것에 대해서 그 수준과 종류를 설정한다. 치료전문가들은 신체이형장애 자녀들이 증상을 통제하는데 있어 가장 효율적으로 도움이 되는 방법을 선택하도록 한다. 이는 신체이형장애 자녀들이 자신이 주도권을 가지고 치료 과정에 참여하고 있으며, 한 팀으로서 다 같이 작업하고 있음을 상기시키는데 도움이 된다.

전문가들은 신체이형장애 자녀가 어린 경우, 부모가 행동으로 직접 실천하면서 자녀에게 도움을 제공하는 보조적인 역할을 해야 한다고 말한다. 예를 들어 부모가 신체이형장애 자녀와 치료 시간에 함께 참석하는 것부터 치료를 꾸준히 잘 받도록 이해시키는 것, 그리고 신체이형장애 자녀들이 보인 노력에 칭찬과 보상을 끊임없이 제공하는 것까지 모두 해당된다. 또한 치료 과제를 잘 완수하도록 돕거나 불안한 감정에 압도되지 않도록 민감하게 잘 살피면서, 신체이형장애 자녀가 도전하는 모습을 보이거나 또는 성공한 경험에 대하여 이야기한다면 아낌없이 적극적으로 지지하는 것도 해당된다. 물론, 이런 부모의 개입 정도는 고학년 초등학생이나 중고등학생처럼 나이에 따라 또는 치료 과정에 따라서 달라질 수 있다. 따라서 치료전문가는 신체이형장애 자녀와 매주 대화를 나누며, 치료 과제를 이행하는데 있어 자녀가 편안하게 느끼는 부모의 개입 정도에 대해서도 논의해야 한다.

치료 과제와 기법 연습을 감독하는데 있어, 부모가 개입하는 수준이나 형식은 모두 다르겠지만, 어떤 경우에라도 부모는 현재 진행 중인 치료 과정이나 매주 주어지는 치료 과제에 대해서 잘 알고 있어야 한다. 또한, 부모가 고민하고 있는 부분이나 중요하게 관찰된 자녀의 행동에 대해서 치료전문가와 정보를 교환하고 궁금한 점은 무엇이든지 물어볼 수 있어야 한다. 실제, 집에서 치료 과제를 할 때, 신체이형장애 자녀들이 특별하게 더 힘들어하는 부분을 발견할 수도 있다. 그런 경우, 부모가 고민이 되는 부분에 대하여 치료 전문가에게 알리고, 신체이형장애 자녀와 협력하여 문제가 되는 부분에 대해서 해결책을 함께 찾도록 한다. 예를 들어, 신체이형장애 자녀가 노출 과제를 할 때, 치료전문가와 함께 할 때보다 집에서 개별적으로 진행할 때 더 힘들어할 수 있다. 이러한 정보들은 신체이형장애 자녀가 어느 부분에서 어려움을 경험하고 있는지 탐색하는데 많은 도움이 된다. 한 예로 신체이형장애 자녀가 치료 과제를 실시할 때 유독 더 힘들고 불안하였던 이유에 대해서, 자신이 평소 잘 알고 있는 사람들이 많이 거주하고 있는 지역이어서 아는 사람이 보지 않을까 걱정되었다고 설명하기도 했다. 따라서 치료전문가는 신체이형장애 자녀가 감당 가능한 수준을 잘 파악하여 치료를 진행하고 이와 같은 수준으로 치료 과제도 제공해야 한다. 만약, 신체이형장애 자녀가 유독 심하게 불안해하거나 안전추구행동을 멈추지 못하고 걱정에 매몰되는 경우가 발생한다면, 이런 때에는 집 또는 집 근처에서 일주일에 한 번 이상 치료를 진행할 수 있다.

어떤 신체이형장애 자녀에게는 불안위계목록(hierarchy)이 도움이 되기도 한다. 이 목록은 자녀가 가장 불안해하는 것에서 시작하여 가장 덜 불안해하는 것으로 마무리 된다. 예를 들어 위장술과 관련하여 목록을 작성할 때에는, 두려움을 느끼는 정도가 가장 낮은 항목부터 시작하여 점진적으로 강도를 높이는데, 이때 중요한 것은 신체이형장애 자녀가 직접 시도 가능한 것이어야 한다. 직접적인 예시는 아래와 같다.

커튼이 닫혀진 상태에서 방에 혼자 있을 때 모자 벗기
커튼이 열린 상태에서 방에 혼자 있을 때 모자 벗기
커튼이 닫혀진 상태에서 집 안에 혼자 있을 때 모자 벗기
커튼이 열린 상태에서 집 안에 혼자 있을 때 모자 벗기
집 안에 다른 사람들이 있을 때 모자 벗기
현관문 앞에서 우편배달부에게 인사하며 모자 벗기
집에서 가까운 작은 가게로 걸어갈 때 모자 벗기
학교 수업을 들을 때 모자 벗기
학교 운동장에서 모자 벗기

신체이형장애 증상에 가족들이 부응하는 행동 줄이기

고군분투하고 있는 신체이형장애 자녀에게 가족들은 다양한 방법으로 관여할 수 있다. 그 중 3장과 4장에서 '가족의 부응 행동'에 대해서 그 개념을 다루었다. 가족들이 부응하는 행동은 신체이형장애 자녀의 관심사와 주변 환경에 따라 여러 가지 형태를 취할 수 있다. 예를 들어 가족들이 집을 나서는 신체이형장애 자녀들을 안심시키려고 하거나 또는 머리나 신체 일부 같이 신경 쓰이는 특정 부위가 괜찮은지 확인해주는 것처럼 신체이형장애 자녀가 나름대로 정한 규칙에 가족들은 부응하는 태도를 보일 수 있다. 또는 신체이형장애 자녀가 가족들에게 특정한 장소나 활동 또는 사람(수영장, 사람들이 많은 장소)을 피하고 싶다고 요구하기도 하며, 이러한 요구에 가족들이 부응하는 과정에서 다른 가족구성원들의 일상생활이 침범 당하기도 한다. 하지만 위와 같은 행동들은 신체이형장애 자녀가 악순환에 빠지도록 만들며, 이에 외모에 대한 걱정과 불안은 오히려 높아지게 된다. 이 책을 읽는 독자들 중, 신체이형장애 자녀에게 계속해서 안심시켜 주지만, 오히려 자녀가 자신의 외모에 더 집착하는 것을 느낀 사람도 있을 것이다. 이럴 듯, 신체이형장애 자녀를 안심시키는 행동은 그 당시에 잠시 도움이 되는 듯 보이지만, 비슷한 상황이 일어날 때마다 자녀들은 끊임없이 요구하며 반복해서 확인을 받고자 하게 될 것이다.

따라서 치료 과정에서 자녀의 신체이형장애 증상에 가족들이 부응하는 행동들에는 어떤 것들이 있는지 모두 적어보도록 한다. 그리고 이러한 방법들을 사용하지 못 할 경우 신체이형장애 자녀와 부모가 얼마나 힘들고 불안해지는지 앞서 말한 불안 온도계를 사용하여 평가해본다. 이를 통해 지금까지 악순환을 유지시켰던 가족들의 부응 행동들을 하나씩 줄여나가며, 궁극적으로 치료에서 이루고자 하는 목표에 도달하도록 한다.

가족들이 부응하는 행동에는 어떤 것들이 있는지 그리고 그것이 치료에서 어떻게 다루어질 것인지는 신체이형장애 자녀와 가족들이 힘들어하는 정도 그리고 친척들과 지인들에게 미치는 영향력 또는 우선순위에 따라서 달라진다. 예를 들어 부모가 신체이형장애 자녀들 앞에서 신체적인 외모에 대해 긍정적 또는 부정적으로 이야기하는 것을 최대한 자제하고, 외모가 아닌 그 이외의 특성에 집중하는 것으로 시작할 수 있다. 그리고 신체이형장애 자녀가 안전추구행동을 할 때 어떻게 대처할지 계획을 세우고, 확인받고자 하는 자녀들의 요구를 거절할 수 있는 여러 가지 조건들을 찾아보도록 한다. 이는 궁극적으로 신체이형장애 자녀들이 안심추구행동 횟수를 줄여가는 방향으로 나아가게 한다. 만약 신체이형장애 자녀가 확인을 받고자 요구한다면 다음과 같이 답할 수 있다. '아마, 스스로 보기에 네가 정말 형편없다고 생각할 수 있지만, 신체이형장애 증상을 더 악화시킨다는 것을 잘 알기에 너의 요구를 들어주기는 어려울 것 같구나.', '네가 지금 많이 힘들어 하는 것은 잘 알고 있단다. 하지만 너의 외모에 대해서 내가 계속해서 확인해 주는 것은 장기적으로 보았을 때 우리 모두에게 도움이 되지 않을 것 같구나.' 이 과정은 신체이형장애 자녀에게도 그리고 부모에게도 힘든 작업이 될 수 있으며, 단기적이지만 심리적인 스트레스를 참아야 될 수도 있다. 또는 힘들어하는 부분과 불안한 감정에 이름표를 붙여 수용하려는 노력을 기울이면서, 신체이형장애를 극복하기 위해 애쓰고 있다는 사실을 부모 스스로에게도 그리고 자녀에게도 상기시키도록 한다. 그리고 시간이 지남에 따라 어렵게 느껴졌던 것들이 점점 쉬워질 거라고 말해주는 것도 매우 유익하며 불안을 줄여주는데 도움이 될 수 있다.

신체이형장애 자녀와 부모가 안전추구행동을 멈추기 위해 노력하였다면 칭찬하거나 강화시키는 것은 중요하다. 예를 들어, 자녀가 신체이형장애 강박행동이나 회피행동 빈도수를 줄이려고 노력하거나 가족들이 더 이상 부응하는 행동을 하지 않는 것처럼 말이다. 때로는 치료 내용을 잘 알고 있음에도 불구하고, 신체이형장애 증상이 심하게 발현이 되는 경우 견디다 못해 다른 대안 없이 안전추구행동이나 회피 행동에 의존할 수도 있다. 따라서 만일의 사태에 대비하여 관련 전문가들과 충분히 논의하고 실행 가능한 계획을 미리 준비할 필요가 있다. 치료전문가와 신체이형장애 자녀가 함께 해결책을 찾아가는 과정에서, 자녀가 확인을 요청하는 경우 어떻게 반응할 것인지 그리고 자녀가 신체이형장애 안심추구행동에 참여해주기를 바라는 경우에는 어떻게 대처할 것인지 고려해볼 수 있다. 앞서 말한 상황이 발생한 경우, 아래 박스 안에 있는 내용을 참고하기 바란다.

신체이형장애를 극복하는 과정에서 자녀를 지원할 때 사용할 수 있는 유용한 문구들

☐ 심리적 문제를 외현화시키기: "신체이형장애 증상이 나타나면, 불

안에 사로잡히게 될 수 있어. 그래도 불안이 너를 그냥 삼켜버리도록 내버려 두지 않았으면 해.'
☐ 자녀의 고통에 깊이 공감하고, 이 싸움은 그들을 위한 투쟁이라는 것을 자녀가 느끼도록 한다: '네가 얼마나 힘든지 알고 있단다. 하지만 네가 할 수 있다는 것을 잘 알고 있단다. 그 동안 어려운 과정을 용감하게 잘 이겨냈고, 그래서 이것 또한 잘 해낼 수 있을 거라고 믿고 있단다.'
☐ 자신감 향상시키기: '나는 네가 이번에도 잘 해낼 수 있다고 생각한단다. 우리 최선을 다 해보자. 넌 할 수 있어. 더 오래 행복하기 위해서 지금 잠시 힘든 것뿐이란다.'
☐ 과거를 돌아보면서 아무리 작은 일이라 할지라도 신체이형장애 자녀가 과거에 이룬 성공 경험 상기시키기. : '지금보다 더 어려운 때도 있었잖니. 기억나니? 예전에 네가 [성공한 실제 사례]. 절대로 할 수 없을 거라고 생각했지만, 지금 하고 있는 것들을 보렴.', '힘들었지만 네가 이 만큼이나 이루었잖니. 벌써 이만큼이나 왔어'
☐ 자녀가 이루고자 하는 목표와 가치 상기시키기: '나는 네가 정말로 [예시] 하고 싶어 하는 것을 알고 있단다. 지금 이것을 잘 이겨낸다면 네가 이루고자 하는 목표에 한 걸음 더 가까워지게 될 거야.'
☐ 실패를 두려워하는데 있어, 가장 큰 요인은 두려움이라는 점을 상기시키기: '나는 네가 두려움에 이리저리 떠밀려 다니면서 할 수 없을 거라고 단정 짓지 않았으면 좋겠어. 불안감에 휘둘리기보다 오히려 네가 불안을 지배할 수 있었으면 하는구나.'
☐ 자녀가 과거에 불안한 감정에 압도되었던 경험과 불안을 극복했던 경험을 통해 얻게 된 각각의 결과에 대해 이야기 나누기: '불안이 느껴질 때마다 네가 [안전추구행동(예. 회피, 안심받기 위해 타인에게 요구하거나 행동하는 것)]. 하지만 잠시라도 불안한 감

> 정을 이겨내려고 노력할 때마다 예전보다 조금 더 쉬워졌고 또한 성취감도 느꼈다는 걸 기억했으면 좋겠어.', '불안이 너를 지배할 때, [안전추구행동]을 할 수도 있어. 물론 잠시 동안은 불안한 마음이 줄어들 수 있겠지. 하지만 결국에는 불안이 더 커진다는 사실을 떠올릴 수 있었으면 하는구나.'

재발 방지(Relapse prevention)

치료의 마지막 단계에 들어서면 재발 방지에 치료 목표를 두게 된다. 이 단계에서는 치료 시간에 학습한 중요한 내용을 상기시키고 신체이형장애 증상 개선에 도움이 된 것을 복습한다. 치료 전문가는 신체이형장애 자녀가 치료에 어떤 반응을 보이는지에 따라, 추가적인 증상은 없는지 자세히 살피고, 가족의 지원과 함께 각각의 증상에 어떻게 대처할 것인지 그 방법에 대해서 탐색한다. 이 과정의 일부로, 재발에 대한 논의가 반드시 이루어져야 한다. 설사, 치료를 통해 상당히 개선되었다 할지라도, 재발은 일어날 수 있다. 이는 지극히 정상적인 현상이며, 신체이형장애를 극복하는 과정에서 언제든지 발생 가능하다. 재발 가능성에 대해서 알게 되는 순간 심리적으로 불안해질 수 있지만, 오히려 재발을 통해 신체이형장애 자녀와 부모가 치료 시간에 배운 것을 실천해보는 좋은 기회가 되기도 한다. 여기서 실행 계획(a plan of action)을 세운다면, 신체이형장애 증상이 다시 나타날 수 있는 스트레스 상황을 예측하고(예. 복용하는 약물의 변화, 스트레스를 유발하는 사건들, 전학과 같은 이동), 증상이 더 심각해지기 전에 빨리 알아차릴 수 있도록 경고 신호가 되어줄 수 있다.

　재발 방지 단계에서 부모는 신체이형장애 자녀가 치료 시간에 성공한 경험을 칭찬하고 강화시키며, 불안을 느끼는 상황에서도 용감하게 도전해 온 자녀의 모습을 일깨워주는 역할을 하게 된다. 그리고 신체이형장애 증상이 재발할 수 있는 경고 신호를 발견하는데, 부모가 큰 도움을 주기도 한다. 따라서 신체이형장애 자녀들에게 부모의 역할과 책임에 대해서 명확하게 설명해주어야 하며, 자녀의 특정 행동에 부모가 민감하게 반응할 수도 또는 자세하게 탐색할 수도 있음을 이해시키도록 한다.

　부모가 치료전문가와 함께 실행 계획을 세울 때, 치료시간에 도움이 되었던 것을 검토하면서 신체이형장애 자녀가 증상에 맞서 싸울 수 있도록 지원하는 방법을 제시하고, 상황이 다시 어려워진다면 치료전문가에게 언제든지 연락을 취할 수 있다는 사실까지 모두 포함시킨다. 규칙적으로 노출 및 반응방지법을 연습하는 것은 재발 방지를 위한 최고의 방법 중 하나이기도 하다. 신체이형장애 자녀가 의미 있는 삶을 다시 되찾고 유지하기 위해서, 자녀가 평소 좋아하는 활동이나 일 그리고 친구들을 노출 및 반응방지법과 연결시키고, 이에 노출 및 반응방지법이 신체이형장애 자녀의 일상 속에 자리잡도록 한다.

신체이형장애 자녀가 모든 치료를 거부할 때 지원하는 법

　신체이형장애 자녀들 중 일부는 자신의 문제가 심리에 기반한다는 사실을 받아들이기 어려워할 수 있다. 이러한 이유로 자녀들이 신체이형장애에 대한 모든 치료를 거부하기도 하는데, 이는 신체이형장애 자녀의 증상을 더 악화시킬 수 있다. 특히, 신체이형장애 자녀가 자해 가능성이 있거나 다른 사람을 다치게 할 수 있는 상황에 이르게 된다면 매우 위험하다. 이런 상태에서는 신체이형장애 자녀와 관련된 모든 사람들이 위험에 노출되는 만큼, 입원 치료까지 고려해야 한다. 이 때 가장 중요한 것은 모두의 안전을 최우선으로 생각해야 하며, 지역 정신 건강 서비스 기관이나 아동 청소년 전문가와 철저하게 논의가 이루어진 상태에서 입원 치료를 진행하여야 한다. 신체이형장애 치료를 위한 영국 내 입원 시설 정보는 영국 신체이형장애 재단(BDD Foundation)에서 제공하고 있다. 신체이형장애로 인해 발생할 수 있는 위험한 상황에 대처하는 방법은 5장을 참고하길 바란다.

비록 입원 치료가 따로 필요하지 않더라도, 신체이형장애 자녀가 치료를 거부하고 있다면 아이가 고통 받는 모습을 볼 때마다 어떻게 도와주어야 할지 막막한 만큼, 부모에게도 매우 힘겨운 시간이 될 수 있다. 특히, 신체이형장애 치료에 있어 가장 어려운 부분은 신체이형장애 자녀가 직접 참여하면서 노력해야 한다는 점이다. 이러한 이유로, 신체이형장애 자녀에게 치료를 강요해서는 절대로 안 된다. 만약 치료를 강요하게 된다면, 부모와 신체이형장애 자녀 사이에 갈등을 증폭시키고, 분노만 쌓이게 된다. 하지만, 이와 같이 신체이형장애 자녀가 치료를 받을 준비가 되어 있지 않다 할지라도, 부모로서 할 수 있는 일은 있다. 물론, 신체이형장애 자녀가 지니고 있는 치료에 대한 관점이나 그들의 생각들을 변화시킬 수 없지만, 시간이 지남에 따라 자녀가 전문가의 조언이나 치료를 받아들이는데 더 많은 기회가 생기게 될 것이다.

이 때 부모의 역할에서 중요한 것은, 치료가 도움이 될 수 있다는 희망과 확신을 신체이형장애 자녀에게 전달하는 것이다. 그리고 자녀가 신체이형장애로 힘들어한다면 그들의 고통에 충분히 공감해 주면서, 치료가 가능하고 지금의 고통에서 벗어날 수 있는 방법이 있다는 사실을 상기시켜준다. 예를 들어, 빅토리아(Victoria)가 신체이형장애로 고통을 받고 있다는 사실을 부모가 알게 되었을 때, 자녀가 마음의 준비가 되었다면 부모는 언제든지 치료를 도와줄 준비가 되어 있다고 말해주는 것처럼 말이다. 실제로, 빅토리아 부모들은 자녀와 논쟁하거나 강요하지 않았고, 오히려 자녀의 의견을 존중해 주었으며, 자녀가 치료받을 준비가 되어 있을 때 부모는 언제든지 지원해 줄 의향이 있다고 상기시켜 주었다.

물론, 자녀가 신체이형장애를 위한 인지행동치료에 동의하지 않고, 시작할 마음조차 보이지 않더라도, 부모는 신체이형장애 증상을 악화시키지 않도록 가족들이 부응하는 행동들을 줄이도록 노력할 수 있다. 이는 신체이형장애를 유지하고 악화시키는 몇 가지 행동을 해결하는데 도움이 될 수 있으며, 어려운 상황에서도 가족이 함께 해결책을 찾고 서로 격려하는 하나의 가족 문화를 형성할 수도 있다.

신체이형장애 자녀가 치료를 거부할지라도 치료전문가를 참여시키는 것은 가능하다. 이 경우, 신체이형장애 자녀를 돌봐야 하는 부모를 지원하게 될 것이다. 예를 들어 치료전문가는 가족들이 신체이형장애 자녀의 증상에 끌려다니지 않도록 하고 회피하는 일 또한 발생하지 않도록 점진적인 계획(일정표 포함)을 세워 줄 것이다. 계획을 세울 때에는, 점진적이고 예측 가능하도록 작게 나누어 단계를 설정해야 한다. 그리고 신체이형장애 증상을 악화시키는 가족들의 부응 행동을 줄이면서도, 가족구성원들의 지원이 갑작스럽게 중단되거나 피하는 일은 발생하지 않도록 조심한다. 그리고 신체이형장애 자녀가 서서히 준비를 할 수 있도록, 앞으로 어떤 것을 할 것인지 자세하게 알려주고, 가족들이 부응하는 행동을 줄여야 하는 합리적인 이유도 설명해준다. 그래서 가족들의 부응하는 행동이 없어도, 자녀가 신체이형장애 스트레스에 잘 대처하고 있음을 인식시켜 줄 수 있고, 그와는 반대로 심리적인 고통이 심해지고 있다면 치료의 필요성을 느끼게 할 수도 있을 것이다.

우리는 처음에 치료를 거부했던 많은 신체이형장애 자녀들을 성공적으로 치료해왔다. 이 때, 인내심과 희망을 가지고 신체이형장애 자녀를 잘 조력해야 하는 부모의 역할은 매우 중요하다. 많은 전문가들은 가족들이 신체이형장애 증상에 부응하는 행동을 줄이는 연습을 계속하면서, 신체이형장애 자녀들이 마음의 준비가 되었을 때 언제든지 치료가 가능하다는 점을 반복해서 말해줄 필요가 있다고 말한다. 그러할 때 신체이형장애 자녀가 갑작스럽게 마음을 바꾸어 치료에 참여하겠다며 의지를 보이는 기쁜 날이 오게 될 것이다.

제9장

소셜미디어 또는 인터넷 사용에서 신체이형장애 자녀 지원하기

'방에서 혼자 있으면 한마디도 하지 않고 보내는 날이 많아요. 보통 인터넷에서 성형수술을 검색하기도 하고, 소셜미디어에 올라온 사진과 나를 비교하기도 해요. 아시잖아요, 우리가 뭐 하는지.'

─ 신체이형장애 사례자 ─

　이번 장에서는 인터넷, 특히 소셜미디어가 신체이형장애에 미치는 영향에 대해서 알아보려고 한다. 그리고 소셜미디어나 인터넷으로 인해 부정적인 신체이미지를 가지게 되거나 외모에 대한 불안감이 높아지는 등, 바람직하지 않은 영향들을 최소화시키는 데 도움이 되는 몇 가지 방법에 대해서 알아보고자 한다.
　이 장을 시작하기 전에 분명히 밝혀두지만, 소셜미디어 사용이 신체이형장애의 유발 요인으로 작용한다는 연구 결과는 없다. 소셜미디어가 아동이나 청소년이 가지고 있는 외모에 대한 시각이나 신체이형장애 증상에 부정적인 영향을 미치는 것은 사실이지만, 하나의 요인이 신체이형장애의 직접적인 원인이 되기 어려우며, 오히려 다양한 요인들이 복잡하게 작용하면서 발생한다. 실제, 집단 괴롭힘과 같은 충격적인 경험이 신체이형장애와 인과 관계가 있다는 연구 결과가 여러 실험을 통해 밝혀지기도 하였다.

사이버 폭력과 신체이형장애

지금까지 신체이형장애와 과학 기술 사이에 어떤 연관성이 있는지 직접적으로 탐구한 연구는 없다. 하지만, 현재까지 발표된 연구 결과를 통해서 알 수 있는 사실은 괴롭힘이나 놀림을 받은 경험이 일반인들보다 신체이형장애 자녀들에게 더 흔한 것으로 보고되고 있다(e.g. Neziroglu et al., 2018; Weingarden et al., 2017).

사이버 폭력은 인터넷 공간에서 이루어지는 일종의 집단 따돌림이다. 신체이형장애 자녀들 중 일부는 과거에 집단 따돌림을 경험한 적이 있으며, 이 때 휴대전화 문자 등으로 사이버 폭력에 노출된 적이 있다고 말한다. 특히, 인터넷 공간에서 이루어지는 괴롭힘의 경우 가해 행위가 잘 들어나지 않고 은밀하게 이루어진다는 점을 주목할 필요가 있다. 또한, 사이버 폭력은 어른들로부터 아동이나 청소년에게 행해지기도 한다. 여기서 무서운 사실은 성인들이 가짜 사진과 생년월일로 아동이나 청소년으로 가장할 수 있어, 온라인상에서 자녀를 괴롭히는 사람이 누구인지 정확하게 파악하기 어려운 경우가 많다. 이러한 이유로 자녀의 신변보호와 같은 문제가 발생할 수 있다는 사실을 부모들은 잘 알고 있어야 한다. 따라서 만약 괴롭힘을 당하고 있다는 증거를 확보하였다면 해당 플랫폼에 신고를 하거나 경찰에 알리도록 한다.

사이버 폭력은 24시간 일주일 내내 발생 가능하며, 인터넷이 접속 가능한 모든 지역(집, 침실 등)에서 이루어질 수 있는 만큼 괴롭힘을 당하는 자녀에게 아주 치명적인 영향을 미친다. 또한 사이버 폭력은 아주 짧은 시간 동안 개인이 가지고 있는 다양한 전자기기들을 통해 동시다발적으로 여러 메시지를 전송할 수 있어 다른 형태의 학교 폭력이나 집단 따돌림보다 더 빠르게 확산된다. 특히, 스냅챗(Snapchat)과 같은 최신 어플리케이션에서는 사이버 폭력이 이루어진 정황을 지울 수 있기 때문에 증거를 확보하기도 어렵다. 이와 같이 사이버 폭력은 신체적으로나 정신적으로 무척 지치게 만들고 쉬는 시간 없이 계속해서 이루어지고 있지만, 경험해 본 적 없는 일반 사람들에게는 이러한 깊은 속사정까지 알지 못할 가능성이 높다.

만약, 자녀가 현재 사이버 폭력 피해자이거나 과거에 경험한 적이 있는 것으로 보여진다면, 자녀가 마음을 열고 부모와 대화를 나눌 수 있도록 도와주어야 한다. 그리고 사이버 폭력이나 또래들로부터 괴롭힘을 당한 경험이 신체이형장애 증상에 얼마나 기여했는지 확인하여야 한다. 이 때, 부모 혼자서 대화를 시도하기 어렵다면 신체이형장애 자녀들을 치료하는 정신 건강 전문가들로부터 도움을 받을 수 있다. 특히, 어떤 형식으로든 집단 따돌림은 자녀의 잘못으로 일어난 일이 아님을 명확하게 알려주어야 한다. 그리고 부모에게 숨기지 않고 솔직히 말해준 것은 올바른 일이었다며 자녀를 안심시켜 준다.

온라인 공간 혹은 각종 어플리케이션에서 자녀를 괴롭히는 사람들이 있다면 이들을 차단할 수 있도록 부모가 도와주어야 한다. 차단 방법에 대한 자세한 안내는 일반적으로 각종 플랫폼, 온라인 서비스 또는 각 어플리케이션의 '설정' 메뉴에서 '도움말' 또는 '보안 및 개인정보 보호'란에서 확인할 수 있다. 그리고 자녀를 괴롭히는 불쾌한 사진이나 동영상을 발견했다면, 해당 플래폼에 부모가 대신 신고하거나, 자녀가 스스로 신고할 수 있도록 한다. 만일, 가해자와 자녀가 같은 학교에 다니거나 같은 동아리에 있다면, 자녀뿐 아니라 같은 환경에서 활동하는 다른 아이들도 비슷한 피해를 받을 수 있으므로, 이러한 사실에 대해 교사나 교장, 학교 목회 지원 관계자 그리고 동아리 리더에게 공유하도록 한다.

하지만 안타까운 사실은 많은 연구에서 보여주듯이, 전체 사이버 폭력 중 단지 38퍼센트 자녀들만이 부모에게 알린다는 점이다.* 따라서 평소 자녀들을 힘들게 하는 것에는 무엇이 있는지 개방적이고 비판단적으로 대화를 나눌 수 있도록 주기적으로 시간을 가져야 할 필요가 있다. 이러한 대화를 통해 사이버 폭력과 같은 경험까지도 자녀가 용기를 내어 말하도록 격려해야 한다. 만약 자녀가 이미 부모에게 이와 같은 상황에 대해 알렸다면, 자녀에게 추가적으로 발생한 또 다른 괴롭힘은 없었는지 파악해야 하며, 이러한 일련의 사건들을 기록으로 남기는 것이 좋다. 사이버 폭력이나 집단 따돌림과 관련하여 전문적인 도움이 필요하다고 판단되면, 아동(청소년)을 위한 전화 상담서비스(Childline)와 같은 외부 기관에 연락하여 조언을 구할 수도 있다.

사이버 폭력이 신체이형장애 자녀들에 국한되어 일어나는 것이 아니지만, 이 부분에 대해서 중요하게 다루고자 하는 그 배경에는 또래들로부터 이루어진 집단 따돌림 경험이 신체이형장애 증상에 선행될 수 있기 때문이다. 설령, 괴롭힘이 이루어지고 난 후에 자녀가 부모에게 알렸다 하더라도, 이와 관련하여 대화를 나누어야 하며 적절한 조치를 취해야 할 것이다. 그리고 현재 치료받고 있는 정신 건강 전문가에게 자녀가 말한 내용에 대해 전

---

* Techjury cyber-bullying statistics (2019) : https:yytechjury.net/ stats-about/ cyberbullying/#gref.

달하고, 지금 당장 도움이 필요한 부분을 중심으로 목표를 재설정하여 전문적인 지원을 받도록 한다.

사이버 폭력을 예방하기 위하여 부모들이 자녀를 지원할 때 취할 수 있는 방법들을 아래에 제시하였다.

사이버 폭력을 예방하기 위하여 자녀를 지원할 때 부모가 취할 수 있는 방법들

☐ 자녀가 소셜미디어에서 친구를 수락할 때에는 그들과 잘 알고 지내는 사람인지 확인한다.
☐ 소셜미디어에서 자녀를 괴롭히는 사람이 있다면 바로 차단하도록 한다.
☐ 사이버 폭력이나 따돌림에 연루되는 것을 방지하기 위하여, 자녀가 자신을 향한 부정적인 게시물이나 댓글에 대응하지 않도록 한다.
☐ 온라인상에서 따돌림이 이루어졌다면 그 증거(예. 스크린샷)를 확보하고, 이를 자녀가 신뢰하고 있는 어른에게 공유하도록 한다.
☐ 자녀가 온라인상에서 속상한 일이 생겼거나 따돌림을 당하고 있다면 그들이 가장 의지하고 있는 어른들에게 말할 수 있도록 한다.

미디어의 사용이 신체이형장애 증상에 미치는 영향

소셜미디어와 인터넷은 자녀들을 교육시키고 친구를 만드는데 중요한 역할을 하며, 올바르게 사용하였을 때 긍정적인 영향을 미치기도 한다. 일부 연구에서는 #노메이크업 #노필터와 같은 캠페인을 통해 있는 그대로 자신의 모습을 수용하도록 격려하며 비현실적인 신체이미지를 경계하는데 있어 소셜미디어와 건강한 신체이미지 사이에 긍정적인 연관성을 보여주기도 하였다.

하지만 지금까지 어떠한 연구도 인터넷 및 소셜미디어 사용이 신체이형장애 발생에 영향을 미친다는 인과관계에 대해서 증명하지 못했다. 그럼에도 불구하고 현재 알 수 있는 사실은 인터넷과 소셜미디어 사용이 신체이형장애 자녀들로 하여금 외모에 대한 걱정을 부추기는 역할을 한다는 것이다. 특히, 신체이형장애로 힘들어 하는 자녀들이 상당히 많은 시간을 다음과 같은 행위에 사용하는 것을 보면 그러하다.

- 인스타그램이나 페이스북 또는 이미지가 중심이 되는 다른 어플리케이션에서 그들의 외모를 면밀하게 관찰하거나 다른 사람과 자신의 외모를 비교 분석하는 행위
- 외모를 고치거나 개선하려는 시도 중에 하나로, 시중에 판매중인 제품이나 성형시술 또는 치료를 검색하는 행위
  한 신체이형장애 사례자는 위와 같은 행위에 대해 다음과 같이 이야기를 하였다.
  '코는 뼈가 아니라 연골로 이루어졌다는 것을 인터넷에서 알게 된 후로 코 모양을 변형할 수 있을 거라고 생각하기도 했습니다. 물론 사실이 아닐 수 있다는 내용도 보았어요. 아마, 이러한 내용들을 인터넷에서 다들 한번쯤 보았을 거라고 생각해요. 그래서 하루에 두 시간 반 가까이 손바닥을 사용하여 코를 누르면서 모양을 바꾸어 보려고도 했지요.'
- 외모를 평가해주는 웹사이트에 사진을 업로드하여 자신의 외모에 대해 인터넷 상에서 확인받으려는 행위.

인스타그램이나 페이스북과 같이 이미지가 중심으로 이루어진 어플리케이션은 자신과 타인의 외모를 반복적이고 강박적으로 서로 비교 분석하도록 촉진시키는 역할을 할 수 있다. 대부분 소셜미디어의 경우 외모가 크게 강조되는 만큼, 기본적으로 외모에 바탕을 둔 '좋아요'와 '댓글'로 자신의 가치를 확인하기도 한다. 특히, 인터넷이나 소셜미디어 사용에 있어 조심해야 하는 이유는 신체이형장애 자녀가 외모에 집착하게 만드는 악순환에 빠지게 할 수 있고, 이와 동시에 자신의 부족함과 결함에 대한 믿음을 견고화시키기 때문이다.

　따라서 신체이형장애를 위한 인지행동치료 중 노출 및 반응방지법에서는 인터넷 및 소셜미디어의 사용 시간을 줄이는 과정을 포함하고 있다. 특히, 자녀가 강박적으로 자신의 모습을 사진 찍거나, 성형시술 또는 피부과, 치과를 검색을 하며 몇 시간을 보내기도 하고, 온라인 상에서 자신의 외모가 괜찮은지 확인을 받기 위해 몇 시간씩 소비하고 있다면 더욱 그러하다. 다른 방법으로는 앱 추적기(app trackers)를 사용하여 자녀가 스마트폰에 있는 각 어플리케이션을 얼마나 사용하였는지 시각적으로 확인하면서 사용 시간을 기록하는 방법도 있다. 또한, 자녀가 스마트폰이나 전자기기에 노출되는 시간을 줄일 수 있도록 총 사용 시간을 알려주는 어플리케이션을 다운 받아 시간을 설정할 수 있다. 그래서 정해진 시간을 초과하는 경우 자녀가 사용하는 어플리케이션에 더 이상 접속할 수 없도록 한다. 이 때 부모는 자녀가 앱 추적기를 설치하도록 자녀를 지지하고 도와주는 중요한 역할을 하며, 아무리 작은 성취라 하더라도 어플리케이션 사용 시간을 조금이라도 줄였다면 함께 축하해준다. 앱 추적기의 사용은 자녀가 하루에 또는 일주일 동안 인터넷과 소셜미디어에 얼마나 많은 시간을 보내는지 직접적으로 확인할 수 있도록 돕는다. 또한 신체이형장애 자녀가 심리적으로 가장 고통스러워하는 때와 부모의 지원이 많이 필요한 시기는 언제인지 그에 대한 유용한 정보를 제공해주기도 한다. 그러하기 때문에 자녀의 인터넷 및 소셜미디어 사용 패턴에 대한 정보를 치료전문가와 공유하는 것을 권장하며, 특히 신체이형장애 증상을 악화시키는 경우 더욱 중요하게 다루어야 하는 것이다.

만약, 자녀가 신체이형장애 치료를 위해 인터넷과 소셜미디어 활동 시간을 줄이는데 노력을 하고 있다면, 그 시간을 다른 것으로 채워주어야 할 필요가 있다. 추가된 시간에 거울을 보며 확인하거나 피부를 상하게 하는 등의 다른 형태의 신체이형장애 관련 행동으로 이어질 수 있기 때문이다. 따라서 온라인 활동 대신 어떤 활동을 하면 좋을지 치료전문가의 도움을 받아 자녀와 함께 의논할 필요가 있다. 또는 자녀가 좋아하는 활동이나 취미생활로 시간계획표를 채워나가며 예쁘게 꾸며보는 것도 도움이 될 수 있다. 인터넷이나 소셜미디어 사용을 줄이기 위하여 대체할 수 있는 활동들은 아래와 같으며, 그 중 일부는 부모나 가족구성원 또는 친구들과 신체이형장애 자녀가 함께 실시할 수 있다.

인터넷 및 소셜미디어 사용 시간을 줄이기 위한 다양한 대체 활동들

☐ 음악, 악기 연주하기

- ☐ 애완견을 쓰다듬기 또는 빗질하기 아니면 같이 놀아주기
- ☐ 글쓰기
- ☐ 그림 그리기
- ☐ 오래된 잡지를 사용하여 콜라주 만들기
- ☐ 색칠하며 명상하기(시중에 다양한 주제의 마음 챙김 컬러링북을 구입할 수 있다.)
- ☐ 희망과 용기를 주는 영화 보기
- ☐ 코바늘 뜨개질 하기
- ☐ 조각이 많은 그림 퍼즐 맞추기
- ☐ 책을 읽거나 오디오 북 청취하기
- ☐ 요리하기(케이크, 쨈 등등)

미디어에서 보여 지는 비현실적이고 이상적인 외모/ 신체이미지

인터넷과 소셜미디어의 사용과 더불어 심각하게 다루어야 할 또 다른 이슈는, 우리가 매일같이 마주하게 되는 외모에 대한 방대한 양의 사진이나 영상 그리고 비 건강 메시지들이다. 이는 대부분 온라인이나 잡지광고 또는 텔레비전 광고를 통하여 접하게 된다. 이러한 이미지와 메시지는 자녀들이 신체이미지를 형성하는데 해로운 영향을 미칠 수 있다. 실제로 이러한 이미지들은 비현실적이고 이상적인 경우가 많은데, 많은 경우 뷰티필터나 포토샵 그리고 다른 도구를 사용하여 과도하게 수정하고, 그 중에서도 신중하게 선택되었기 때문이다. 따라서 이렇게 선택된 이미지들은 현실과는 거리가 멀고, 일반적인 모습을 반영한 것이라고

보기 어렵다. 이러한 완벽한 이미지들은 외모에 대한 불안 또는 더 나은 외모를 만들고 싶어 하도록 만들면서 신체이형장애 증상을 악화시킬 수 있다.

더욱 안타까운 사실은, 최근에는 도달할 수 없는 이상적인 모습을 상품화시키고, 그것을 가질 수 있다는 비현실적인 이미지들로 넘쳐나고 있다는 것이다. '이상적인 모습'에 대한 비정상적인 압박은, 많은 젊은 사람들이 스냅챗 필터 사진처럼 보이고 싶어 하고, 성형 시술까지 희망하도록 만드는 등, 부정적인 영향을 미치고 있다. 특히, 신체이형장애를 경험하고 있는 자녀들에게 완벽한 외모에 대한 이미지와 메시지는 낮은 자존감과 무가치감 그리고 부적절감을 유발시키며 이에 이상적인 모습을 끊임없이 추구하도록 만든다.

소셜미디어 또는 외모에 영향을 미칠 수 있는 다양한 외부적 요소들로부터 신체이형장애 자녀를 돕기 위해 부모가 할 수 있는 일

인터넷상에만 존재하는 비현실적인 신체이미지는 신체이형장애 증상에 부정적인 영향을 미치는 만큼 이러한 사실을 자녀가 잘 인식할 수 있도록 부모가 자녀의 의식 수준을 높여주어야 한다.

인터넷 또는 소셜미디어의 부정적인 영향으로부터 자신을 보호하는 법을 부모가 스스로 모범이 되어 직접 행동하면서 보여준다면 아주 효과적으로 자녀에게 도움을 줄 수 있다. 또한 부모 스스로도 인터넷과 소셜미디어를 올바르게 사용(확인하는 빈도수 그리고 핸드폰이나 다른 기기들 화면을 스크롤 하는 정도)하고 있는지 주의를 기울이면서 자녀들에게 최첨단 기술을 대하는 좋은 본보기가 되어준다. 부모가 전자 기기를 사용하는 정도를 줄이고 자녀와 함께 보내는 시간이 많아질수록, 아이들은 부모가 하는 행동을 따라 할 가능성이 높아진다. 또는 신체이형장애 자녀에게 유해한 영향을 미칠 수 있는 외모와 연관된 이미지들을 삭제하거나 인플루언서들을 언팔로우하면서 왜 그러한 결정을 내렸는지 자녀에게 상세하게 설명해준다. 당연한 사실이지만, 신체이형장애 자녀가 인터넷과 소셜미디어를 사용하는 시간을 줄일 수 있다면, 그만큼 대인 관계에 집중하는 시간이 늘어나게 될 것이며, 이러한 변화는 신체이형장애로 어려운 시기에 잘 이겨낼 수 있도록 도와주는 중요한 자원이 되어줄 수 있다.

따라서 인터넷과 소셜미디어의 사용에 관하여 자녀에게 명확한 경계선을 만들어주는 것은 신체이형장애 증상 악화를 예방하는데 도움이 된다. 여기에는 신체이형장애 자녀의 연령에 적합하고 안전한 인터넷 사이트나 소셜미디어를 선택하는 것부터, 앞서 언급한 위험에 자녀가 노출되지 않도록 핸드폰이나 다른 전자기기에 허용/ 차단 기능을 설정하는 모든 과정이 포함된다. 특히, 자녀가 모르는 사람들로부터 자신의 외모 평가를 위해 사진을 올려야 하는 유해한 사이트에 접속하지 않도록 부모가 자녀의 인터넷 사용을 주의 깊게 살펴야 하며, 때로는 접근하지 못하게 금지해야 할 수도 있다. 또한 식사 시간에는 핸드폰 사용을 자제하는 것처럼 전자 기기를 사용 가능한 시간을 따로 정하는 등, 신체이형장애 자녀가 인터넷 및 소셜미디어를 건강하게 사용하도록 돕는다.

어떤 가족들은 '디지털 디톡스(digital detoxes)'를 하면서, 하루 종일 아니면 주말 내내 또는 그 이상 기간 동안 핸드폰이나 다른 전자기기 없이 보내기도 한다. 만약 가족 구성원 모두가 디지털 디톡스에 다 같이 참여한다면 신체이형장애 자녀는 가족들이 자신과 함께한다고 느낄 수 있을 것이다. 또한 가족들과 서로 대화를 나누며 보드게임을 하는 등 전자기기를 사용하지 않고도 가족 모두가 같이 시간을 보낼 수 있을 것이다. 추천하는 다른 방법으로는 통금 시간처럼 인터넷 접속을 저녁 9시까지만 사용하도록 시간을 정하는 것이다. 특히, 신체이형장애를 치료하는데 충분한 수면은 필수적이며, 자녀들의 정서나 행복과도 관련이 깊다. 따라서 잠자리에 들기 최소 2시간 전에는 모든 전자기기의 전원을 끄도록 한다. 만약 자녀가 휴대폰을 침실에서 사용하기를 원한다면, 블루라이트를 차단하는 기능을 활성화시킨다. 하지만 솔직하게 말하면, 신체이형장애 자녀들의 질 좋은 수면을 위해서는 밤에 스마트폰이나 다른 전자기기를 침실에 가지고 들어가지 않는 것을 권장한다. 만약, 가족 구성원 모두가 잠자리에 들기 전 다른 방에 위치한 상자 속에 스마트폰이나 전자기기를 다 같이 보관한다면, 신체이형장애 자녀들이 이를 더 쉽게 실행에 옮길 수 있을 것이다.

물론, 자녀가 소셜미디어나 자신의 신체이미지에 대하여 부모에게 열린 마음을 가지고 많은 대화를 나누는 것이 가장 중요하다. 그래서 신체이형장애 자녀들에게 부모가 소셜미디어의 악순환을 인식시키고, 인터넷상에 있는 많은 이미지들이 얼마나 비현실적인지 그 정도와 이유에 대해 설명해 줄 수 있으며, 외모에 대한 지나친 불안에 어떠한 영향을 미치는지 깊이 생각해 보는 기회를 제공할 수 있다. 특히, 소셜미디어에서 보여지는 이미지들은 대부분 심하게 꾸며지고 좋은 모습만 편집한 것이며, 외모나 팔로워 수에 의해 자신의 가치가 정해지는 것이 아님을 주기적으로 상기시켜준다. 그리고 신체이형장애 자녀와 몸에 대한 주제로 대화를 나누면서 외적인 모습보다는 기능적인 부분을 강조함으로써 외모에 대한 지나친 관심에서 벗어나도록 한다. 그래서 인터넷에서 보여지는 신체에 대한 부정적인 메시지로부터 중심을 잘 잡을 수 있도록 신체이형장애 자녀들을 돕는다. 인터넷과 전자기기를 일상생활에서 균형 있게 사용하면서, 긍정적이고 건설적인 장소로서 활용하도록 하며, 외모에 대한 지나친 관심 대신 자신만의 가치와 특성에 집중할 수 있도록 한다.

소셜미디어에 대하여 자녀와 대화를 가질 때 Psychology Today에서 제안하고 있는 F-A-C-E 기법이 도움이 될 수 있으며 각각의 대문자가 말하는 바는 아래와 같다.

- 정보를 선택하고 고르기(Filter): 자녀가 소셜미디어에서 노출되는 정보를 선택적으로 골라서 보도록 한다. 신체이미지를 연구하는 사람들은 이를 '보호 필터링(protective filtering)'라고 부르기도 한다. 기본적으로 자녀의 자존감에 유해하고 행복을 저해하는 소셜미디어는 걸러내도록 한다. 만약에 자녀가 자신의 모습에 대해서 끊임없이 부정적으로 생각하게 만드는 어플리케이션이나 소셜미디어가 있다면, 더 이상 그런 감정을 느끼지 않도록 해당 어플리케이션이나 소셜미디어를 제거하고 멀리하도록 한다.
- 회피하기(Avoid): 특정한 시간대를 정하여 자녀가 몇몇 소셜미디어는 사용하지 않도록 한다. 이를 통해 자녀가 세상과 상호작용하고 교류

하며, 동시에 자녀가 인터넷 상에서 불편해하는 것으로부터 보호할 수도 있다. 예를 들어 소셜미디어에 달린 악성 댓글에 자녀가 응답하지 않도록 하는 것이 될 수 있겠다.
- 비교하지 않기(Careful of comparisons): 자녀가 자신의 신체부위와 인터넷에 올라온 사진 속 신체부위를 비교하는 행동과 같이, 인터넷 상에 있는 이미지와 자신을 비교하지 않도록 한다. 또한 부모는 자녀에게 소셜미디어는 객관적인 사실을 담고 있지 않으며, 신뢰할 만한 정보를 전달하지 않는다는 점을 상기시켜 준다.
- 평가하기(Evaluate): 자신이 소셜미디어에 얼마나 많은 시간을 보내는지 그리고 어떻게 보내고 있는지 평가하도록 한다. 또한 인터넷상에 올라온 많은 사진들은 꾸며지고 편집되었으며 다양한 방법으로 수정한 결과물임을 자녀에게 정기적으로 상기시켜 준다.

이번 장을 시작하면서 언급하였듯이, 많은 신체이형장애 자녀들이 자신의 고통을 치료해가는 과정 속에서 인터넷과 소셜미디어의 긍정적인 측면을 발견하고 올바르게 사용하는 방법을 배우게 된다. 실제 인터넷과 소셜미디어를 통하여 자신의 경험에 대해 소통하면서 다른 사람들을 도와주기도 하고 신체이형장애에 대해서 서로 공유함으로써 자녀들이 신체이형장애에서 회복하는 데 도움이 되었다고 말하기도 하였다. 하지만 신체이형장애 자녀가 소셜미디어에서 사진이나 글을 공유할 때 '백래쉬'(backlash)를 경험할 수 있으며, 이를 예방하기 위해서는 주변의 아낌없는 지원과 격려가 필요하다. 이와 관련하여 한 사례자는 다음과 같이 이야기하였다.

"당연한 이야기이지만, 소셜미디어에서 신체이형장애의 경험을 공유하는 것은 매우 어려운 일입니다. 그럼에도 불구하고 제가 기꺼이 공유하려는 이유는 신체이형장애에 대해서 전혀 들어본 적이 없었기 때문입니다. 만약 신체이형장애에 대해서 들어본 적이 있었다면 내가 무엇과 싸우고 있는지 모른 채 2년의 시간을 힘들게 보내지 않았을 거라고 생각합니다. 이러한 이유로 소셜미디어에 신체이형장애 대해서 언급하면서 사람들에게 알리고자 합니다. 만약, 한 사람이라도 도울 수 있다면 그것만으로도 가치가 있다고 생각합니다. 지금까지 제가 해온 결과물에 만족하고 있으며 앞으로도 계속해서 알리고자 노력할 것입니다. 물론, 신체이형장애가 있는 만큼 남들에게 사랑을 받으려는 욕심은 내려놓고, 정신 건강을 최우선으로 챙기려고 합니다. 그래서 소셜미디어에서 추구하는 것처럼 단지 다른 사람을 기쁘게 하기 위해 아무 생각 없이 끌려다니지 않도록 조심하려고 합니다. 나는 좀 더 나아지고 싶기 때문에 이 일을 해야만 합니다."

제10장

부모의 자기 관리

이번 장에서는 신체이형장애 자녀를 둔 부모가 자기 자신을 잘 챙겨야 하는 필요성과 그 중요성에 대해서 살펴보고자 한다. 그래서 시간적으로 여유가 부족하고 주변의 도움을 구하기 힘든 경우에도, 일상생활에서 부모가 자신을 챙기고 불안한 감정을 다루는데 있어 실제로 적용 가능한 방법까지 알아보고자 한다. 또한 신뢰하고 있는 사람으로부터 지지를 받고 도움을 얻을 수 있는 방법에 대해서도 탐색할 것이다.

신체이형장애가 있는 자녀를 둔 부모의 경우, 부모로서 기본적으로 이행해야 하는 역할 뿐 아니라, 다양한 영역에서 추가적으로 스트레스를 경험하게 된다. 신체이형장애 자녀의 심리 상태나 삶의 질을 향상시키는 것 이외에도, 자녀(또는 가족)를 위해 정신사회 치료법(psychosocial treatment)을 찾고 받는 것까지 상당한 노력을 기울여야 한다. 또한 자녀가 학교에 잘 적응할 수 있도록 학교의 전문가들과 긴밀히 연락을 취해야 할 수도 있다. 그리고 신체이형장애 자녀로 인해 다른 가족 구성원들이 정서적으로나 생활하는데 힘들어한다면, 부모가 상황을 조정해야 할 수도 있다.

책에서 여러 번 언급은 하였지만, 많은 부모들이 자녀가 힘들어하는 이유에 대해 자신의 잘못으로 여기는 경우가 있다. 하지만 분명하게 말하지만, 자녀의 신체이형장애 발병은 절대로 부모의 잘못이 아니다. 따라서 부모가 죄책감을 갖거나 스스로를 비난하는 것은 자신을 고통스럽게만 만들며, 신체이형장애 자녀에게도 도움이 되지 않는 행동이다. 신체이형장애의 원인은 그보다 훨씬 더 다양하고 복잡하며 여러 가지 요소가 복합적으로 연결되어 있다. 신체이형장애 자녀에 대해서 부모가 모든 책임을 지게 되면 정신 건강에 해롭기만 하며, 다른 가족 구성원들을 힘들게 할 수도 있다.

죄책감 내려놓기

죄책감을 내려놓기란, 말은 쉽지만 실제로 행동하며 실천하기 매우 어려운 일이다. 물론, 부모가 자녀의 신체이형장애 발생에 부분적으로 영향을 미칠 수 있으며, 이에 대하여 비판단적으로 공감해 줄 수 있는 가족이나 친구처럼 믿을 만한 사람과 대화를 나누는 것은 도움이 된다. 또는 부모 자신을 위하여 상담을 받아보거나 다른 형태의 정신사회적 지원을 찾아볼 수도 있다.

죄책감을 내려놓기 위한 첫 번째 단계는 더 이상 죄책감을 갖지 않기로 스스로 다짐하는 것이다. 아마도 이러한 다짐은 매일같이 여러 번 반복해서 상기시킬 필요가 있는데, 이는 더 이상 자신을 비난하거나 불친절하게 대하며 머릿속에 비판적인 대화로 가득차지 않도록 도와준다. 이때 자기 자비(self-compassion)를 갖는 것은 죄책감을 내려놓도록 하는데 매우 중요하다. 자기 자비를 돕는 몇 가지 방법은 아래에 제시하였다. 이 방법들은 죄책감을 갖거나 비난하는 행동을 멈추도록 하는데 도움이 될 것이다.

☐ 친절과 자기 자비가 자신에게 어떤 의미인지 생각해본다. 자비 중심

치료자(compassion-focused clinicians) 폴 길버트(Paul Gilbert, 2009, 2010)나 크리스틴 네프(Kristin Neff, 2011)가 소개한 자기 자비와 관련된 연구를 찾아본다. 또는 잡지에서 자기 자비와 관련된 사진이나 친절함이 담겨있는 부분을 오려내어 콜라주를 해본다.

☐ 자기 자비로 가득 채워진다는 것이 어떤 느낌인지 집중하여 충분히 관찰한다. 자신이 무슨 생각을 하고, 어떤 감정을 느끼며 행동할 것인지 살펴본다. 자기 자비를 행하는 동안 자연스럽게 드러나는 표정은 무엇인지 생각해보고 지금 그 표정을 지어본다. 그리고 자기 자비와 연관된 행동에는 어떤 것들이 있는지 살펴보고, 몸을 움직여 그 자세를 취해본다. 이러한 방법을 통해 감각을 구체화시키며 자신에 대해 조금은 너그러워질 수 있다.

☐ 동정심과 친절함에 대하여 생각할 때 머리에 떠오르는 색깔은 무엇인가? 지금 상상하고 있는 그 색깔이 자기 주변을 둘러싸고 있으며, 그 고운 색깔 입자가 땀구멍 하나하나에 스며들고 온몸에 서서히 퍼져 마지막 장소인 심장에서 휴식을 취하고 있다고 생각해 본다.

☐ 타인에 대해서 연민의 감정을 깊이 가졌던 때를 떠올려본다. 그 감정을 그대로 자신에게 향하도록 한다.

☐ '잘 지내기를', '평안함이 깃들기를', '자신의 선함을 느낄 수 있기를' 등과 같이 사랑과 연민을 가득 담아 자신에게 말해본다.

☐ 자기를 비판하면서 수치심과 불안함을 느낄 때의 자신의 모습과 자기에게 친절하고 자기 자비의 모습은 서로 어떻게 다른지 상상해본다. 이를 통해 자기 자비의 느낌을 신체적 감각으로 구체화시키고, 자기를 비판하고 있는 자아에게 사랑과 따뜻함을 전달한다.

신체이형장애 자녀의 보호 요인으로써 부모의 역할

　신체이형장애 자녀가 있는 부모들은 아이들과의 관계에 있어 단절감을 느끼며, 어떻게 양육해야 할지 모르겠다고 호소한다. 심지어 부모는 신체이형장애 자녀가 항상 화가 나 있는 느낌을 받기도 하며, 자신들에게 믿음조차 없는 것처럼 보인다고 한다. 하지만 신체이형장애 자녀들 입장에서는 부모들이 자신들에게 거짓말을 하는 것으로 생각되고, 인식하는 외모의 결함에 대해 부모들이 동의하지 않아 발생하는 갈등으로 혼자서 고군분투할 가능성이 높다. 예를 들어 자신이 원하는 성형시술에 동의해주지 않거나 또는 불안할 때마다 자신들이 원하는 방식으로 안심시켜 주지 못하는 경우 신체이형장애 자녀들은 부모들에게 불만을 느끼기도 한다.

　부모로서 자녀의 마음을 편안하게 해주고 싶지만, 신체이형장애의 핵심 특성인 집착행동이나 강박행동을 강화시키는 것은 아닌가 싶어서 이러지도 저러지도 못해 매우 혼란스러워할 수 있다. 만약, 자녀가 신체이형장애로 인하여 공격적인 행동을 보이거나 힘든 상황 속에서 적절하게 대처할 수 있는 방법이 필요하다면 3장과 4장을 참고하기를 바란다.

　이렇게 혼란스러운 상황에서 부모 자신이 보호 요인으로 중요한 역할을 하고 있다는 사실을 떠올리기란 매우 어려울 수 있다 (당신의 역할은 정말로 중요합니다!). 하지만 이는 반대로 보면 부모의 적극적인 지원이 함께 한다면 자녀의 신체이형장애 증상을 줄이고 사라지게 하는데 큰 역할을 할 수 있다는 의미를 내포하기도 한다. 따라서 부모의 심리 상태가 안정적이고 흔들리지 않으며 강인할수록 신체이형장애 자녀의 보호 요인으로서 부모의 역할을 잘 수행하게 될 것이고, 실제로도 그러하다. 이 장에 제시된 방법과 실제 예시들은 이러한 노력에 도움이 되는 것을 목표로 하고 있다.

부모가 자기 관리를 일상의 일부로 만들기

신체이형장애 자녀를 돌본다는 것은 부모가 자기 자신을 돌볼 수 있는 여유가 상대적으로 부족할 수 있음을 의미한다. 이는 가족 전체가 신체이형장애 자녀 중심으로 움직이기 때문이기도 한데, 이는 결국 서로 지치게 만들고 회복하는데 도움이 되지 않는다. 따라서 부모가 일상생활 속에서 자기 자신을 챙기고 돌보는 것은 권장 사항이 아닌 필수 사항이다. 신체이형장애 자녀를 돌보다 보면 걱정되는 일들로 가득차게 되고, 동시다발적으로 일어나는 다양한 일들을 차례대로 처리하면서도 자녀의 행동 변화까지 자세하게 살펴야 하다 보니 부모가 자기 자신을 챙긴다는 것이 멀게만 느껴질 수 있다. 하지만, 결코 불가능한 건 아니며, 궁극적으로 가장 우선시 되어야 한다. 아래 상자에 적힌 목록에서 하나라도 시도해 보기를 바란다.

매일 20분 정도는 부모들이 자기 자신을 챙기기 위한 필요 시간으로 권장하며, 다음은 여러분들이 실행 가능한 행동 목록이다.

자신 관리를 위한 다양한 방법들

☐ 호흡법을 통해 들숨보다 날숨을 길게 내쉬며 몸의 이완을 유도한다.
☐ 길고 깊은 호흡을 하는 동안 손을 가슴에 살포시 얹으며 평온한 감각을 명확하고 분명하게 느낀다.
☐ 자신을 평온하게 하거나 진정시켜주는 문구 또는 단어들과 같은 만트라(Mantra)를 반복적으로 되새긴다.
☐ 감사 일기장를 만들어 아무리 사소하더라도 자신이 감사하게 느끼고 긍정적으로 생각되는 목록들을 모두 작성한다. 예를 들어 '어제 조금이라도 숙면을 취할 수 있어서 감사함을 느낍니다.', '오늘 아침 차 한 잔에 감사함을 느낍니다.', '따뜻한 온기를 느끼고 건강한 내 몸에 감사함을 느낍니다.' 등
☐ 어떤 것도 판단하지 않고, 지금 여기에 집중하도록 도와주며, 마음 편하게 즐길 수 있는 취미활동을 한다. 예를 들어 뜨개질이나 그림 그리기, 또는 콜라주나 구슬 꿰기 놀이 등이 있다.
☐ 차분하고 편안한 음악을 듣는다(헤드폰을 사용할 수 있다).
☐ 요가(만약 오프라인 수업에 참석하기 어려운 경우, 유튜브나 다른 플랫폼에서 따라하기 쉬운 짧은 요가 영상을 찾아 연습할 수 있다.). 또는 태극권이나 기공과 같이 마음 챙김을 도와주는 다른 운동도 추천한다.
☐ 거품 목욕을 하거나 촛불을 켜놓고 따뜻한 물로 샤워한다.
☐ 마음 챙김에 어울리는 차분한 음악을 틀어놓고, 아몬드 오일을 발에 바른 상태에서 마사지를 한다.
☐ 마음의 양식을 쌓을 수 있는 책을 읽는다.

위 목록 이 외에도 여러 가지가 있다.

부모의 역할을 수행하고 자녀의 든든한 보호자가 되어주기 이

전에 자신을 위하여 시간을 갖는 것은 내면 깊은 곳에 있는 진정한 자아를 마주하기 좋은 기회이다. 이는 머리가 아닌 마음에 중심을 두도록 하는데 도움이 될 수 있다. 또한, 다양한 난관 속에서도 신체이형장애 자녀에게 깊이 공감하며 서로 연결된 관계를 맺도록 하는데 도움을 준다. 만약, 20분이라는 시간을 내기가 어렵다면 단 5분이라도 시도해 보는 것이 전혀 하지 않는 것보다 훨씬 도움이 될 것이다. 좋아하지만 미루어 놓았던 취미활동에 다시 시작하는 것은 다양한 측면에서 유익하다. 특히, 고단한 삶에서도 즐거움을 찾는 방법을 실질적인 방법으로 자녀에게 보여 줄 수 있으며, 고통과 스트레스를 넘어선 진정한 자신을 발견하도록 도움을 준다. 하지만 정서적으로 힘들어하는 자녀를 돌보는 상황에서 대부분의 부모들은 취미활동을 할 시간이 없다고 판단해 버리기도 한다. 하지만 취미 활동을 위한 시간은 우리 모두 만들 수 있으며 하루에 단 10분이라도 괜찮다.

직장 및 자원 봉사

신체이형장애 자녀를 돌보는 부모들은 자신의 근무 시간을 줄이거나 일시적으로 일을 쉬기도 하며 심지어 직장을 완전히 그만두어야 했다고 말하기도 한다. 하지만 직장은 가정 밖에서 자신의 자존감을 찾고 경험하는 특별한 곳이 되어 주는 만큼, 정서적 반응이 격렬하고 가족 간의 불화가 심한 경우일수록 직장은 중요한 역할을 할 수 있다. 또한 직장은 우리의 하루 또는 일주일을 규칙적으로 생활하도록 하는데 명확한 틀을 제공하기도 한다. 이러한 이유로 직장을 다시 구하거나 자원 봉사 활동을 하는 것은 매우 긍정적이고 보람찬 경험이 될 수 있으며, 이러한 경험은 자신이 좋아하는 취미나 흥미가 있는 활동과 연결시킬 수도 있다. 고정관념에서 벗어나 현실적으로 매주 얼만큼 시간을 낼 수 있는지 고려해보고, 이 시간을 통해 가장 큰 즐거움을 가져다 줄 수 있는 장소로 어디가 좋을지 생각해본다. 만약 매주 자원봉사 활동을 하는 것이 어렵다면 2주 간격 또는 한 달 간격으로도 고려해볼 수도 있다. Do-it.org 그리고 NCVO.org와 같은 단체를 통해 거주하고 있는 지역에서 자원 봉사가 가능한 장소들을 안내 받을 수 있다. 기쁜 마음으로 하루 종일 자녀를 돌봐줄 사람을 찾는 것은 쉽지 않을 수 있지만, 일주일 또는 2주마다 아니면 한 달에 몇 시간이라도 신체이형장애 자녀를 돌봐줄 수 있는 친척 또는 친구들은 찾을 수 있을 것이다.

도움을 요청하는 것부터 시작하여 지원 체계 구축하기

신체이형장애 자녀를 돌보다 보면, 때로는 외롭기도 하고 혼자서 고군분투하는 느낌이 들 때도 있을 것이다. 정서적으로 힘들어하는 자녀와 함께할 때 일반적으로 겪는 문제들 이외에도, 많은 사람들이 신체이형장애에 대해 들어본 적이 없어서, 신체이형장애 자녀와 그 가족들이 어떠한 고통을 경험하고 있는지 이해하지 못하는 경우가 많다. 이러한 까닭에 지인들이나 가족 또는 친척들에게 도움을 구하기 전에, 먼저 신체이형장애에 대하여 자세하게 설명해 줄 필요가 있다.

다음은 신체이형장애에 대해 설명할 때 도움이 될 수 있는 예시들이다.

가족, 친구 또는 다른 지인들에게 신체이형장애에 대해서 설명하기

현재 제인(Jane)은 정신적으로나 정서적으로 힘들어 하고 있습니다. 제인은 병원에서 신체이형장애로 진단되었으며, 보통 줄여서 BDD라고 부르기도 합니다. 사실 신체이형장애는 제인과 같은 청소년 나이 또래에서 비교적 매우 흔하지만, 많은 사람들이 대부분 모르는 경우가 많습니다. 보통, 자신의 외모에 결점이나 결함이 있다고 믿고, 인식하는 외모의 결함으로 인해 심리적으로 심각하게 고통스러워한다면 신체이형장애로 진단됩니다. 제인은 낮은 자아존중감과 자아가치감으로 인해 매우 힘들어하고 있으며, 이러한 부분은 제인으로 하여금 자신의 외모에 더 집중하도록 만들기도 합니다. 위와 같은 특성들은 제인이 신체이형장애로 진단되어진 이유이기도 합니다. 신체이형장애는 제인 뿐 아니라 가족들까지도 매우 힘든 시간을 보내도록 합니다. 하지만 신체이형장애를 쉽게 설명하기에는 상당히 복잡한 측면을 가지고 있어, 보통 사람들이 이 장애에 대하여 이해하기 어려워하기도 합니다.

이렇게까지 자세하게 설명하는 까닭은 여러분들의 도움과 지원이 절실히 필요하기 때문입니다. 좋은 의도로 해주는 말인 걸 알지만, 더 솔직하게 말하자면 저희에게 필요한 것은 조언이 아닙니다. 오히려 신체이형장애로 인해 힘들어하는 제인에게는 아무리 유용하고 필요한 조언들이라도 실질적으로는 큰 도움이 되지 못합니다. 저희에게 진심으로 도움을 주고 싶으시다면, 매주 몇 시간이라도 제가 요가 강좌에 참석하는 동안 제인을 돌봐주거나, 가끔 시간을 내어 제인과 가볍게 대화를 나누어 주시길 바랍니다.

도움을 요청하는 상황에서 부모는 언제나 올바른 말과 행동을 하면서 지혜로운 모습을 보여야 할 것 같고, 그만큼 자신 또한 완벽하게 잘 다스려야 한다고 생각한다. 하지만 부모가 위와 같은 생각에 깊이 빠지지 것은 매우 위험하며, 최대한 거리를 두고 멀리하기를 바란다. 신체이형장애는 여러 가지 요소들이 복잡하게 얽혀 있는 만큼, 많은 신체이형장애 가족들은 다른 사람들로부터 다양한 형태의 도움이 필요할 수 있다. 하지만 도움이나 지원을 구하는 일은 쉽지 않으며 실제로 엄청난 용기를 요구하고, 거절에 대한 높은 회복탄력성도 가지고 있어야 한다.

여기서 도움을 받을 수 있는 사람들의 목록을 작성하는 것이 큰 도움이 될 수 있으며, 그 목록에 있는 사람들은 부모와 자녀가 깊이 신뢰하고 있고, 쉽게 연락을 취할 수 있어야 하며, 감정적으로나 정서적으로 안정되어 있어야 한다. 또한 전화나 대면 대화 또는 편지를 작성하는 것은 이메일보다 더 효과적일 수 있는데, 이는 대부분 이메일을 받은 편지함에는 불필요한 스팸메일이 가득한 경우가 많기 때문이다. 또한, 신체이형장애 가족들이 이상적으로 바라는 지원들에는 어떤 것들이 있는지 구체적이고 자세하게 설명하는 것이 도움이 될 수 있다. 만약 다른 사람들에게 애매한 방법으로 도움을 구한다면, 자신이 어떻게 도와주어야 하는지 혼란스러워 할 수 있고, 때로는 도움을 받을 수 있는 기회조차 놓쳐버릴 수 있다. 따라서 무엇이 가장 도움이 되는지 정확하게 말하는 것을 두려워하지 않으면서도, 그들에게 어떠한 의무도 없다는 점 또한 명확하게 전달해야 한다. 또한, 그들이 도움을 제공하기 어려운 상황이 발생할 때에는, 연락 가능한 다른 사람들도 있다는 사실을 미리 알려준다. 때로는 아주 간단하면서 쉽게 신체이형장애 가족들을 도와줄 수 있는데, 여기에는 매주 일요일

저녁마다 신체이형장애 자녀와 전화 통화를 하면서 어떻게 지냈는지 등등 가벼운 대화를 나누는 것이 될 수 있다.

불안 다루기

신체이형장애 자녀를 돌보다 보면 부모들이 하루에도 여러 번 불안한 감정을 느끼곤 하는데, 어쩌면 당연한 것일 수도 있다. 때로는 부모가 불안한 감정을 잘 다루기 위해 정신사회적 지원(예를 들어, 심리상담)이 필요할 수도 있다. 정신사회적 지원을 받기로 선택하든 안 받기로 결정하든 이와는 관계없이, 부모가 불안을 느낄 때 다음 활동들이 도움될 수 있기를 바란다.

파이 나누기(The Responsibility Pie)

불안이라는 감정은, 과도한 책임감과 자기 비난으로 인해 발생할 수 있다. 실제, 많은 부모들이 자신의 아이를 돌보기 위해서 무엇이든 해야만 한다는 생각을 하고 있으며, 이에 모든 부담과 책임을 자신이 짊어지려고 한다. 이러한 생각은 신체이형장애 자녀를 도와주는데 결코 도움이 되지 않으며, 부모가 금방 지쳐 버리게 된다. 따라서 파이 나누기를 통하여 문제에 대한 균형적인 시각을 가지고, 책임을 분배하여 다른 사람들로부터 도움을 받을 수 있는 것에는 무엇이 있는지 찾아보도록 한다.

우선, 깨끗한 종이에 큰 원을 그리고, 상단에 여러분들을 가장 불안하게 만드는 것에 대해서 작성한다. 예를 들어 수지가 학교에 등교하는 것을 거부하는 것에 대해 상단에 작성할 수 있다. 그리고 나서 그 상황에 대해 누가 책임을 져야 하는지 생각해 본다. 예를 들어 수지의 낮은 출석률과 등교와 관련해서는 아래에 적혀진 사람들이 부분적으로 책임을 가지고 있다고 가정할 수 있다.

- 수지
- 수지 부모로서 자신
- 학교 출석 담당자
- 통합 교육 관리자
- 치료 지원팀(예. 임상 심리사)
- 교육 심리학자

이제, 각 사람들이 얼마나 많은 책임을 지고 있는 지에 따라 그 비율을 참고하여 처음에 그린 원에다가 구역을 나누어 본다. 가능한 객관적인 기준으로 나누어야 하며, 책임에 대한 비율이 현실적으로 잘 배분이 되었는지 배우자나 친구들과 함께 상의해 볼 수도 있다. 자녀의 나이와 정서적인 상태에 따라 가능 여부가 달라질 수 있겠지만, 파이 나누기 활동을 자녀와 함께 하거나 또는 부모가 미리 만들어 둔 파이 나누기 그림을 자녀와 함께 점검할 수도 있다.

부모가 불안을 느끼는 상황에서 책임이 있는 모든 사람을 목록으로 시각화하는 것은 큰 도움이 될 수 있다. 이는 결코 부모 혼자서만 이 상황을 감당하는 것이 아니며, 아이의 증상을 개선하는데 있어 여러 사람의 지원을 통해 이루어진다는 점은 부모에게 심리적으로 안도감을 제공할 수 있다. 추가적인 단계로 파이 나누기 목록에 있는 사람들이 함께 모일 수 있는 자리를 만들어서 문제에 대해서 공개적으로 자유롭게 논의하고, 앞으로 나아갈 방법에 대해서 협력적인 자세로 합의점을 찾는다.

생각과 감정을 수치화(Scaling)하기

신체이형장애 자녀를 돌보다 보면 부모로서 절망스럽다고 느끼는 상황이 많이 발생한다. 이런 절망스러운 생각과 감정의 강도에 대해서 수치화시키게 되면, 자신의 생각과 감정을 좀 더 명확하게 지각하고 현재 상황에 대한 객관적인 시각을 가질 수 있다. 앞에 언급한 예시와 같이 신체이형장애 자녀가 학교에 다시 돌아갈 수 없게 될 것 같아 부모가 두려움을 느낄 때, 종이에 두려운 감정을 작성하고 그 아래에 0부터 10까지 등급을 매긴다. 0은 자녀가 절대 학교를 다니지 않을 것이라고 확신하는 상태를 나타내는 반면에 10은 자녀가 다시 학교를 다니게 될 것이라고 확실하게 여기는 상태를 의미한다. 가능한 다양한 측면을 고려하여 현재 상황을 최대한 실질적이고 객관적으로 표현하고 있는 숫자에 동그라미를 그린다. 고려해야 할 측면으로는 부모가 신체이형장애 자녀를 지원 가능한지 그리고 과거 자녀의 학교 출석률은 어느 정도였는지, 마지막으로 자신이 알고 있는 다른 신체이형장애 자녀들은 다시 학교를 다니게 되었는지 등등이 될 수 있다. 예를 들어 당신이 숫자 4에다가 동그라미를 그렸다고 가정해보자. 시간을 좀 들여서 숫자 3에다가 또는 숫자 2나 1에 동그라미를 그리지 않은 이유가 무엇이었는지 생각해본다. 그리고 난 다음, 숫자 5와 6에 동그라미를 그리지 않은 이유에 대해서 알아본다. 마지막 단계로 숫자 5와 6으로 가기 위해서는 어떤 것들이 필요한지 곰곰이 생각해 본다. 여기서부터는 치료 전문가 또는 자녀들과 함께 추가적으로 고려해야 할 사항은 없는지 이야기를 나누어 볼 수 있다.

불확실성과 함께하기

신체이형장애 자녀의 부모들이 불안하고 걱정하는 가장 큰 요인으로 신체이형장애는 확실한 정답과 매뉴얼이 없다는 점이다. 따라서 많은 부모들은 신체이형장애 자녀들을 다룰 수 있는 확실한 해결방법을 찾기 위해 필사적일 수밖에 없다. 하지만 불확실성은 신체이형장애와 밀접하게 관련되어 있는 중요한 특성 중 하나이다. 따라서 불안이라는 감정을 잘 다루면서, 불확실한 삶과 함께 가는 법을 알아야 할 필요가 있다. 이러한 과정을 통해 다음과 같은 이점을 얻을 수 있다.

- 불확실성을 받아들였을 때 장점과 단점을 비교해보기: 불확실성과 맞서 싸울 때 발생하는 비효율적인 면(단점)을 찾아보고, '상황을 개선하려고 노력하는 행동'이 안정감을 느끼도록 하는데 어떠한 도움(장점)을 주는지 생각해본다.
- 불확실성을 받아들일 수 있었던 시간과 장소를 찾아보기: 아마 당신은 삶 속에서 불확실성에 대해 이미 감수하며 받아들인 부분이 있을 것이다. 예를 들어 처음 가보는 지역에서 운전하는 것이라든가 복잡한 도로를 주행하는 것도 될 수 있고 또는 친구의 편지를 기다리는 일 등이 있을 수 있다. 이러한 상황에서 불확실성을 받아들이는 것이 어떤 도움이 되었는지 깊이 생각해본다. 예를 들어 자녀가 학교

에 다시 돌아갈 수 있을지 또는 신체이형장애가 언제쯤 치료될 수 있는지와 같이, 부모와 자녀가 이런 불확실함을 함께 받아들이도록 하는데 어떤 것들이 있는지 찾아본다.

- 불확실성이 자신에게 근본적으로 어떤 의미를 가지고 있는지 생각해보기: 보통 불확실성은 무의식적으로 부정적인 경험과 연결된 경우가 많다. 이러한 사고 패턴으로부터 잠시 물러나 부정적인 생각을 뒷받침하는 확실한 증거가 있는지 여러 가지 관점으로 확인해본다. 이 가정에 반하는 모든 증거를 생각해보기도 하고 또는 불확실성이 긍정적인 결과로 이어졌던 시간을 떠올릴 수도 있다. 예를 들어 신체이형장애 자녀가 학교에 돌아가는 것이 불확실하다고 해서, 앞으로 학교에 절대로 돌아가지 않는다는 것을 의미하는 것이 아니다.

- 불확실성이 없는 삶을 상상해보기: 자녀와의 관계뿐 아니라 신체이형장애에 대해서도 모든 것이 확실하게 정해져 있다고 가정해보자. 아마, 매우 폐쇄적으로 생각하고 행동하게 될 것이다. 예를 들어 자녀가 어느 시점이 되었을 때 학교에 갈 것이라고 확신한다면, 자녀가 등교를 거부하는 마음에 대하여 이해하려고 하지 않을 것이다. 이런 면을 고려한다면 불확실성은 우리에게 예상하지도 못한 기쁨을 가져다 준다고 할 수 있다. 신체이형장애 자녀를 돌보는 많은 부모들이 신체이형장애 자녀들의 변화된 행동으로 매우 놀라워했던 때를 말하기도 한다. 예를 들어 한 달 동안 같은 옷만 입었던 자녀가 갑자기 새로운 옷을 입고 침실에서 나온다거나, 오랜 기간 동안 학교에 등교하기를 거부했었는데 어느 날 갑자기 학교에 가기로 했을 때 정말로 기뻤었다고 한다.

부모를 위한 자조모임 참석하기

 부모를 위한 자조모임을 통해 부모들이 느끼는 외로움을 서로 나눌 수 있고, 연대감을 제공할 수 있으며, 신체이형장애 자녀를 돌보면서 도움이 되었던 경험을 함께 공유할 수 있다. 아동과 청소년 신체이형장애 자녀를 둔 부모를 위한 특별한 자조모임이 거주 지역에 없다면, 온라인을 통해서도 참여가 가능하다. 자세한 내용은 영국 신체이형장애 재단(BDD Foundation) 및 영국 강박장애 재단(OCD Action) 홈페이지에서 찾을 수 있다.

제11장

신체이형장애 자녀를 둔 부모들의
솔직한 이야기

이번 장에서는 신체이형장애 자녀를 둔 부모들이 지금까지 걸어온 여정과 경험에 대해서 공유하려고 한다. 네 명의 부모 중, 3명의 아이는 치료를 받았으며, 다른 한 아이는 신체이형장애 치료를 곧 시작할 것이다. 4명의 부모들은 신체이형장애를 가지고 있는 아이를 매일 같이 어떻게 다루었는지 그 경험에 대해서 공유할 것이며, 진단을 받은 후 치료를 위하여 무엇이 필요했는지 용기를 내어 친절하게 말해줄 것이다.

루시(Lucy) : 치료를 위한 기다림

우리는 딸 크리스티(Kristy)가 신체이형장애라는 사실을 생각보다 빨리 알게 되었습니다. 인터넷을 통해 영국 신체이형장애 재단(BDD Foundation) 홈페이지를 찾을 수 있었고 크리스티의 증상과 일치한다는 사실을 알게 되었습니다. 치료를 위해 찾아간 아동 및 청소년 정신 건강 서비스 센터에서 처음에는 크리스티의 증상을 청소년기 아이들이 흔하게 보일 수 있는 행동으로 치부하였습니다. 그래서 우리는 아동 및 청소년 정신 건강 서비스 전문가들에게 영국 신체이형장애 재단(BDD Foundation)을 알려주었고, 다른 신체이형장애에 대한 정보에 대해서 관심을 가질 수 있도록 하였습니다. 결국, 크리스티는 신체이형장애 진단을 받았지만, 처음에 딸은 완강히 거부하였습니다. 크리스티가 신체이형장애 진단을 받아들이는데 1년이라는 시간이 필요했습니다. 초기에는 크리스티에게 아름답다고 말해주며 안심시켜 주고자 하였지만, 신체이형장애 증상에 대해서 알게 된 후부터는 예전과 같이 행동하지 않으려고 하였습니다. 그 대신 우리는 딸을 공감해 주었고 이해하기 위해 노력하였습니다. 예를 들어 신체이형장애 증상을 촉발시키는 상황에 대해서 알려고 하였고, 딸이 고통스러운 상황에 놓여있다는 사실을 받아들이기 위해 노력했습니다. 물론, 우리의 경험은 가족들이나 친척, 그리고 지인들이 이해하기 어려운 경우가 많았습니다. 그들은 너무 수용적인 부모의 양육태도와 크리스티의 행동에 문제가 있다고 말하곤 하였습니다. 이러한 비난을 감당하는 것은 매우 힘든 일이었지만 그럼에도 불구하고 크리스티의 신체이형장애를 이해하기 위해 최선을 다하고 있다고 생각하였습니다. 실제 우리가 친척들이나 친구들에게 했던 말입니다.

'신체이형장애는 거식증과 같이 불안한 심리상태를 바탕에 두고 있습니다. 하지만 신체이형장애는 거식증과 달리 자신의 못 생긴 외모에 대하여 심하게 불안함을 느낍니다. 그러니 크리스티 외모에 대한 어떠한 언급도 삼가해 주시길 부탁드립니다. 적절한 말을 찾기 어려울 수 있겠지만, 그것이 저희가 필요로 하는 친절과 사랑입니다.'

크리스티의 신체이형장애로 인해 다른 형제 자매들도 힘들어 하였고, 가족 모든 구성원이 고통 속에서 지냈습니다. 증상이 나타나기 전에 미리 예방할 수 있는 방법은 없지만, 신체이형장애 증상에 대해서 정확하게 잘 알고 있는 것은 크게 도움이 되었습니다. 우리는 크리스티 뿐 아니라 다른 자녀들도 신경 써주기 위해 많은 노력을 하였습니다. 또한 우리 자신을 챙기는 차원에서 취미활동을 계속하였고, 친구들과도 지속적으로 연락하며 지냈습니다. 때로는 상황이 견딜 수 없을 만큼 힘들 수 있고, 우리의 생활뿐 아니라 가까운 사람들에게도 파괴적인 영향을 미칠 수 있다는 사실을 받아들이려고 하였습니다. 크리스티를 원망하기보다 자기 자신에게 너그럽게 대하면서, 신체이형장애로 인해 마주하게 되는 어려움들을 피하지 않고 잘 견뎌보니, 주어진 상황에 더 지혜롭게 대처할 수 있었고 훨씬 수월하게 회복할 수 있었습니다. 특히, 크리스티가 1년 가까이 학교 등교를 거부하고 세상과 멀어져 가는 딸의 고통스러운 모습을 보면서 부모로서 큰 상실감을 느끼기도 하였지만, 이를 외면하려 하기보다 오히려 받아들이려고 했습니다.

크리스티는 자살 시도를 여러 번 하였습니다. 대부분은 촉발 자극으로 인해 발생하는 경우가 많았습니다. 그래서 우리들은 자살을 유발시키는 자극들에 대해서 경각심을 가지고 주의 깊게 살피며 크리스티의 기분과 감정을 잘 파악하려고 노력하였습니다. 지금도 계속해서 공감하고 이해하기 위해 많은 관심을 기울이고 있습니다. 우리는 크리스티가 안전한지 자주 확인하면서, 부모의 걱정되는 마음을 보여주기도 하였습니다. 마음을 졸이며 너무나도 절실했던 만큼 우리는 우울감도 깊었고, 주변으로부터 심리상담을 소개받기도 하였습니다.

크리스티는 신체이형장애를 위한 약물치료나 심리치료에 대해서 매우 거부적인 태도를 보였습니다. 딸의 상태가 심각하였던 까닭에 인지행동치료를 진행하기 어려웠지만, 신체이형장애가 크리스티에게 큰 영향을 미치는 만큼 우리는 약물치료까지 포기할 수 없었습니다. 사실, 크리스티는 약물 복용을 원하지 않았지만, 약물 치료를 하지 않은 경우 발생 가능한 위험들은 막아줄 것이라고 생각되었습니다(물론, 약을 복용한다고 모든 위험이 사라지는 것은 아니지만). 지금 그녀는 약을 복용한 것이 큰 도움이 되었다고 말하기도 합니다.

현재 우리는 영국 국립의료시스템(NHS)를 통하여 신체이형장애를 전문으로 하는 치료 센터에서 인지행동치료를 받으려고 기다리고 있습니다. 치료를 받을 수 있다는 사실에 앞으로 더 나아질 수 있다는 희망도 가지게 됩니다. 비록 그 변화가 눈에 보이지 않고 우리가 통제할 수는 없지만, 앞으로 계속해서 더 나아질 거라고 생각하고 있습니다. 치료를 기다리는 동안, 신체이형장애 자녀를 돌보는 부모들에게 저희가 할 수 있는 조언이 있다면, 책을 찾아보거나 영국 신체이형장애 재단(BDD Foundation) 또는 영국 강박장애 재단(OCD Action) 홈페이지에 들어가서 신체이형장애에 익숙해지고 치료 방법에 대해서 알아보라고 하고 싶습니다. 또는 웹비너(webinars)나 학술회의를 통하여 다른 부모들과 정보를 서로 교류할 수 있는 연락체계를 구축할 것을 추천하고 싶습니다.

아래에는 우리가 그 동안 알게 된 몇 가지 사항들과 조언들을 나열해 보았습니다. 이 글을 읽고 있는 모든 부모들에게 유용하게 사용되어지기를 바랍니다.

☐ 신체이형장애 증상과 관련된 집착이나 행동들을 강화시키지 않는

것이 중요합니다. 예를 들어 자녀의 외모에 대해서 반복적으로 괜찮다고 안심시키는 행동이나 매번 화장품을 구입하고 싶어할 때마다 같이 다녀주는 행동 등이 될 수 있습니다.
- ☐ 신체이형장애 증상에 너무 과하게 반응하지 않아야 합니다. 예를 들면 화장에 대해서 어떠한 평가나 언급을 하지 않는 행동이 될 수 있습니다.
- ☐ 신체이형장애 자녀에 대한 진심 어린 공감과 이해는 여러 번 강조해도 지나치지 않습니다. 부모가 어떤 식으로든 불편함을 표현한다면 신체이형장애 자녀에게 수치심을 내면화시킬 수 있습니다. 또한 자녀가 자신의 증상에 책임감을 가지기보다 자신을 이해해주지 못하는 타인을 비난만 하도록 만들 수 있습니다.
- ☐ 비판적인 어조로 말한 것이 아님에도 불구하고, 신체이형장애 자녀는 부모의 좋은 의도를 오해하거나 잘못 받아들이는 경우가 생길 수 있습니다. 저희 딸의 경우에는 저희가 스트레스볼(stress ball)을 권하였을 때, 상당히 공격적인 행동을 보이기도 하였습니다.
- ☐ 신체이형장애 자녀의 행동에 대해서 어떤 식으로든 비판하는 행동은 항상 경계해야 합니다.
- ☐ 신체이형장애 자녀의 증상 개선을 위한 목표나 도전과제를 정할 때에는 현실적으로 실천 가능해야 하고 단계적으로 이루어져야 합니다. 신체이형장애 자녀의 상태를 고려하지 않는 목표나 도전과제들은 자칫 공격적으로 만들 수 있고 자녀가 모든 것을 포기할 수도 있습니다.
- ☐ 다른 때와는 다르게 딸이 유독 더 힘들어하는 날에는 응원과 지지가 담긴 표현을 자주 해주었습니다.
- ☐ 신체이형장애에 대하여 잘 알지 못하는 사람이 말하는 조언이나 비

판들에 대해서 너무 깊이 생각하지 않으려고 노력하였습니다.
- □ 신체이형장애 자녀를 대할 때 두 부모가 모두 통일된 자세로 일관성 있는 태도를 취할 것을 권장합니다.

신체이형장애 자녀를 지원할 때 도움이 되었던 것들

- □ 딸 크리스티가 하루를 보내며 잘한 일들에 대해서 매일 노트에 기록하면서 건강한 자아존중감을 만들 수 있도록 하였습니다.
- □ 요가나 음식을 함께 만드는 등, 생산적인 활동에 참여하도록 장려하였습니다.
- □ 딸 크리스티에게 신체이형장애에 대해서 잘 이해할 수 있도록 도와주기 위하여 증상을 심화시키는 촉발 요인들을 식별할 수 있도록 하였으며, 정확한 소통을 위해 신체이형장애 상태를 구체적으로 언어화시키기도 하였습니다.
- □ 어떤 상황에서도 긍정적으로 생각하려고 노력하였습니다.
- □ 딸 크리스티의 야심찬 도전이 설령 실패로 끝이 났다고 하더라도 저희는 가능한 실망하는 모습을 보이지 않으려 노력하였습니다.

프랜시스(Frances) : 치료를 받은 후, 과거를 회상하며

저희 딸은 12살이라는 나이에 신체이형장애 진단을 받았습니다. 딸의 우울증은 심각한 수준이었고 폭식에다가 자해까지 하였습니다. 심지어 자살도 여러 번 시도해서 응급실에 4번이나 다녀와야 했습니다. 그 당시에 저와 제 딸은 깜깜하고 어두운 세상에 갇혀 있는 듯 하였고, 상황이 나아질 수 있다는 희망은 다른 세상 이야기인 것 같았습니다.

하지만 지금 제 딸은 누구보다도 삶을 풍요롭고 가치 있게 보내고 있습니다. 이제는 사교적이고 친절하며 공감적으로 사람들과 함께하면서, 진학을 위해서 학업에도 열중하고 있습니다. 기적은 정말로 일어날 수 있습니다. 솔직하게 말하면 제 딸이 이 만큼 나아졌다는 사실이 아직도 믿기지 않지만, 그 어떤 것도 불가능은 없다는 사실을 기억하기를 바랍니다. 그리기 위해서는 평소에 다른 부모들과 함께 긍정적인 이야기를 나누는 것이 중요합니다.

제 개인적인 의견이지만, 적절한 치료를 받기 전까지 대기하는 시간을 주치의와 함께 지혜롭게 잘 견디어 내기를 바라며, 또한 영국 신체이형장애 재단(BDD Foundation) 홈페이지를 통해 증상에 대하여 충분히 이해가 될 때까지 자료들을 읽어보기를 권장하고 싶습니다. 만약 자녀의 증상이 신체이형장애로 생각된다면, 주치의에게 이와 관련하여 궁금한 점을 물어보고, 어떤 도움을 받을 수 있는지 확인하는 절차가 필요할 수 있습니다. 어떤 상황에서도 절대 포기하지 마세요! 만약 신체이형장애 주제로 자녀와 대화를 나누려고 할 때 가장 중요한 것은 부모가 어떠한 판단이나 의견 또는 해결책을 말하지 않아야 한다는 것입니다. 무조건 들어주고 또 들어주세요. 그리고 자녀에게 지금 무슨 일이 일어나고 있는지 깨달을 수 있도록 열린 질문을 많이 해주세요.

또한, 가족과 자녀가 겪고 있는 상황에 대하여 잘 이해시키기 위해서, 주변 친척들이나 지인들에게 영국 신체이형장애학회 홈페이지를 보도록 할 수 있습니다. 특히, 우리가 신뢰하고 있는 사람들에게 설명할 때에는 최대한 이해하기 쉽도록 가능한 간단한 문장을 사용하였습니다. 저희는 보통 설명할 때 '신체이형장애는 삶에 크게 영향을 미칠 정도로 외모에 대해 집착하는 것'이라고 말하곤 합니다. 이게 저희가 말하는 전부입니다. 여유가 된다면, 신체이형장애는 매우 흔한 정신 장애라고 덧붙여 설명하기도 합니다. 그리고 주변 지인들에게 강조하면서 당부하기를, 딸에게 외모에 대해서 어떠한 이야기도 절대 언급하지 말아달라고 부탁하기도 합니다. 심지어 '그 옷이 너에게 참 잘 어울리는구나' 또는 '오늘 좋아보이는구나'라며 칭찬하는 말일지라도, 신체이형장애가 있는 딸에게는 오히려 증상을 악화시킬 수 있다고 설명해 주기도 하였습니다.

아마 신체이형장애 자녀가 너무 고통스러워서 크게 소리를 지르거나 나쁜 말을 하게 될 수도 있습니다. 하지만, 그들이 말하는 것을 개인적으로 받아들이지 않는 것이 중요합니다. 오히려 흉측하다고 말하는 데에는 자녀가 자기 자신을 어떻게 느끼고 있는 것인지 반영하는 것일 수도 있습니다. 따라서 그럴 때에는 자연스럽게 다가가 자녀가 솔직한 감정을 표현할 수 있을 때까지 안정을 취할 수 있도록 해주어야 합니다. 그래서 적어도 힘든 감정을 억누르지 않고 표현할 수 있도록 말입니다.

다른 부모들에게 강력하게 추천하고 싶은 것으로는, 관대하고 너그러운 자세로 부모가 자기 자신을 잘 챙겨주는 것입니다. 설사 자신이 지금 잘못하고 있는 것은 아닌지 걱정할 수 있지만, 그런 생각에 빠지기보다 지금 잘하고 있다고 다독여주면서 희망의 끈을 계속 붙잡고 있기를 바랍니다. 특히, 과거에 했던 자신의 실수나 잘못된 행동에 대해서 후회하지 않았으면 합니다. 자녀의 신체이형장애는 절대 부모의 잘못이 아닙니다. 그런 생각을 하기보다 그 동안 작지만 이루어낸 경험들을 떠올리며 자랑스러워했으면 좋겠습니다. 마지막으로 조언하고 싶은 것은 다른 가족들과 비교하는 행동은 멈추라고 말하고 싶습니다. 오히려 자녀를 남들과는 조금 다른 방식으로 돌보고 있는 자기 자신을 응원해주시길 바랍니다.

스칼렛(Scarlett) : 신체이형장애를 극복한 이야기

제 딸의 신체이형장애 증상으로 2010년도부터 고통스러워하였으며, 처음 몇 년 동안은 여러 전문가들을 찾아 다녔음에도 불구하고 다른 장애로 잘못 진단 받기도 하였습니다. 결국 딸은 인터넷에 '나는 못 생겼다. 나는 죽고 싶다'를 검색하여 신체이형장애와 관련된 몇몇의 웹사이트와 다큐멘터리 링크를 찾았습니다. 물론, 딸은 보자마자 자신이 경험하는 증상과 매우 비슷하다고 생각하였지만, 그녀는 여전히 자신이 정말로 흉측하다고 주장하였고 신체이형장애는 아니라고 말하였습니다.

만약 자녀와 신체이형장애에 대해서 진지한 대화를 나누는 것이 처음이라면, 많은 자녀들이 장애를 받아들이지 않을 가능성이 높은 만큼, 쉽게 말을 꺼내기 어려워할 수 있습니다. 대부분 신체이형장애 자녀들은 자신이 정말로 흉측하고 결점이 있다고 생각하며, 이로 인해 심지어 성형수술까지 생각하기도 합니다. 또한 부모들이 자신의 생각에 동의해주지 않는다면 자신의 말을 믿어주지 않는다고 화를 낼 수도 있고, 무작정 자신의 의견에 반대한다고만 여길 수 있습니다. 하지만 실제 신체이형장애 자녀들은 크게 절망감을 느끼며, 심한 좌절감을 경험하는 경우가 많습니다. 처음에는 딸과 대화를 나누는 것이 매우 어려웠습니다. 대화의 마지막은 늘 싸움으로 끝나는 경우가 많았기 때문입니다. 때로는 걷잡을 수 없이 말다툼을 하기도 하였고 어떤 때에는 공격적으로 변하기도 하였습니다. 나중에 사과는 하였지만 딸은 심하게 자책하며 엄청나게 괴로워하였습니다. 이러한 공격성은 딸의 원래 성격과는 많이 달랐던 만큼, 딸의 진짜 모습이라기보다 신체이형장애라는 괴물 때문이라고 생각하였습니다. 예전에는 딸에게 잘못 말한 것이나 행동한 것에 대해서 스스로 자책을 하기도 하였습니다. 과거에 내가 딸에게 어떤 말을 하였던 또는 어떤 행동을 하였던 간에 그건 옳지 못한 행동임을 지금은 잘 인지하고 있지만, 예전보다는 덜 자책하며 받아들이려고 했습니다. 특히, 자녀가 어려운 상황에 놓여 있음을 부모가 최대한 이해하고 있으며, 어떤 순간에도 딸이 우선이라고 반복해서 알려주기도 합니다. 실제 신체이형장애 자녀들이 증상을 잘 극복하기 위해서는 주변의 많은 도움을 필요로 합니다.

제 경험상, 신체이형장애 자녀들이 경험하는 것을 일반 사람들이 이해하기란 참으로 어려운 일이라고 생각합니다. 신체이형장애는 우리 가족들에게 감당할 수 없는 큰 스트레스를 주었습니다. 저는 자녀의 행복을 위해 어떻게든 고쳐내야만 한다며 스스로를 압박하기도 하였습니다. 부모 자신조차 감당하지 못할 정도로 절망스러웠고, 딸에게 계속 실망감을 주고 있는 것 같아 자책하기도 하였습니다. 내 딸이 신체이형장애로 고통스러워하는 동안에는 가족끼리 갈등도 많았고, 이에 분노와 원망 그리고 우울한 기분으로 혼란스러웠습니다. 신체이형장애로 딸이 학교에 가는 것이 어려웠다 보니, 적절한 교육을 받는데 큰 어려움이 발생하기도 하였습니다. 딸은 다른 평범한 십대들처럼 학교에 가고 싶었지만 신체이형장애는 그 조차도 어렵게 만들었습니다. 신체이형장애 자녀를 둔 다른 부모들에게 제가 할 수 있는 조언이 있다면, 자녀에게 벌어지는 모든 상황에 대해 자신의 탓으로 여기지 말라는 것입니다. 게다가 신체이형장애 자녀들을 돌보는 것은 심신이 모두 지치는 일인 만큼, 부모 자신만을 위한 시간을 반드시 가져야 합니다.

　여러분들이 취할 수 있는 첫 번째 방법으로는 주치의에게 도움을 요청하는 것이 될 수 있겠습니다. 또는 아동 및 청소년 정신 건강 서비스 기관을 찾아갈 수도 있습니다. 하지만 주치의나 아동 및 청소년 정신 건강 서비스 전문가들이 신체이형장애에 대해서 잘 모를 수 있다고 미리 예상하고 있어야 합니다. 아마, 적절한 도움을 받기까지 끈질기게 노력해야 할 수도 있습니다. 영국 신체이형장애 재단(BDD Foundation) 홈페이지에는 신체이형장애에 대한 풍부한 자료를 보유하고 있으며 도움을 받을 수 있는 장소 또한 제공하고 있습니다.

　제 딸은 은둔형 외톨이처럼 지내면서 자해와 자살시도도 하였으며, 3년 동안 고군분투한 끝에 결국 신체이형장애로 진단 받게 되었습니다. 저는 딸이 치료를 받을 때면 언제나 같이 동행하였습니다. 자녀의 증상이 나아지기 위해서는 부모의 많은 응원과 격려가 필요합니다. 매 회기 치료를 마치고 나오는 딸의 모습은 극도로 지쳐 보이기도 하였습니다. 신체이형장애를 회복하는 과정은 전체적으로 보면 단계적으로 진행되지만, 가끔은 앞으로 더 나아가기 전 몇 발자국 뒤로 물러나야 하는 때가 발생할 수도 있습니다. 이럴 때에는 다시 원점으로 돌아가는 것은 아닌지 무섭기도 합니다. 하지만, 지금은 좋은 날도 있고 나쁜 날도 있다며 받아들이려고 합니다. 회복하는 과정은 매우 긴 여정이 될 수 있습니다. 하지만 결국에는 그 모든 노력이 빛을 발하게 될 것입니다.

　지금 제 딸은 학부과정을 졸업하고 심리학자라는 꿈을 이루기 위해 석사학위까지 준비하고 있습니다. 또한 딸은 친구들과 함께 어울리며 충만하고 재미있는 삶을 만들어가고 있습니다. 제 딸은 정말로 드라마틱하게 호전되었는데 이는 저희 딸 뿐 아니라 여러분의 자녀들도 가능하다고 말해주고 싶습니다.

제니(Jennie) : 가장 중요한 건 희망과 사랑

저희 아들은 중학교 때부터 신체이형장애 증상이 보이기 시작하였습니다. 아들은 평소에도 완벽주의적 성향을 보였고, 아무리 미세한 흠집이라도 물건에 상처가 나 있다면 정확하게 찾아내기도 하였습니다. 만약 무언가 완벽하지 않는다고 생각되면 아들은 매우 힘들어 하였습니다. 그 당시에는 아들이 불안과 얼마나 힘들게 싸우고 있는지 그리고 상황이 얼마큼 나빠질 수 있는지 미처 알지 못했습니다. 그리고 아들이 왜 그렇게 불안해하는지 깊이 들여다보려고 하지도 않았습니다. 오히려 정신적인 문제와 관련된 이슈들은 다른 사람들의 이야기라고 막연하게 생각했습니다.

상황이 심각해진 것은 아들이 고등학교에 진학할 때였습니다. 그 고등학교는 집단 따돌림이 흔히 일어나는 곳으로 유명하였습니다. 물론, 아들의 안전을 위해 폭력을 예방하고자 학교에 강하게 건의했음에도 불구하고 형식적으로만 다룰 뿐이었습니다. 아들이 학교에서 어떤 일을 경험하게 될지 매일 같이 두려웠습니다. 또한 도움이 필요한 학생들을 위해 만들어진 조항이 상당히 부적절하다는 사실을 알게 되었을 때에는 부모로써 분노와 무력함을 느끼기도 하였습니다.

사춘기에 접어들면서 아들은 더욱 불안한 모습을 보였습니다. 그가 입은 옷이나 머리는 항상 완벽해야 했으며, 학교에 등교하는데 준비하는 시간이 오래 걸리기도 하였습니다. 물론, 이때에도 부모로서 나름 신경은 썼지만, 아들의 행동에 진심으로 공감하기는 어려웠습니다. 한 번은 아들과 막내딸을 제 시간에 등교시키기 위해 고함을 지른 때도 있었습니다. 하지만 나의 감정이 아들에게 영향을 미칠 수 있다는 것을 점차적으로 깨닫게 되었고, 또한 그 반대도 마찬가지라는 것을 알게 되었습니다. 저는 아들이 가져야 할 책임감까지 짊어지며, 아들의 불안에 민감하게 반응하였습니다. 아들 학생시절에는 제가 마치 아들의 개인 비서처럼 느껴지기도 하였습니다. 모든 것을 완벽하게 준비해 놓아야 가족 모두가 고통 없이 지나갈 수 있었습니다.

아들은 학교생활을 점점 힘들어하기 시작하였고, 신체이형장애도 점차 자리를 잡아갔습니다. 물론, 처음에는 전혀 인식하지 못 했습니다. 그 당시에는 신체이형장애에 대해서 거의 알지 못했고, 아들 또한 이 사실에 대해서 받아들이기 어려워하였습니다. 아들이 GCSEs(general certificate of secondary education)를 마쳤을 때, 우리에게 큰 문제가 있다는 사실을 깨닫게 되었고, 문제 행동은 여름 내내 계속 되었습니다. 저는 상담을 전공하고 전문가로 활동하고 있었지만, 몇 년 동안 계속되는 아들의 강박적인 행동에 안심할 수 있도록 돕는 것이 전부였습니다. 하지만 결과적으로 이러한 행동은 증상을 개선하는데 도움되지 않았습니다.

아들은 학교에 결석한 날이 많았던 까닭에 GCSEs시험 결과에서 A학점(A-Level)을 통과하였음에도 불구하고 대학교를 진학하는데 2번이나 실패하기도 하였습니다. 어쩌면 신체이형장애로 인해 거의 10년이라는 시간을 잃어버렸다고 말할 수 있습니다. 아들은 다른 가족들이 모두 잠들었을 때 활동하는 게 편안하다고 느껴서, 망가진 신체리듬으로 오랜 시간을 보내기도 하였습니다. 실제로 아들은 몇 년 동안 방에서 거의 나오지 않았습니다. 아들은 인지행동치료(사설기관 또는 영국 국립의료시스템)와 함께 다른 종류의 치료도 받아보았지만, 전혀 차도는 없었으며 신체이형장애 증상은 몇 년 동안 계속되었습니다.

　신체이형장애가 있는 사람과 함께 지내다 보면, 자신이 미쳐가는 것은 아닌가 생각되는 때도 있습니다. 저는 정말로 미칠 것 같았고, 가끔은 자살하고 싶은 생각도 들었습니다. 신체이형장애 증상으로 인해 내 삶과 내 아들의 삶 그리고 남편과 막내 딸 모두가 크게 영향을 받고 있었기 때문입니다. 다양한 치료를 받을 수 있도록 아들을 이곳저곳 데리고 다녔음에도(물론, 괜찮은 곳도 있었지만) 대부분 내 아들이 어떤 상태인지, 무엇에 갇혀있는 것인지 정확하게 이해하지 못하는 것 같았습니다. 게다가 외모를 고치려는 아들의 파괴적인 악순환에 저까지 말려들기도 하였습니다. 외모적으로 보면 제 아들은 잘생긴 축에 속해있다고 생각되었지만, 자신이 못생겼다는 아들의 확고한 생각 앞에서 저의 의견은 쉽게 무시되곤 하였습니다. 그래서 레이저치료와 같은 미용 시술을 여러 곳에다가 예약도 하였고, 다양한 화장품(스킨, 크림)이나 트리트먼트를 구입해 주기도 하였습니다.

　마침내, 저희 아들은 신체이형장애와 강박장애를 치료하는데 영국에서 최고 수준을 자랑하는 'The Anxiety Disorders Residential Unit(ADRU)'에서 12주간 치료를 받으며 거주할 수 있는 장소를 제공받을 수 있었습니다. 거기에서 아들은 처음으로 자기와 비슷한 고민을 하고 있는 사람들을 만났습니다. 이러한 만남을 통해 아들은 자신의 증상 원인에 대하여 신체적인 이유보다 심리적인 측면을 더 고려하도록 만들어 주었습니다. 특히, 제 아들이 독립적인 공간에서 머물 수 있도록 허락해 준 치료전문가에게 감사해하고 있습니다. 시간이 흘러 아들은 기관에서 퇴소하였고, 한 동안 상태가 더 심각해지기도 하였습니다. 아들은 몇 번의 자살을 시도하였고, 저희 가족들에게는 그야말로 끔찍하고 악몽 같은 시간이었습니다.

비록 신체이형장애 전문가도 그리고 인지행동치료 전문가도 아니었지만, 제 아들은 자신의 삶을 변화시킬 수 있도록 지지와 격려를 해주는 치료전문가를 만나기 시작하였습니다. 치료 전문가와의 만남은 일주일에 한 번씩 3년 동안 이루어졌습니다. 치료를 받으며, 아들은 자신이 원하는 삶을 만들기 위하여 용기 있는 발걸음을 내딛기 시작했고, 점차 상황은 개선되기 시작했습니다. 이러한 과정을 통하여 아들은 다른 사람들과 교감할 수 있게 되었고 독립적인 생활도 가능하다는 것을 알게 되었습니다. 또한 신체이형장애를 경험할 수밖에 없었던 이유에 대하여 아들이 충분히 이해할 수 있도록 이끌어주기도 하였습니다.

아들은 대학교에 진학하여 심리학 석사학위를 취득하였으며, 심리학 관점에서 신체이형장애에 대한 논문을 쓰기도 하였습니다. 지금은 신체이형장애를 겪고 있는 다른 사람들을 도와주는 코치전문가 및 치료전문가로 활동하고 있습니다.

신체이형장애와 싸우고 있는 아들을 지켜보면서 나의 삶도 변하였고, 개인적 성장뿐 아니라 치료전문가로서 아주 큰 영향을 미쳤으며, 이러한 여정을 통하여 많은 것을 배울 수 있었습니다. 저는 지금의 아들이 무척이나 자랑스럽습니다. 자기 방에서 나오지 않고 매번 죽음을 생각했던 아들이 많은 청중들 앞에서 치료전문가로서 자신의 이야기를 들려줄 거라고 예전에는 상상도 할 수 없었습니다. 하지만 이제는 자유롭게 사랑을 나누고 다른 사람들과 함께 일하면서 강인하고 자비로운 사람이 되었습니다.

신체이형장애 자녀를 돌보고 있는 다른 부모들에게 하고 싶은 말이 있다면, 그건 바로 희망을 가지라는 것입니다. 자신의 행동이 자녀에게 미치는 영향에 대하여 책임감을 가지고, 부모의 기분이 자녀에게 어떻게 전달되는지 주의 깊게 살필 수 있기를 바랍니다. 그리고 무엇보다도 인내심을 가지고 자녀를 대하며 자녀의 신체이형장애 증상은 불안으로 인해 생겨난 것임을 항상 떠올려야 합니다. 또한 자녀의 회복을 돕는데 있어 가장 중요한 것은 부모의 진심 어린 관심과 사랑이라는 점을 꼭 기억하세요.

제12장

신체이형장애를 넘어선 삶

이번 장에서는 자녀가 신체이형장애 증상에서 벗어나 건강한 정체성을 형성하는데 필요한 부모의 역할과 지원방법에 대해서 자세히 알아볼 것이다. 신체이형장애 자녀와 대화를 나누며 앞날에 대한 계획을 세우고, 치료를 받는 과정에서 발생 가능한 좌절의 순간을 현명하게 극복하는 방법을 살펴보고자 한다.

신체이형장애는 치료 과정뿐 아니라, 매 순간마다 가족들은 롤러코스트 같은 큰 기복을 경험하게 된다. 물론, 어떤 신체이형장애 자녀들은 짧은 시간에 치료 효과를 보이며, 심지어는 완전히 극복하여 신체이형장애 증상을 다룰 수 있게 되기도 한다. 또 다른 경우는, 다양한 치료 방법을 여러 번에 걸쳐 시도하면서 자녀에게 맞는 치료법을 찾아야 할 수도 있다.

앞에서 언급했듯이 신체이형장애는 일반적으로 청소년기에 흔히 발생한다. 특히, 청소년기에는 자아정체감이 형성되는 중요한 시기인 만큼, 보통 사람들 또한 심리적으로 혼란을 경험하기도 한다. 청소년들은 패션 스타일이나 정치적 신념 그리고 음악 취향 등을 다양하게 시도해보고 경험하면서 다양한 특성들을 통합된 자아로 발전시키는 경향이 있다. 이때 가장 중심적으로 관심을 가지게 되는 부분이 바로 외모와 신체이미지가 되는데 신체이형장애 자녀들이 주로 관심(또는 고통 느끼는 부분이기도)을 가지는 부분이기도 하다.

신체이형장애 자녀들은 자신의 외모가 자아정체성을 형성하는데 가장 중요한 요소라고 여기는 만큼 일반 사람들보다 그 믿음이 더 강할 수 있다. 다음은 신체이형장애를 극복하고 성장하는데 알아야 할 내용들이다.

- 한 사람의 정체성은 외모나 겉모습으로만 규정지을 수 없다.
- 신체이형장애는 지금 그 사람이 경험하고 있는 것이지, 그 사람 자체가 아니다.
- 외모와 상관없이, 자신은 사랑스럽고 좋은 사람이다.

만약, 신체이형장애 자녀의 증상(집착, 강박행동)이 오랜 기간 동안 고착되어 있었다면, 진정한 자신의 모습으로 다시 돌아가는 과정은 쉽지 않을 수 있다. 특히, 자녀가 신체이형장애에 온 마음을 빼앗겨 버린 상태라면, 자녀가 건강했던 시절이나 신체이형장애가 없었던 모습을 떠올리며 기억하기란 매우 어려운 일이 되어버린다. 하지만 이러한 모습에 부모들이 죄책감을 느끼기보다는 자녀의 핵심자아, 즉 진정한 자아를 찾기 위한 여행의 시작으로 받아들이도록 한다. 또한 신체이형장애 자녀를 돌보는 부모라는 정체성에 벗어나, 진정한 자신의 모습을 찾도록 한다. 이는 그 동안 미루어 두었던 열정과 취미 그리고 원하던 일상을 되찾는 것이며, 삶에 적극적으로 참여하면서 사회의 일원이 되어 그만두었던 학업과 직장에 다시 돌아가는 것을 의미한다. 궁극적으로 부모뿐 아니라, 가족 모두가 자신이 살아있음을 느끼게 하고 생기가 넘치는 생활을 다시 일구어 나가게 될 것이다.

또는, 부모가 비전 보드(Vision Board)를 만드는 모습을 보여주면서 자녀에게 영감을 주거나, 자녀가 직접 만들어 보도록 도와줄 수도 있다. 비전 보드는 미래에 자신이 하고 싶은 것이나 목표를 담고 있는 이미지 또는 아이템으로 채워진 커다란 판자(코르크보드 또는 이와 유사한 것)를 의미한다. 가족이 옹기종기 모여 앉아 노래를 듣거나 과자를 먹으면서 자신만의 비전 보드를 만들다 보면 평화롭고 사랑이 가득한 가족시간을 보낼 수 있을 것이다. 물론, 일부 사람들은 혼자만의 장소에서 오랜 시간에 걸쳐 비전 보드를 만드는 것을 더 선호할 수 있다.

성장형 마인드셋(Growth mindset)의 중요성

신체이형장애를 경험하는 자녀들은 대부분 고정 마인드셋(fixed mindset)을 가진 경우가 많다. 다시 말해서 이것은 대부분 신체이형장애 자녀들의 생각이나 신념이 시멘트처럼 굳어 있는 경우가 많다는 것을 의미한다. 그래서 자신이 정해놓은 틀에서 벗어나기 어려워하고 자신의 능력을 발휘하는데 쉽게 한계를 느끼게 만든다. 이와 완전히 반대되는 개념으로는 심리학자 Carol Dweck(2017)*에 의해서 정립된 성장형 마인드셋이 있다. 이는 새로운 능력이나 재능 그리고 사고방식뿐 아니라 세상 또는 자신을 바라보는 관점까지 언제든지 변화 가능하다고 말하고 있다. 어쩌면 신체이형장애를 극복한다는 것은 고정 마인드셋에서 성장형 마인드셋으로 이동하는 것이라고 말할 수 있으며, 새로운 가능성과 흥미 그리고 다양한 삶의 방식에 동참하는 것이라고 할 수 있겠다.

---

* www.mindsetworks.com/science

성장형 마인드셋은 노력과 끈기, 반복 연습, 그리고 실수화 과정을 통해 배워나가는 것을(다른 사람들로부터 또는 자신 스스로) 크게 강조한다. 하지만 이와는 반대로 결과 중심적이거나 발전 없이 자신의 능력에 한계를 짓는 것은 멀리한다. 이는 계속해서 넘어지더라도 훌훌 털어내고 다시 시작하는 반복적인 과정을 통해서 성장이 이루어지는 것을 의미한다. 또한 이러한 과정을 거쳐온 자신을 축하해주는 것 또한 포함하고 있다. 또한 신체이형장애 자녀가 실수로 넘어졌다 하더라도 지금까지 견뎌낸 모든 시간을 응원해주며, 장애라는 좁은 울타리에서 벗어나 더 성장할 수 있는 기회로 자녀의 '실수'를 활용하는 것을 뜻한다.

성장형 마인드셋은 '아직'이라는 단어의 힘을 적극적으로 활용한다. 자녀에게 성장과 변화에 대한 가능성을 열어주고자 할 때 도움이 될 수 있는 문구들은 아래와 같다.

- ☐ 그래. '아직은' 어려울 수 있어. 하지만 포기하지 않고 계속 노력한다면 언제간은 꼭 할 수 있게 될 거야!
- ☐ 그래. 네가 '아직은' 신체이형장애에 대해서 받아들이기 어려울 수 있어. 하지만 계속 곰곰이 생각해보고 자주 이야기를 나누다 보면 나중에는 이해하게 될 거야!
- ☐ 집안에 있는 거울을 가리고 있는 덮개를 '아직은' 전부 치우지 못했지만, 그럼에도 나는 곧 그 덮개들을 모두 치우게 될 거야.

아래 나열한 질문들은 자녀가 신체이형장애를 극복하는 과정에서 성장형 마인드셋을 갖도록 하는데 도움이 될 수 있다.

☐ 예전과 다른 시각을 가지기 위해 오늘 어떤 노력을 했나요?
☐ 오늘 새롭게 시도한 것은 무엇인가요?
☐ 오늘 어떤 실수를 하였으며, 그 실수를 통해 배운 것은 무엇인가요?
☐ 용기를 이끌어내기 위해서 오늘은 어떤 노력을 했나요?

아래 상자에 적혀진 내용은 신체이형장애 자녀들이 성장형 마인드셋을 갖도록 하는데 도움을 줄 수 있는 활동들이다.

신체이형장애 자녀와 함께 할 수 있는 성장형 마인드셋 관련 활동들

☐ 자녀와 함께 '긍정 확언(positive affirmations)' 목록을 만들고 문서로 작성하여 침실이나 눈에 잘 띄는 장소에 둔다. 목록의 예시는 다음과 같을 수 있다. '나는 강하다', '나에게는 특별한 재능이 있다', '나는 창의적이다', '나는 시도하는데 두려워하지 않는다'

☐ 자녀가 미래의 자신(아마도 지금으로부터 10년 후)이 현재의 나에게 편지를 쓰도록 한다. 그리고 그 편지에 꿈을 이루고 성장하기 위해서 필요한 조언을 작성해본다.

☐ '마인드 맵'(mind-maps)과 비슷한 형태로 '흥미 도표'(interest maps)를 자녀와 함께 만든다. 자녀가 가장 많은 관심을 보이고 열정을 느끼는 주제(예. 예술)를 종이 중앙에 적고, 이를 바탕으로 자녀가 흥미를 가질만한 모든 요소들을 마인드 맵 방식으로 나열한다.

☐ 신뢰할 수 있는 사람을 찾아 자녀에 대해서 인터뷰를 실시한다. 인터뷰 시 활용 가능한 질문들은 다음과 같다. "저의 가장 큰 장점은 무엇이라고 생각하시나요?", "저에게 고맙다고 느끼는 부분이 있나요?", "제가 지금으로부터 1년 또는 5년, 아니면 10년 후에는

> 어떤 모습을 하고 있을 것 같나요?"
> ☐ 자녀와 함께 '쪽지함(awesome jar)'을 만든다. 그리고 침실과 같이 항상 눈에 쉽게 띄는 곳에다가 둔다. 그래서 자녀가 자신의 목표나 열정 또는 포부에 가까워졌을 때 자신이 한 일에 대해서 작은 종이에 작성하여 쪽지함에 넣도록 한다. 고학년 청소년 자녀의 경우에 때로는 성공 일기(success journal)를 선호하기도 한다.
> ☐ 영감을 주는 구문이나 카드 엽서들을 모아서 눈에 보이는 장소에 예쁘게 전시하거나 또는 비전 보드에 장식한다.

자녀가 다른 사람들과 자신의 경험을 편하게 나누도록 도와주기

신체이형장애를 잘 극복한 자녀는 멈추었던 학교생활을 다시 시작하게 될 것이고, 그만 두었던 취미생활도 다시 활동하게 될 것이며, 다른 사람들과 관계를 다시 맺으면서 어울리게 될 것이다. 하지만 이것은 세상으로부터 소외된 시간이 길면 길수록 신체이형장애 자녀들에게 상당히 위협적으로 다가올 수 있다. 아마도 신체이형장애 자녀들은 학교나 직장, 또는 사회 집단에서 일어난 변화를 따라잡아야 한다는 압박감을 느끼고 있을 것이다. 게다가 지인들과 멀어지게 된 이유가 무엇인지 그리고 어쩌다가 더 이상 연락을 하지 않게 되었는지 등 다른 사람들로부터 많은 질문을 받게 될 수도 있다.

따라서 그 동안 볼 수 없었던 이유라든지 또는 달라진 행동과 같이 다른 사람들이 자녀에게 자연스럽게 궁금해 할 수 있는 것들에 대해 차분히 같이 앉아 함께 이야기 나누어 보는 것이 도움이 될 수 있다. 또한 사람들이 자녀들에게 물어볼 수 있는 질문들을 구체적으로 미리 알려주는 것도 좋다. 예를 들어 '그 동안 어디에서 지냈니?', '학교에 오지 않아서 궁금했는데 그 동안 뭐하고 지냈니?'와 같은 질문 등이 될 수 있겠다. 사람들로부터 받을 수 있는 질문들을 자녀와 함께 목록으로 만들며 해당되는 질문에 적절한 답안도 작성해 보도록 한다. 이 때, 치료전문가와 함께 협력하여 작성하는 것도 도움이 될 수 있다.

자녀들 성향에 따라 공개하는 정도가 다를 수 있지만, 그 중 일부는 자신이 신체이형장애를 가지고 있다는 사실을 다른 사람들에게 적극적으로 알리며 장애에 대하여 자세하게 설명해주고 그들이 궁금해 하는 질문들에 거부감 없이 답해주기도 한다. 또는 이와는 다르게 다소 모호한 태도를 취하면서 자신이 지금 정신적으로 좀 힘든 상태라고 이야기하거나 불안이 심해서 많은 어려움을 경험하고 있는 상황이라고 설명할 수도 있다. 하지만 만약에 자녀가 정신적으로 문제가 있다고 말하기 불편해 한다면 다음과 같은 예시처럼 이야기 할 수도 있다. '그냥 다른 거 하고 있었어. 근데 지금은 자세하게 말할 기분이 아니네. 그나저나 다시 돌아와서 기분이 좋아. 이것저것 궁금하겠지만 더 이상의 질문은 안 해주었으면 해. 미안해. 그것보다 내가 없는 동안 너는 어떻게 지냈는지, 무슨 일이 있었는지 궁금한데 들려줄 수 있어?'

혹여, 자녀들이 다른 사람들이 던진 질문에 상처를 받거나 힘들어 한다면, 일반적으로 다른 사람들은 신체이형장애에 대해서 잘 모르고 이해하기 어려워 할 수 있다는 점을 자녀에게 상기시켜준다. 만약, 자녀가 자신의 친구 또는 친척들에게 신체이형장애에 대한 이야기를 말할 준비가 되었다고 느낀다면, 다른 사람에게 공유할 수 있도록 영국 신체이형장애 재단(BDD Foundation)이나 영국 강박장애 재단(OCD Action)과 같이 신뢰할 수 있는 곳에서 자료를 인쇄하고, 자녀가 이와 관련하여 이야기를 잘 나눌 수 있도록 사전에 다양한 연습을 하면서 도와준다.

외모 지상주의 사회에서 자녀가 방황하지 않도록 돕기

신체이형장애로부터 회복하는 과정에서 가장 어려운 부분 중 하나는 아마도 외모와 관련하여 무분별한 기대 또는 메시지가 만연한 세상 속으로 다시 돌아가야 한다는 점이다. 세상은 아름다움을 추구하는 수많은 이미지들이 폭탄처럼 쏟아져 나오고 있다. 또한 외모를 고치고 수정하는 제품의 광고에 집중적으로 노출되어 외모라는 단어가 성공과 소속감 그리고 매력이라는 뜻과 동일하다는 메시지를 지속적으로 받는다. 이러한 현실은 신체이형장애 자녀가 세상을 탐색하고 적응하는데 어렵게 만든다. 특히, 치료시간에 받는 메시지(=외모에 대한 집착행동을 그만두어야 한다.)와 현실에서 받는 메시지(=인간은 외모에 신경 써야 하고 특정한 모습으로 보이도록 노력해야 한다.)가 서로 상반된다면 그 사이에서 신체이형장애 자녀가 혼란스러워 할 수 있으므로 어떻게든 해결책을 찾아야 한다.

위와 같이 서로 상반된 메세지에 대해서 자녀와 충분히 이야기 나누는 과정은 매우 중요하며, 자녀가 치료를 받고 있다면 모든 과정에서 이러한 측면이 잘 다루어져야 한다. 하지만 아쉽게도 이러한 딜레마는 계속해서 고개를 내밀 것이며, 이에 아름다움과 소속감이라는 사회적 개념에 계속해서 도전해야 할 것이다. 제9장에 나와 있는 조언들을 참고하면 자녀가 노력하고 있을 때 부모가 어떻게 지원해야 하는지 알 수 있을 것이다.

- ☐ 자녀가 팔로우하고 있는 인스타그램 계정과 같이, 소셜미디어 사용을 신중하게 고려할 수 있도록 돕는다. 예를 들어 푹신한 소파에 자녀와 같이 앉아 따뜻한 코코아 한 잔을 마시면서 30분에서 1시간 정도 자녀들이 소셜미디어에서 팔로우하고 있는 계정들을 함께 살펴보는 것이 될 수 있다. 신체이형장애를 극복하는데 방해를 하는 계정은 없는지 확인하면서 '피부과'와 같이 외모와 관련된 계정은 삭제하고, 대신 그 자리에 자녀가 관심 있어 하거나 좋아하는 취미활동과 관련된 계정들로 채우도록 한다. 최근에는 사회에서 추구하는 미의 기준에서 벗어나 자신의 몸을 있는 그대로 받아들이려는 '자기 몸 긍정주의 운동(body positivity movement)'이 점차 확대되고 있으며, 최근에는 위 현상을 반영이라도 하는 듯, 이 운동에 참가한 소셜미디어 계정들의 수가 증가하고 있다.
- ☐ 가족들이 자주 보는 텔레비전 프로그램이나 구입하는 잡지책 종류 그리고 빈번하게 쇼핑하는 물품들을 점검해 볼 필요가 있다. 예를 들어, 안티 링클 크림이라든지 프로틴 분말가루 또는 운동관련 잡지책 등이 될 수 있으며, 집에서 자주 나누는 대화 속에 담겨있는 이면의 의미들도 살펴보도록 한다.
- ☐ 미에 대한 사회적 메시지가 부모 자신들의 행동에 어떠한 영향을 미치고 있는지 살펴본다. 그리고 혹여 이러한 메시지가 자녀들에게 전달되었는지 확인한다. 예를 들어 저지방 제품을 사는 것과 같이 당신이 은연중에 하는 행동들이 암묵적으로 다이어트 문화를 따르고 있음을 자녀에게 전달할 수 있다.
- ☐ 다른 사람들과 대화를 나눌 때 미에 대한 사회적 메시지가 반복해서

언급되는 경우, 조심스럽게 반응하고 대화가 더 이상 진전되지 않도록 한다. 예를 들어서 집에 찾아온 손님이 다이어트에 관해서 반복하여 이야기한다면, 다이어트를 하기로 한 결정에 대해서는 깊이 존중하지만, 우리 집에서는 다이어트와 관련된 대화를 자제해 주기를 바란다며 상대방이 기분 나쁘지 않은 선에서 설명하는 것이 필요할 수 있다.
- ☐ 외모와 관련된 사회적 메시지가 자녀에게 어떤 영향을 미치고 있는지 개방적이고 비판단적인 자세로 자녀들과 대화를 나누는 시간을 정기적으로 갖는다.
- ☐ 미에 대한 사회적 관점에 도전하는 캠페인에 자녀가 참여할 수 있도록 한다. 예를 들어 자녀와 함께 화장품 회사에 보낼 편지를 작성하면서 지금과는 다른 방식으로 광고를 만들고 송출하는 것이 우리에게 얼마나 큰 의미가 있는 일인지 전달할 수 있다.
- ☐ 외적으로 보여지는 신체의 모양보다 각각이 가지고 있는 고유한 기능에 대해서 자녀와 함께 반복적으로 탐색하면서 몸의 소중함을 깨닫도록 한다. 특히, 부모가 직접 수영복을 입으면서 자신감 있고 자랑스럽게 여기는 모습을 보일 때, 자녀들에게 좋은 모델이 되어 줄 수 있다.
- ☐ 다양한 체형을 반영하고 있는 예술품이나 사진 또는 잡지 등을 집 안 환경에 자연스럽게 배치하거나 벽에 장식한다.

미래에 대한 희망을 가지기

가까운 미래에 대하여 계획을 세우는 것은 신체이형장애 자녀들이 회복하는데 있어 매우 중요하다. 현재 자녀가 어떠한 희망도 없다고 느낄지라도, 미래에 대한 희망의 끈을 놓지 않도록 도와주어야 한다. 앞서 언급한 적이 있지만, 성취 가능한 장단기 목표가 있다는 것은 신체이형장애를 극복하는데 크게 도움이 된다. 다음은 한 사례자가 실제로 한 말이다.

"목표를 가지는 것은 저에게 아주 중요했습니다. 그래서 소망하는 미래를 항상 간직해 왔습니다. 지난 몇 년간 목표가 없었더라면, 아마 저는 삶을 오래 전에 포기했을 것입니다. 제가 어려운 시기를 견딜 수 있게 해주었던 것은, 의료인이 되겠다는 저의 꿈이었습니다. 지금은 그 꿈이 달라졌습니다. 이제는 신체이형장애를 전문적으로 치료하는 임상 심리전문가가 되고 싶어졌습니다. 미래를 바라보며 이러한 목표나 희망을 가지는 것은 제가 계속해서 무언가 하도록 만드는 큰 원동력이 되었습니다. 아시다시피, 신체이형장애는 감정적으로 굉장히 소모적이며 쉽게 지치게 만드는데, 특히 치료를 받는 동안이나 신체이형장애 증상에 영향을 받고 있다면 더욱 그렇습니다. 그래서 목표를 가진다는 것은 신체이형장애에서 벗어나 무엇을 해야 하는지 그리고 어떤 일을 할 것인지 생각하는데 도움이 될 수 있습니다."

신체이형장애 자녀가 어떤 것을 희망하고 있으며 어떤 꿈을 꾸고 있는지 정기적으로 대화를 나누는 것은 회복에 도움이 될 수 있다. 여기서 자녀가 꿈꾸는 미래가 아무리 그림의 떡처럼 보인다 하더라도 자녀의 꿈을 인정해주고 응원해주어야 한다. 그렇지 않으면 자녀가 희망을 포기하게 될 수도 있다. 특히, 신체이형장애 증상이 심각한 상황이라면 미래에 대한 기대나 계획이 꼭 현실적일 필요는 없다. 여기서 중요한 것은 힘든 시간 속에서 버틸 수 있는 희망을 가지도록 하는 것이다. 이것은 단순히 거짓된 희망을 가지도록 하는 것이 아니라, 자녀들이 신체이형장애에서 벗어나기 전까지 그들이 꿈꾸는 미래에 대한 판단을 잠시 보류하는 것이다. 상황이 어느 정도 안정이 되고 자녀의 기분이 조금 나아지면 그 때 학업이나 직업과 관련하여 어떤 부분이 가능하고 어려운지 좀 더 현실적인 대화가 가능해질 것이다.

좌절감 다루기

천리길도 한 걸음부터 시작하는 것처럼 자녀가 신체이형장애를 극복하는 모든 과정을 부모가 세심하게 살피며, 아무리 작은 성공이라 할지라도 반드시 축하해준다. 신체이형장애의 여정은 평탄하기보다 심하게 요동을 치며, 가는 길마다 좌절을 경험하게 될 것이다. 때로는 3걸음 앞으로 나아가다가 2걸음 뒤로 물러서게 되거나, 심지어는 4걸음을 물러서야 할 때도 있다. 하지만 이 모든 것은 회복하는 과정의 일부분이며 자녀가 포기하지 않고 계속해서 앞으로 걸어갈 수 있도록 격려해 주어야 한다.

특히, 심리적으로 안정감을 되찾고 증상이 상당히 개선되었다고 느끼고 있을 때, 좌절이 찾아오면 감당하기 매우 힘들 수 있다. 그 당시에는 모든 것이 무너지는 듯한 느낌을 받을 수 있는데, 이 때 실패했다고 여기기보다 잠시 돌아서 가는 것이라며 여유 있게 바라볼 수 있어야 한다. 잠시 돌아간다고 해서 다시 원점 상태가 되는 것이 아니다. 오히려 새로운 관점을 가지고 색다른 경험을 하면서 회복 탄력성과 좌절을 견디는 힘을 강화시킨다. 다음은 신체이형장애를 극복하는 과정에서 좌절로 인해 잠시 돌아가게 되었던 한 사례자의 이야기이다.

사례: 피터(Peter)

피터의 학교 출석률이 50% 가까이 도달하였다. 이 때만 하더라도 다소 느리지만 피터의 심리적 상태나 삶에 대한 열정은 회복되고 있다고 생각하였으며, 피터의 부모들은 점점 더 좋아질 것이라고 믿었다.

어느 날, 학교에서 집으로 돌아온 피터는 매우 힘들어 보였다. 그날 저녁, 피터는 아버지에게 학교에서 한 아이가 날씨와 상관없이 점심시간에 야구모자를 쓰고 있는 자신을 놀렸다고 설명하였다. 피터와 아버지는 이 사건을 다루며 이야기를 나누었고, 피터는 학교에 야구모자를 쓰지 않고 등교하는 것은 여전히 상상할 수 없지만, 놀림을 당할 것을 생각하면 계속해서 야구모자를 쓰는 것도 어려울 것 같다고 말하였다.

결국, 피터는 다음날 학교에 가지 않았다. 그리고 그 다음날도 등교하지 않았다. 피터 어머니와 아버지는 열심히 노력했던 모든 과정이 원점으로 돌아가는 것 같아 걱정되기 시작하였다.

부모는 피터가 학교 출석에 대한 압박감이 좀 완화되고 심리적으로 더 편안해졌다고 판단되었을 때 피터와 함께 솔직한 대화를 나누었다. 부모는 피터가 경험하고 있는 혼란스러운 상황에 대해서 비판단적으로 경청했으며, 친구가 놀렸을 당시 피터가 느꼈을 수치심과 분노 감정에 대해서 충분히 공감하였다. 그리고 부모는 피터를 아낌없이 지지할 거라는 다짐을 다시 한 번 더 강조하며 말하였다. 그러자 피터는 야구모자가 필요한 이유에 대해서 말할 수 있었고, 대낮에 자신의 머리카락이 보일까 봐 두렵다고 설명하였다.

피터의 어머니는 인지행동치료 시간에 완성한 워크시트를 중 일부를 보여주면서 피터가 야구모자를 쓰지 않았을 때 불안한 감정을

> 어떻게 처리할 수 있었는지 다시 한 번 상기시켜 주었다. 부모들은 피터가 학교에 야구모자를 쓰지 않은 채 대낮에 있었던 때를 상기시키며 그때 얼마나 잘 대처했었는지 함께 기억을 떠올려 보았다. 또한 다른 사람들이 피터를 머리카락으로 알아볼 가능성과 야구모자로 알아볼 가능성이 각각 얼마큼 되는지 이야기를 나누었다. 그리고 치료 시간에 배운 것을 바탕으로 어떻게 대처할지 같이 계획을 세웠다.
> 그 다음 주 월요일에 피터는 아침 일찍 일어나서 학교에 갈 준비를 하였고, 어머니는 피터가 가장 좋아하는 음식으로 아침을 만들었다. 그리고 어머니는 피터와 함께 계획한 대처 행동을 복습하기 위해 시간을 보냈다.
> 결국, 이 사건으로 인해 피터는 학교에서 야구모자를 더 이상 쓰지 않게 되었다. 그 과정은 매우 고통스러웠고 힘들었다. 하지만 야구모자 없이 학교에 가는 것에 두려움을 느끼며 몇 달을 더 계속해서 고생할 수 있었기에, 다소 불편했지만 시기적절하였다고 여기고 있다. 실제로 피터와 가족들은 피터를 놀린 그 아이에게 어느 정도 고마운 마음이 든다고 말한다.

앞에서 언급하였지만, 좌절을 느끼게 되면 모든 것을 잃어버렸다고 생각하게 되고, 다시 원점으로 돌아왔다고 느끼기 쉽다. 하지만 이러한 좌절을 겪으면서 자녀들은 좌절에 대처할 수 있는 자원, 요령 그리고 경험을 더 많이 가지게 된다. 따라서 부모도 이러한 사실을 기억하고 자녀들에게도 반복적으로 상기시켜 준다. 한 신체이형장애 사례자는 다음과 같이 이야기하였다.

"제가 한 가지 깨달은 것은 여전히 좌절을 경험하고 있지만, 예전처럼 오래 지속되지 않는다는 것입니다. 그리고 예전에 비해서 좌절을 극복하는 힘이 커졌습니다. 이제는 불안한 생각에서 훨씬 빨리 극복할 수 있습니다."

부모가 확신하고 있는 생각들을 자녀들에게 다음과 같이 말해 줄 수 있다.

- ☐ 지금 상황이 다시 힘들어졌지만, [전략 예시과 같이 사용할 수 있는 대처전략들이 많이 있단다. 난 언제나 너를 진심으로 응원해. 우리가 함께하면 이겨낼 수 있을 거야.
- ☐ 살다 보면 좋을 때도 있고 힘든 때도 있는 것 같아. 그렇지? 지금은 구석에 몰린 것만 같고 많이 힘들겠지만, 더 좋아질 거라는 희망을 놓지 말자. 겨울이 지나면 봄이 오는 것을 기억하면서 말이야.
- ☐ 지금 주변 상황이 여러 가지로 너를 많이 힘들게 하는가 보구나. 그래도 나는 힘든 시간이 영원하지 않다고 생각해. 힘든 시간에는 이러한 사실을 떠올리기 어렵다는 것을 잘 알고 있지만 이것은 절대로 변하지 않는 진실이란다.

신체이형장애 자녀와 부모가 좌절로 인해 당황해하거나 불행하게 느끼기보다 오히려 성장을 위한 전화위복의 기회가 될 수 있도록 10장에서 언급한 여러 가지 조언들을 참고하길 바란다. 그럼, 마지막으로 11장에서 자녀의 신체이형장애 경험을 솔직하게 들려준 제니의 통찰력 있고 희망이 담긴 고백을 남기며 마치겠다.

"고통스러워하는 자녀의 부모가 되는 것은 참으로 외로운 일인 것 같습니다. 저는 가끔 다른 사람들이 누리고 있는 평범한 일상에 대해 가슴이 아플 정도로 갈망하기도 하였습니다. 신체이형장애를 경험하다 보면 몇 날 며칠 동안 속이 뒤틀리기도 하고 가슴이 무너져 내리며 겁에 질리게 되기도 합니다. 때로는 이러한 날들이 몇 주 또는 몇 년으로 바뀌기도 하는데 그러다 보면 부모의 삶은 보호자 또는 간병인, 변호인, 선생님 그리고 친구로서 다양한 역할을 짊어지게 됩니다.

상황이 더욱 악화될수록 우리는 길을 잃고 두려워하며 외로움을 느끼게 되는 것 같습니다. 평온함을 유지하려 하지만, 이미 수치심, 분노, 실망, 원망, 절망, 두려움, 부러움과 같은 복잡한 감정들이 고개를 내밀며 혼란스럽게 합니다.

우리는 부모 자신을 위해서라도 이 모든 것을 이해하려 노력하고, 힘들어하는 자녀를 도와주기 위해 또는 우리 자신을 변화시키기 위해 용기 있는 도전이 필요할 수도 있습니다. 물론, 이러한 과정 없이도 변화는 일어날 수 있습니다.

이러한 변화가 희망이 되어 위로가 될지 보상이 될지 모르겠지만, 돌이켜 보면 신체이형장애 자녀를 돌보는 일처럼 고단하고 절망적인 경험은 우리 자신이 성장할 수 있는 좋은 기회가 되었습니다. 신체이형장애 자녀들과 그 부모들 중 몇몇은 저에게 다음과 같은 말을 하였습니다.

'저는 전보다 인내심이 많은 사람으로 변했어요.'

'아이를 돌보는 것은 시간이 걸린다는 사실과 느긋해지는 법을

배웠어요.'

'과거에는 중요하게 생각했던 사소한 것들이 이제는 무의미하고 도움이 되지 않는다는 것을 알게 되었어요.'

'저는 교육 제도나 사람들의 인식들과 싸워야 했기에 단호한 사람이 되어야 했고, 때로는 두려워할 줄 모르는 엄마가 되어야 했습니다. 그러다 보니 꽤나 능숙한 협상가가 되었습니다.'

'저는 경쟁심이 강한 부모였지만, 더 잘하고 있는 다른 아이들을 보면서 걱정하는 것이 의미 없는 일이라는 것을 깨닫게 되었습니다. 또한 제 아이를 사회에서 부여하는 통상적인 기준에 맞추기 위해 괴롭히거나 강요하지 않게 되었습니다.'

'이번 경험을 통해 저의 강한 자존심을 내려놓는 법을 배울 수 있었습니다. 이는 저에게 있어 매우 힘들게 얻은 교훈이기도 합니다. 저는 제 아이가 큰 성공을 이루기를 희망했지만, 이제는 저에게 성공이란 그저 아이가 즐거운 하루를 보내고 방에서 30분 이상 나와 있는 것으로 바뀌게 되었습니다.'

'저는 마음이 아픈 사람들에게 동정심을 갖는 법을 배웠고, 그들을 함부로 판단하지 않으려고 노력하게 되었습니다. 이것은 저에게 큰 변화를 가져다주었습니다. 결과적으로 저 자신 뿐 아니라 자녀들 또한 연민을 가지는 법을 배우게 되었습니다.'

'정말로 견디기 힘들 때에는 도움을 요청하기도 하였는데, 예전 같으면 상상조차 할 수 없는 일이었습니다. 나만 겪는 것이 아니라 다른 사람들 또한 비슷한 경험을 하고 있으며, 많은 사람들이 기꺼이 도와준다는 사실 또한 알게 되었습니다. 어쩌면 실패하는 법에 대해서 배운 것이 아닌가 싶습니다. 물론 너무 힘들었지만 이겨낼 가치가 충분히 있었습니다.'

'저는 제 감정을 관리하는 법을 배우게 되었습니다. 수년 동안 화를 다스리지 못하고 있었다는 것을 알게 되었으니까요.'

'살아남기 위해 명상을 배웠습니다. 명상은 제 인생에 있어 아주 큰 변화를 가지고 왔습니다.'

'저는 제가 얼마나 높은 회복탄력성을 가지고 있는지, 그리고 얼마나 헌신적이며 강하고 결단력이 있는지 알 수 있게 되었습니다.'

【용어집】

A & E(=Accident and Emergency Department/Room): 응급실, Accident and Emergency Department of hospital의 약자이며, Emergency Room이라고도 불린다.

Attention retraining(주의력 훈련): 주의력 훈련이란 인식하는 외모 결함(또는 결점)과 같이 단편적인 측면만 보는 고착된 주의력에서 벗어나 외부 대상 또는 경험으로 주의를 기울이도록 하거나 또는 멀어지도록 하는 방법을 재 학습하는 것이다.

Attuned relationship(조화로운 관계): 조화로운 관계는 자신의 감정 상태에 대해서 주기적으로 서로 공유하고 주고받는 관계를 말하며, 그 바탕에는 상호간의 이해와 공감이 존재한다.

BDD(=Body dysmorphic disorder): 신체이형장애 (또는 신체변형장애, 신체추형장애)

Bullying(집단 따돌림): 다른 사람들로부터 반복해서 놀림을 받거나 괴롭힘을 당하는 것으로 보통 신체적, 언어적, 심리적 또는 복합적인 방법으로 이루어진다.

CAMHS(=Child and Adolescent Mental Health Services): 아동 및 청소년 정신건강 서비스. 영국에서 주로 18세 미만의 아동과 청소년을 위하여 진행하는 지역사회 정신 건강 서비스를 말한다. 일부 지역에서는 EWMHS(Emotional Welling and Mental Health Service)라고도 부른다.

Camouflage(위장술): 인식하는 외모 결함이나 결점을 화장이나 의류 등을 사용하여 숨기려고 시도하는 모든 행동을 의미한다.

CBT(=Cognitive behavioural therapy): 인지행동치료. 신체이형장애 치료 시 권장되는 치료방법으로, 생각과 감정 그리고 행동을 다룬다.

Compulsion(강박 행동): 강박사고에 대응하여, 자신의 의지와는 상관없이 충동적으로 이루어지는 반복적 행동 또는 정신적 행위 (강박사고 참조)

Cosmetic procedure(미용 시술): 외모를 개선하기 위한 목적으로 시행되는 모든 절차를 가리키며, 여기에는 성형수술, 시술 또는 특정 제품의 사용 등이 해당 될 수 있다.

Cyber-bullying(사이버 폭력): 인터넷 상에서 이루어지는 집단 따돌림 (집단 따돌림 참조).

DSM-V(=Diagnostic and Statistical Manual of Mental Disorders-V): 정신질환의 진단 및 통계 편람 제 5판. 정신 건강 상태를 감별하기 위하여 관련 전문가들이 사용하는 설명서이다. 정신 건강 임상의들이 사용하는 다른 설명서로는 국제 질병 분류 제 10판(International Classification of Diseases, (ICD-io))이 있다.

Dysregulation(조절 장애): 자율 신경계의 불균형 상태를 말하며, 신체적, 정서적, 심리적으로 균형을 이루지 못하고 지나치게 격양되거나 지나치게 이완된 상태가 된다.

EHCP(=Education, Health and Care Plan): 교육, 건강 및 의료 계획. EHCP는 영국의 특별 교육 요구 성명서를 대체한 것으로, 교육 기관과 보건당국이 협업하여 청년에게 필요한 것과 장애가 되는 것에 대한 세부적인 정보를 제공한다. 또한, 교육 환경에서나 직장 생활을 하면서 발생하는 청년들의 요구들에 대해서도 매년 검토과정을 거쳐 추가자금을 지원하고 있다.

Environmental factors(환경적 요인): 개인을 둘러싸고 있는 물리적/ 사회적/ 문화적/ 정치적 요인들을 말한다. (예: 가족 관계, 경제적 수준, 지역 사회에서 지원받을 수 있는 정도 등)

EP(=Educational psychologist): 교육 심리학자. 교육 환경에서 아동과 청소년을 지원하기 위하여 특별히 훈련 받은 심리 전문가를 의미하며, 때로는 '학교 심리학자(=a school psychologist)'로 불리기도 한다.

ERP(=Exposure and Response Prevention): 노출 및 반응방지법. 신체이형장애 치료에서 권장하는 치료 방법(ERP를 포함한 CBT)으로서, 강박사고를 억지로 바로 잡으려 하거나 강박행동을 통해 상쇄시키려 하지 않고, 내담자가 가지고 있는 내면의 두려움에 직면하도록 돕는다. (노출 및 반응 방지 기법을 위한 별도항목 참고)

Exposure(노출): 두려움에 점진적으로 노출시키며 단계적인 방식으로 진행하는 절차.

Family accommodation(가족의 부응 행동): 신체이형장애를 가지고 있는 자녀의 심리적 고통을 줄여주기 위하여 가족 구성원들이 자신들의 행동을 변화시키는 것이다.

GP(=General Practitioner): 주치의. 때로는 가정의(family doctor)라고 부르기도 한다.

Hierarchy(불안 위계 목록): ERP(ERP 참조)치료 시 사용하는 기법으로, 불안함을 거의 느끼지 않는 상황에서 시작하여 불안함을 가장 많이 유발하는 상황까지 단계적으로 목록을 작성하는 것이다.

Inclusion team(통합 교육 팀): 특수 교육이 필요하거나 정서/ 정신 건강 문제가 있는 어린이를 포함하여 모든 어린이가 학교 생활에 참여하고 교육 과정에 액세스할 수 있도록 관리하는 교육 관계자를 의미한다. 많은 교육 환경에는 특수 교육 코디네이터(Special Educational Needs Coordinators (SENCo))라고도 불리는 관리자가 있다.

Mirror retraining(거울 훈련): 신체이형장애를 가진 사람들은 거울을 보면서 자신의 외모를 부정적이고 불쾌하게 묘사하는 경향성이 있다. 거울 훈련은 신체이형장애가 없는 평범한 사람들이 거울을 바라보는 방식과 동일하게 거울을 사용하도록 재 학습하는 것이다. 이는 거울에 비친 자신의 모습을 예전과는 다른 방식으로 보도록 돕는 것과 관련이 있으며, 자기 자신을 총체적이고 비판단적인 시각으로 묘사할 수 있도록 배우는 것이 포함될 수 있다. 거울 훈련에는 거울 앞에서 보내는 시간 줄이기 또는 멀리서 거울 바라보기 그리고 자신의 외모를 확인하기 위한 휴대용 거울 사용 금지 등이 있다.

Motivational interviewing(동기 강화 상담): 해결책을 찾도록 격려하며 미래지향적인 목표에 초점을 맞춘 치료적 접근법.

Muscle dysmorphia(근육이형증): 신체이형장애의 하위 유형으로, 고통을 유발할 정도로 근육에 집착하는 장애.

Non-judgemental attitude(비판단적 태도): 어떠한 비난도 하지 않고, 자신 또는 타인을 긍정적이고 무조건적으로 존중하는 태도를 말한다.

Obsession(강박사고): 불안이나 혐오와 같이 고통스러운 감정을 유발하는 반복적이고 지속적인 생각, 충동 또는 이미지.

OCD(=Obsessive compulsive disorder): **강박 장애**, 강박사고와 강박행동을 주된 증상으로 보이는 정신상태를 말한다. (강박행동(Compulsion)과 강박사고(Obsession) 참조).

Perceived defects/flaws(인식하는 외모의 결함/결점): 신체이형장애가 있는 경우, 자신의 외모에 심각한 결점이나 결함이 있다고 강하게 믿고 있으며, 이러한 믿음은 다른 사람들과 서로 나누기 어려울 정도로 주관적이어서 인식하는 외모의 결함/ 결점이라고 구분지어 부른다.

Reassurance seeking(안심추구행동): 신체이형장애 맥락에서 설명하면, 인식하는 외모 결함이나 결점에 대하여 외부 사람들로부터 자주 그리고 반복적으로 확인 받으려는 행동.

Response Prevention(반응 방지): 강박 행동이 일어나는 것을 예방하기 위한 기법. 예를 들어 '거울 확인 행동 금지하기'가 있다.

Safety behavior(안전추구행동): 신체이형장애 맥락에서 설명하면, 심리적인 고통과 불안을 완화시키기 위하여 인식하는 외모의 결함/ 결점을 감추려는 행동을 말한다.

Self-efficacy(자기효능감): 자기효능감이 높다는 것은, 자신의 행동, 감정 그리고 환경을 자신이 어느 정도 통제할 수 있다는 강한 믿음을 가지고 있는 것이다.

Social anxiety(사회불안장애): 모든 사회적 상황에서 극도로 두려워하고 불안해 하는 증상이다.

Social media(소셜미디어): 이용자들이 콘텐츠를 만들고 정보와 의견을 공유하면서 사회적 관계망을 형성하는 웹 사이트나 애플리케이션을 말한다.

SEN(=Special educational need(s)): **특수 교육 대상자.** 인지 및 학습 그리고 사회적, 정서적, 정신적 건강뿐 아니라 신체적, 감각적 발달 그리고 언어, 사회적 의사소통 영역에서 생길 수 있다.

Specifiers(명시자): 명시자는 상태나 질병을 더 명확히 하기 위한 진단의 확장이다.

SSRIs(=Selective serotonin reuptake inhibitors): **선택적 세로토닌 재흡수 억제제.** 신체이형장애약물치료에서 권장되고 있는 항우울제이다.

Trauma(트라우마): 감정적으로 압도당할 만큼 외상을 준 사건을 말하며, 이로 인하여 싸우려 하거나 혹은 도망치려는 능력이 마비된 상태를 말한다.

【참고 문헌】

Beilharz, F" Castle, D.J., Grace, S. and Rossell, S.L. (2017). A systematic review of visual processing and associated treatments in body dysmorphic disorder. *ActaPsychiatricaScandinavica*, 136(1), 16-36.

Bienvenu, O., Samuels, J., Riddle, M., Hoehn-Saric, R. et al. (2000). The relationship of obsessive-compulsive disorder to possible spectrum disorders: results from a family study. *Biological Psy - chiatry*, 48 (4), 287-293*

Browne, H.A., Gair, S.L" Scharf, J.M. and Grice, D.E. (2014). Genetics of obsessive-compulsive disorder and related disorders. *Psychiatric Clinics*, 37(5), 519-355.

Buhlmann, U., Marques, L. M. and Wilhelm, S. (2012). Traumatic experiences in individuals with body dysmorphic disorder. *The Journal of Nervous and Mental Disease*, 200(1), 95-98.

Didie, E.R., Tortolani, C.C., Pope, C.G., Menard, W., Fay, C. and Phillips, ICA. (2006). Childhood abuse and neglect in body dysmorphic disorder. *Child Abuse & Neglect*, 30(10), 1105-1115.

Dweck, C. (2017). *Mindset: Changing the Way you Think to Fulfil Vour Potential*. London : Robinson Press.

Enander, J., Ivanov, V Z., Mataix-Cols, D., Kuja-Halkola, el al. (2018). Prevalence and heritability of body dysmorphic symptoms in adolescents and young adults: a population-based nationwide twin study. *Psychological Medicine*, 48(16), 2740-2747.

Feusner, J.D., Townsend, J., Bystritsky, A. and Bookheimer, S. (2007). Visual information processing of faces in body dysmorphic disorder. *Archives of General Psychiatry*, 64(12), 1417-1425.

Feusner, J. D., Moody, T., Hembacher, E., Townsend, J" McKinley, M., Moller, H. and Bookheimer, S. (2010). Abnormalities of visual processing and frontostriatal systems in body dysmorphic disorder. *Archives of General Psychiatry*, 67(2), 197-205.

Feusner, J.D., Hembacher, E., Moller, H. and Moody, T.D. (2011). Abnormalities of object visual processing in body dysmorphic disorder. *Psychological Medicine*, 41(11), 2385-2397.

Gilbert, P. (2009). The Compassionate Mind. London: Constable. Gilbert, P. (2010). Compassion-Focused Therapy. London : Routledge. Jefferies, K., Laws, K.R. and Fineberg, N.A. (2012). Superiorface recognition in body dysmorphic disorder. *Journal of Obsessive-Compulsive and Related Disorders*, 1(3), 175-179.

Lopez-Soli, C., Fontenelle, L.F., Alonso, P., Cuadras, D. et al. (2014). Prevalence and heritability of obsessive-compulsive spectrum and anxiety disorder symptoms: a survey of the Australian Twin Registry. *American Journal of Medical Genetics Part B : Neuropsy- chiatric Genetics*, 165(4), 314-325-

Marazziti, D., DelfOsso, L. and Presta, S. (1999). Platelet I)H]paroxe- tine binding in patients with OCD-related disorders. *Psychiatry Research*, 89(5), 223-228.

Maudsley Hospital National and Specialist OCD, BDD and Related Disorders Service (2019). *Appearance Anxiety: A Guide to Under - standing Body Dysmorphic Disorder for Voung People, Families and Professionals*. London: Jessica Kingsley Publishers.

Monzani, B., Rijsdijk, F., Anson, M., Iervolino, A.C. et al. (2012a). A twin study ofbody dysmorphic concerns. *Psychological Medicine*, 42(9), 1-7.

Monzani, B., Rijsdijk, F., Iervolino, A.C., Anson, M" Cherkas, L. and Mataix-Cols, D. (2012b). Evidence for a genetic overlap between body dysmorphic concerns and obsessive-compulsive symp - toms in an adult female community twin sample. *American Journal of Medical Genetics Part B: Neuropsychiatric Genetics*, 159(4), 376-582.

Monzani, B., Rijsdijk, F., Harris, J. and Mataix-Cols, D. (2014). The structure of genetic and environmental risk factors for dimen - sional representations ofDSM-5 obsessive-compulsive spectrum disorders. *JAMA Psychiatry*, 71(2), 182-189.

National Institute for Health and Cave Excellence (2015). *Treating Obsessive-Compulsive Disorder (OCD) and Body Dysmorphic Disorder (BDD) in Adults, Children and Voung People*. Clinical Guidance CG31.

Neff, K. (2011). *Self-Compassion*. London : Yellow Kite.

Neziroglu, F., Khemlani-Patel, S. and Yaryura-Tobias, J.A. (2006). Rates of abuse in body dysmorphic disorder and obsessive-com - pulsive disorder. *Body Image*, 3(2), 189-193.

Neziroglu, F., Borda, T., Khemlani-Patel, S. and Bonasera, B. (2018). Prevalence of bullying in a pediatric sample of body dysmorphic disorder. *Comprehensive Psychiatry*, 87,12-16.

Perry, B. (2013). 'Born for Love: The Effects of Empathy on the Devel - oping Brain? Speech to Annual Interpersonal Neurobiology Conference 'How People Change: Relationship & Neuroplasticity in Psychotherapy', UCLA Extension, Los Angeles, March 8.

Perry, B.D. and Hambrick, E.P. (2008). The Neurosequential Model of Therapeutics. *Reclaiming Children and Youth Magazine*, Fall 2008, Vol 17. Nr 3, www.reclaiming.com, (UCLA handout).

Perry, B.D. and Hambrick, E.P. (2010). *Introduction to the Neurose- qixendal Model of Therapeutics (NM,T)*. Houston, TX: Child Trauma Academy.

Weingarden, H., Curley, E.E" Renshaw, K.D. and Wilhelm, S. (2017). Patient-identified events implicated in the development of body dysmorphic disorder. *Body Image*, 21,19-25.

【참고 자료】

신체이형장애 자녀들이 다니는 학교나 교육 시설에 제공 가능한 안내 책자는 다음 사이트에서 다운로드 받을 수 있다.
: https://yybddfoundation.org/wp-content/uploads/BDD-Leaflet-fbr-Education-Professionals.pdf.

주치의나 다른 전문가에게 제공 가능한 신체이형장애 안내 소책자는 다음 사이트에서 다운로드 받을 수 있다.
: https://bddfoundation.org/wp-content/uploads/FINAL-GP-CARD.pdf.

영국 신체이형장애 재단은 신체이형장애를 극복한 자녀의 관점에서 짧은 동영상을 제작하였다. 이 영상은 영국 신체이형장애 재단 홈페이지에서 확인할 수 있다.
: https://bddfoundation.org/honxe-new-animation.

〈책〉
신체이형장애 관련

National and Specialist OCD, BDD and Related Disorders Clinic (2019). Appearance Anxiety: A Guide to Understanding Body Dysmorphic Disorder for Voung People, Families and Professionals, London: Jessica Kingsley Publishers.

Phillips, K. (2005). The Broken Mirror : Understading and Treating Body Dysmorphic Disorder, Oxford : Oxford University Press.

Phillips, K. (2009). Understanding Body Dysmorphic Disorder: An Essential Guide. Oxford : Oxford University Press.

Pope, H. and Philips, K. (2002). The Adonis Complex: How to Identify, Treat and Prevent Body Obsession in Men and Boys : The Secret Crisis of Male Body Obsession, New York : Free Press.

Schnackenberg, N. and Petro, S. (2016). Reflections on Body Dysmorphic Disorder : Stories of Courage, Determination and Hope. London : The BDD Foundation.

Veale, D., Willson, R. and Clarke, A. (2009). Overcoming Body Image Problems Including Body Dysmorphic Disorder. Quincy, MA: Robinson Press.

불안 및 사회불안 장애 관련

Abey, K. (2017). No Worries! Mindful Kids: An Activity Book for Young People Who Sometimes Feel Anxious or Stressed. London: Studio Press.

Collins-Donnelly; K. (2013). Starving the Anxiety Gremlin : A Cognitive Behavioural Therapy Workbook on Managing Anxiety for Young People. London: Jessica Kingsley Publishers.

Herrick, E. and Redman-White, B. (2018). Supporting Children and Young People with Anxiety. London: Routledge.

O'Neill, P. (2018). Don't Worry, Be Happy : A Child's Guide to Overcoming Anxiety. New York: Vie Publishing.

우울증 관련

Collins-Donnely, K. (2019). Straving the Depression Gremlin: A Cognitive Behavioural Therapy Workbook on Managing Depression for Young People. London : Jessica Kingsley Publishers.

Fitzpatrick, C(2004). Coping with Depression in Young People: A Guide for Parents. New Jersey: Wiley.

강박장애 관련

Chansky, T. (2001). Freeing Your Child From OCD. New York: Times Books.

Derisley, J., Heyman, I., Robinson, S. and Turner, C. (2008). Breaking Free from OCD : A CBT Guide for Young People and Their Families. London: Jessica Kingsley Publishers.

Huebner, D. and Matthews, B. (2007). What To Do When Your Brain Gets Stuck: A Kid's Guide to Overcoming OCD. Washington DC : Magination Press.

Jassi, A. (2013). Can I Tell You About OCD? London: Jessica Kingsley Publishers.

섭식장애 관련

Bryant-Waugh, R. and Lask, B. (2013). Eating Disorders: A Parents' Guide. London: Routledge.

Musby, E. (2014). Anorexia 汉mi Other E汉tir머 Disorders: How to Help your Child

Eat Well and Be Well. APRICA.

모발 뽑기 장애 및 피부 뜯기 장애 관련

Keuthen, N. and Stein, D. (2001). Help for Hair Pullers : Understanding and Coping with Trichotillomania. Oakland, California: New Harbinger Publications.

Mansueto, C. (2020). Overcoming Body-Focused Repetitive Behaviours : A Comprehensive Behavioural Treatment for Hair Pulling and Skin Picking. Oakland, CA: New Harbinger Publications.

물질남용 관련

Bowden-Jones, O. (2016). The Drug Conversation : How to Talk to Your Child About Drugs, London: RCPsych Publications.

자아존중감 관련

Collins-Donnelly, K. (2014). Banish Your Self-Esteem Thief : A Cognitive Behavioural Therapy Workbook on Building Positive Self-Esteem for Young People. London : Jessica Kingsley Publishers.

Cope, A. (2014). The Art of Being a Brilliant Teenager. North Mantrato MN : Capstone.

O'Neill, P. (2018). You're a Star; A child's Guide to self-Esteem. New York: Vie Publishing.

Syed, M. and Triumph, T. (2018). You are Awesome: Find your Confidence and Dare to be Brilliant at (Almost) Anything. London: Wren and Rook

소셜미디어 관련

Betton, V and Woollard, J. (2018). Teen Mental Health in an Online World: Supporting Young People Around Their Use of Social Media, Apps, Gaming, Texting and the Rest. London: Jessica Kingsley Publishers.

Saedi Bocci, G. (2019). The Social Media Workbook for Teens. Oakland, CA: New Harbinger Publications

성장 마인드셋 관련

Dweck, C. (2017). Mindset: Changing the Way you Think to Fulfill Your Potential, London : Robinson Press.

Tough, P. (2014). How Children Succeed: Grit, Curiosity, and the Hidden Power of Character. London: Arrow.

Siegel, D. and Payne Bryson, T. (2018). The Yes Brain Child : Help Your Child Be More Resilient, Independent and Creative, New York : Simon and Schuster.

유용한 웹사이트

The BDD Foundation: www.bddfbundation.org

OCD Action: www.ocdaction.org.uk

International OCD Foundation: https:yybdd.iocdf.org

Mind UK: www.mind.org.uk

Anxiety UK: www.anxietyuk.org.uk

BEAT Eating Disorders: www.b-eat.co.uk

Bullying UK: www.bullying.co.uk

Childline: www.childline.org.uk

Depression Alliance: www.depressionalliance.org

Family Lives(부모와 양육코칭에 대한 싸이트): www.fatnilylives.org.uk

Papyrus (아동 및 청소년 자살 방지 센터) www.papyrus-uk.org

SkinPick(피부 뜯기 장애 온라인 모임): www.skinpick.com

Young Minds: www.youngminds.org.uk

성장 마인드셋

Big Life Journal(성장 마인드셋에 대한 다양한 정보를 다운로드 받을 수 있는 싸이트)
: www.biglifejournal.com

Mindset Online(Carol Dweck이 만든 성장 마인드셋 사이트)
: www.mindsetworks.com

〈위기 상담 전화 목록(Crisis Helplines)〉
영국(UK)
Childline : 다양한 주제에 대해서 도움과 조언을 제공
www.childline.org.uk
0800 1111

Papyrus : 아동(청소년) 자살 방지를 위해 만들어진 영국 자선 단체.
Hopline (by Papyrus) : 35세 미만 아동과 청소년들 중, 자살 사고를 경험하는 본인 또는 걱정하는 주변 지인이나 가족들을 위하여 위기 지원과 조언 서비스 제공.
www.papyrus-uk.org
0800 068 4141 0778 620 9697
pat@papyrus-uk.org

Samaritans : 24시간 통화 연결이 가능한 위기 상담 전화
116 123
www.saxnaritans.org jo@samaritans.org

SANEline: 정신적으로 고통을 겪고 있는 사람이나 그들을 돌봐주는 사람들을 지원.
www.Sane.org.uk
0300 304 7000

The Mix: 25세 미만의 정신건강으로 괴로워 하는 사람들 지원
www.themix.org.uk
0808 808 4994

Young Minds: 부모 전화 상담 지원 / 위기 청소년들에게 문자 서비스 제공
www.youngminds.org.uk
Parent Helpline(부모 전화 상담): 0808 802 5544
Young Persons' Crisis Messenger Service(위기 청소년 문자 서비스): Text YM to 85258

미국(US)

National Suicide Prevention Lifeline (USA) : 위기에 처한 사람을 위해 365일 24시간 무료 지원 및 예방
1-800-273-8255

United States National Crisis and Suicide Hotlines 홈페이지
http://suicidehotlines.com/national.html

International OCD Foundation: 신체이형장애에 대한 챕터와 도움이 필요한 사람들에게 안내 자료가 포함된 웹사이트
https://bdd.iocdf.org

Mental Health America
www.mhanational.org/childrens-mental-health: 아동 및 청소년을 위한 정보가 있는 싸이트
www.mhanational.org/conditions/body-dysniorphic- disorder-bdd: 신체이형장애 관련 정보가 있는 싸이트

US-based mental health advice and resources
www.mentalhealth.gov

National Federation of Families for Children's Mental Health: 미국에 기반을 둔 아동 및 청소년에게 제공되는 정신 건강 조언 및 정보 싸이트.
www.ffcmh.org

US-based children's mental health portal
www.kidsmentalhealth.org

【저자에 대하여】

Dr. Nicole Schnackenberg: 아동심리학자, 지역심리학자 그리고 교육심리학자로 영국 Essex에 위치한 Southend Educational Psychology Service에서 근무하고 있다. 그녀는 영국 신체이형장애 재단 이사로 활동하고 있으며, 대면 및 온라인으로 자조 모임을 진행하고 있다. 저자는 박사 학위 논문에서 신체이형장애를 경험하는 아동 및 청소년에 대하여 연구하였으며, 이 연구에서 아동 및 청소년 신체이형장애의 '수치-정체성(Shame-Identity)' 모델을 제시하였다. 저자는 신체이형장애에 대한 책을 여러 권 집필하였으며, 신체이형장애에 대한 강의도 국제적으로 해 왔다.

Dr. Benedetta Monzani: Maudsley 병원에서 아동 및 청소년 강박장애, 신체이형장애 및 이들과 관련된 장애를 담당하고 있는 임상 심리학자이며, 영국 신체이형장애재단의 임상 자문 위원으로 활동하고 있다. 저자는 런던 King's College에서 신체이형장애의 신경심리학적 차이와 유전적 요인에 대한 연구로 임상심리학 박사학위를 취득하였다. 저자는 영국과 미국의 다양한 국립 신체이형장애 클리닉에서 훈련과 근무를 하면서 신체이형장애에 대한 임상 및 연구 경험을 쌓았다. 그녀는 임상 수련을 하면서 신체이형장애, 강박장애 및 관련 질환에 대하여 집필하거나 연구에 활발하게 참여하고 있다. 또한, 저자는 신체이형장애와 관련된 다수의 전문가 심사 논문을 출판하였으며, 교육, 미디어 및 연구를 통해 신체이형장애에 대한 인식을 높이는 데 많은 노력을 기울이고 있다.

Dr. Amita Jassi: 저자는 영국 런던에 있는 Maudsley 병원의 청소년을 위한 국립 전문 강박장애, 신체이형장애 및 관련 장애 서비스 고문 임상 심리학자이다. 그녀는 이 서비스에서 BDD 지점을 이끌고 있으며, 2006년부터 이 고객들과 함께 일하고 있다. 또한 그녀는 영국 신체이형장애재단의 이사로 활동하고 있다. 그녀는 임상에서 집중 치료, 가정 기반 치료 및 입원 치료를 포함한 개별 맞춤형 치료 패키지를 개발하고 전달할 뿐만 아니라, 전국의 임상 의사들과 상담 및 공동 작업을 진행하고 있다. 또한 영국뿐 아니라 다양한 국가에서 아동 및 청소년 신체이형장애에 대해 가르치고 훈련시켜왔다. 그녀는 여러 책을 쓴 저자이기도 하며,

그 중에는 '외모 불안: 아동 및 청소년, 가족, 그리고 전문직 종사자를 위한 신체이형장애 이해 가이드(Appearance Anxiety : A Guide to Understanding Body Dysmorphic Disorder for Young People, Families and Professionals)'가 있다. 신체이형장애에 대한 다수의 전문가 심사 논문을 출판하였으며, 미디어 작업에 참여하면서 신체이형장애에 대한 인식과 이해를 높이기 위해 노력하고 있다.

【색인】

가족 관계, 다루기(family relationships, managing)   97-98
가족 식사(family meals)   54
가족의 부응 행동(family accommodation)
   다루기(managing)   91-95
   줄이기(reducing)   174-178, 179-182
감사 일기, 부모(gratitude journal, parents)   205-206
강박장애(obsessive compulsive disorder, OCD)   31
강박적이고 반복적 행동(compulsive and repetitive behaviours)   17, 19
강박적인 외모 단장(grooming rituals)   167
개별 돌봄 지원 계획(Individual Support Plans, ISPs)   132
거울 확인과/ 또는 회피(mirror checking and/or avoidance)   43-47
거울 회피(avoidance mirrors)   43-47
   사회적 상황 회피(Social avoidance)   50-56
건강한 행동 모델링(modeling healthy behaviours)   107, 170, 194, 195-197
경계선(boundaries)   93-94, 95-97
경찰의 개입(police intervention)   97
고용량 SSRIs(high does SSRIs) ☞ '선택적 세로토닌 재흡수 억제제(SSRIs)'를 참조
고통스러운 경험(difficult life experiences)   39-40
공감(empathy) ☞ '비판단적/ 공감적 자세'를 참조
공격성 다루기(aggression management)   95-97
공통적인 행동(common behaviours)
   관찰 가능한(observing)   22-25
   ~에 대한 반응(responding to)   42-64
관계 형성을 위한 3단계 모델(Three-Step Model for Relational Connection)   55-56
관련 증상(associated symptoms)   18, 27-34
관련/ 유발 요인(associated/causal factors)   34-40, 188-189
교(education)육 ☞ '학교; 대학' 참조
교육 심리학자(educational psychologists, EPs)   136-137, 139
교육, 보건 및 의료 계획(Education, Health and Care Plan, EHCP)   138

국립 보건 의료 우수 연구소(National Institute for Health and Care Excellence)　144
근육이형증(muscle dysmorphia)　21-22
글쓰기(Writing)
　　가족의 부응하는 행동 작성 양식(writing forms of family accommodation)　175-176
　　감사 일기(gratitude journal)　205
　　성장형 마인드셋 활동(growth mindset activities)　242-243
　　성공(successes)　168
　　생각과 감정(thoughts and feelings)　165
긍정 확언(positive affirmations)　242

노출 및 반응방지법(ERP), ☞ '인지행동치료(CBT)' 참조
놀림(teasing)　39, 51-53

다학제 팀(multi-disciplinary teams)
　　의료(healthcare)　157
　　학교(school)　132-136
대학들(universities)　128-130
대화(conversations) ☞ '비판단적/ 공감적 자세'에서 참조
동물(animals)　54
디지털 디톡스('digital detoxes')　194-195

망상장애(delusional disorder)　34
모발뽑기장애(hair-pulling disorder (trichotillomania))　32-33
모즐리 병원 국립 전문 강박장애, 신체이형장애 및 관련장애 클리닉(Maudsley Hospital National and Specialist OCD, BDD and Related Disorders Service)　90
문신/ 피어싱(tattoos/piercings)　48
물질사용장애(substance use disorder)　34

273

미디어 (media)
   비현실적 이미지(unrealistic images)　193
   추수 상담 이용(use post-therapy)　245-247
미용 시술/ 의료 치료(cosmetic procedures/physical treatments)　60-63, 145-146, 189, 190
   심리치료(psychological treatment vs)　21

반복적이고 강박적 행동(repetitive and compulsive behaviours)　17, 19
보호 요소(protective factors)　105-108, 203
부모 연합 단체(parent partnership organizations)　140
부모 지원 단체(parent support groups)　215
부모를 위한 수치화 그리고 파국화(catastrophizing and scaling for parents)　212
부모의 이야기(parents' stories)
   프랜시스(치료를 받은 후 과거를 회상하며)(Francis (looking back after treatment))　224-226
   제니(가장 중요한 건, 희망과 사랑) (Jennie (importance of hope and love))　231-235, 252-255
   루시(치료를 위한 기다림) (Lucy (waiting for treatment)　218-223
   스칼렛(신체이형장애를 극복한 이야기) (Scarlett (recovery))　227-230
   완벽주의 경향성(perfectionistic tendencies)　37, 125
부모의 자기 관리(self-care for parents)　200-201
   자신을 보호 요인으로 활용하기(acknowledging yourself as protective factor)　203-204
   불안 관리(anxiety management)　210-215
   공동 치료자(co-therapist, as)　164-166
   일상 생활(everyday routine, as)　204-206
   죄책감에서 내려놓기(letting go of guilt)　201-202
   지원팀 구성(support team building)　206-207
   직장 그리고/ 또는 자원봉사(work and/or volunteering)　206-207
불안 다루기, 부모(anxiety management, parents)　210-215

불안 온도계(anxiety thermometer)　170, 174
불안 정도를 수치화, 부모(scaling anxieties, parents)　212
불안위계목록(anxiety hierarchy)　171-173
불안위계목록(hierarchy of anxieties)　171-173
불안장애(anxiety disorders)　29-30, 169
불확실성 다루기(uncertainty management)　213-214
비난(blame) ~을 탓하다　☞ '죄책감/ 비난, 부모' 참조
비전 보드(Vision Boards)　239-240, 243
비판단적/ 공감적 자세(non-judgemental/empathetic stance)　86-91
　　교육 관계자(education staff)　132-133
　　가족의 부응하는 행동(family accommodation)　94-95, 175
　　의료적 치료(physical treatments)　145-146
　　심리적 치료(psychological treatment)　150
　　치료 거부(refusal of treatment)　180
　　행동에 반응(responding to behaviours)　44-47, 49-50, 52-55, 57, 59-60
　　안전 추구 행동(safety behaviours)　177-178
　　소셜미디어와 신체이미지(social media and body image)　195-196
비현실적인 외모에 대한 이상(unrealistic appearance ideals)　193

사이버 폭력(cyber-bullying)　185-188
사춘기/ 청소년(adolescents/teenagers)
　　외모에 대한 불안(appearance anxiety)　24-25
　　정체성(identity)　238-239
　　신체이형장애 유병률(prevalence of BDD)　18
사회복지 개입(social care intervention)　97
사회불안장애(social anxiety disorder, SAD)　30-31
　　BDD, 차이점, 그리고(BDD, differentiation, and)　27
사회적 상황 회피(social avoidance)　50-56
선택적 세로토닌 재흡수 억제제(selective serotonin reuptake inhibitors, SSRIs)　37,
　　144, 153-155, 156

섭식장애와 신체이형장애(eating disorders and BDD)   31-33
　　차이점(differentiation)   20, 26
성격적 특성(personality traits)   38, 55
성공 일기(Success Journal)   243
성인 정신 건강 서비스, ~로 연계(Adult Community Mental Health Services, transition to)   186-187
성장형 마인드셋 접근 및 활동(growth mindset approach and activities)   240-243
세로토닌(serotonin)
　　~의 역할(role of)   37
　　선택적 세로토닌 재흡수 억제제(SSRIs)   37, 144, 153-155, 156
셀카(selfies)   58, 190, 192
소셜미디어와 인터넷(social media and internet)   58, 184-185
　　~의 이점(benefits of)   197
　　사이버 폭력 (cyber-bullying)   185-188
　　부모 역할 (parents role)   193-198, 245
　　비현실적인 외모에 대한 이상(unrealistic appearance ideals)   193
　　사용과 영향 (use and impact)   188-192
　　추수 상담 이용(use post-therapy)   246
수치심(shame)   103-104, 118
스냅챗(Snapchat)   186, 193
스카이프/ 줌 화상채팅(Skype/Zoom video chats)   54
시각적 처리의 차이(visual processing differences)   37-38
시험(exams)   127
식욕부진증(Anorexia) ☞ 섭식장애와 BDD에서 참조
신경생화학 및 유전학(neurochemistry and genetics)   36-37
신체이미지에 대한 질문지(Body Image Questionnaire, BIQ)   159
신체이미지와 관련된 메시지(body image messaging)   192-198
신체이형장애 질문지(Body Dysmorphic Disorder Questionnaire, BDDQ)   22, 156
신체이형장애 측정을 위한 변형된 청소년용 예일-브라운 강박 척도 (Body Dysmorphic Disorder modification of Yale-Brown Obsessive-Compulsive Disorder Scale for Adolescents, BDD Y-BOCS)   23, 157

신체이형장애(또는 신체변형장애, 신체추형장애)(body dysmorphic disorder, BDD)   16-21
신체이형장애에 특화된 인지행동치료(BDD-specific CBT) ☞ '인지행동치료' 참조
신체화(somatization)   28
실행 계획(action plans)   176
   재발 방지(relapse prevention)   178, 179
심리교육(psycho education)   168-170

아동 및 청소년 정신 건강 서비스(CAMHS) ☞ '정신 건강 전문가/ 서비스' 참조
아동(청소년)을 위한 전화 상담 서비스(Childline)   187, 268
안심 추구 행동(reassurance seeking)   56-57
안전(safety)   99-100
   행동과 격려 문구(behaviours and supportive phrases)   176-178
   계획(plan)   113
앱 추적기(app trackers)   190
약물(medications)   111
   ☞ '선택적 세로토닌 재흡수 억제제(SSRIs)' 참조
어린 시절에 경험한 정신적 외상(childhood traumas)   40
연계, 평가 및 치료(아동 및 청소년 정신 건강 서비스)(referral, assessment and treatments (CAMHS))   155-158
   위험과 안전(risk and safety)   99
   안전 계획(safety plan)   113
   전문 학교(specialist schools)   137
   성인 전문 서비스로 전환(transition to adult services)   160-162
   대학교(university)   128-129
영국 강박 장애 재단(OCD Action)   157, 215, 221, 245
영국 신체이형장애 재단(BDD Foundation)   23, 89, 122, 123, 157, 159, 169, 180, 215, 245
오소렉시아(Orthorexia) ☞ '섭식장애' 참조
옷(clothing)   48, 49-50

모자(hats)　48, 49, 173, 250-251
외모 관련 비교 행동(appearance-related comparisons)　58-60
외모 불안 척도(Appearance Anxiety Inventory, AAI)　22, 159
외모 불안, '정상' 그리고 신체이형장애(appearance anxiety, 'Normal' and BDD)　25-27
외모 지상주의 사회(appearance-focused world)　246-247
외모에 대한 집착, 외모에 대한 지나친 관심(appearance preoccupations)　16-17, 19
외모에 대한 칭찬(compliments on appearance)　26-27
우울증(depression)　18, 28-29
　불안, 그리고(anxiety, and)　29-31
　☞ '우울한 기분과 절망감' 참조
우울증의 신체적 증상(physical symptoms of depression)　28-29
우울한 기분과 절망감(low mood and hopelessness)　102-104
　희망 잃지 않기(holding onto hope)　117-118
　희망 상자/ 희망 일기(Hope Box/Hope Book)　114-115
　관련 전문가에게 알리기 그리고/ 혹은 서비스 연계 요청(informing professionals and/or seeking referral to services)　110-111
　이유(reasons for)　103-104
위기상담전화(crisis helplines)　116
　영국(UK)　269
　미국(US)　269
위장술(camouflaging)　47-50
　불안위계목록(hierarchy)　173
위험 신호(warning signs)　104-105
　☞ '위기상담전화; 위험; 안전' 참조
위험(risk)　82-83
　가정 환경에서 줄이기(reduction in home environment)　116
유발/ 관련 요인(causal/associated factors)　34-40, 188-189
유전학과 신경생화학(genetics and neurochemistry)　36-37
응급실(Accident and Emergency (A&E) department/emergency services)　99, 112

의료적 치료(physical treatments) ☞ '미용 시술 및 의료적 치료'를 참조
인스타그램(Instagram)   189-190
인식하는 외모 결함을 고치려는 행동('fixing' perceived defects) ☞ '미용 시술/ 의료적 치료'를 참조
인증(validation)   106, 118, 128, 129
인지 행동 치료(cognitive behavioural therapy, CBT)   60, 112, 147-153
    노출 및 반응방지법(exposure and response prevention, ERP)   144, 148-152, 157, 170-173, 190
    심리교육(psychoeducation)   168-170
    ☞ '치료 받는 자녀 지원' 참조
일회용 반창고(bandages/plasters)   48, 49
입원 치료(inpatient treatment)   138, 161, 179-182

자기 자비, 부모(self-compassion, parents)   201-202
자기보고식 측정(self-report measures)   159
자살 사고 및 시도(suicidal thoughts and intent)   102, 105, 108-110, 112, 118
    ☞ '위기 상담 전화, 우울한 기분과 절망감, 위험, 안전'을 참조
자아개념/ 자아존중감(self-concept/self-esteem)   18, 38, 39, 103-104
자원봉사, 부모(volunteering, parents)   206-207
재발 방지(relapse prevention)   178-179
전국 부모 연합 네트워크(National Parent Partnership Network)   140
전자기기 사용 시간 단축 및 대체 활동(screen time reduction and replacement activities)   190-192
    '디지털 디톡스' 그리고('digital detoxes', and)   194-195
    선별검사/ 평가(screening/assessment tools)   22, 156
절망감(hopelessness)   28-29
    ☞ '우울한 기분과 절망감' 참조
접촉(touch)   54-55
정보 공유하기(information sharing)
    교육 관계자(education staff)   108, 122, 123, 127, 131-133

　　　　주치의/ 정신 건강 전문가(GPs/mental health professionals)　　110-111, 158-160
　　　　소셜미디어와 인터넷 이슈(social media and internet issues)　　186-187, 190-191
　　정신 건강 권리 옹호 서비스(mental health advocacy service)　　162
　　정신 건강 전문가/ 서비스(mental health professionals/services)
　　　　정보 공유/ 연계 요청(information sharing/referral seeking)　　110-111, 158-160
　　정신질환의 진단 및 통계 편람, 제5판(Diagnostic and Statistical Manual of Mental
　　　　Disorders(DSM-V))　　19-20
　　좌절(setbacks)　　249-253
　　죄책감/ 비난, 부모(guilt/blame, parents)　　35, 67, 68-69, 103-105, 151, 165, 200-201
　　　　내려놓기(letting go of)　　201-202
　　주치의(GPs)　　22, 32, 99, 112
　　　　치료 받기(accessing treatment via)　　155, 159, 188
　　줌/스카이프 화상채팅(Zoom/Skype video chats)　　54
　　지원 경로(routes of support)　　112-114
　　　　~에 대해서 대화하기(talking about)　　108-110
　　지원 단체, 부모(support groups, parents)　　215
　　지원 팀 구성, 부모(support team building, parents)　　206-207
　　직장, 부모(work, parents)　　206-207
　　진단/ 관련 증상(diagnoses/associated symptoms)　　18
　　진화적 요인(evolutionary factors)　　35
　　집단 따돌림(Bullying)　　39, 51-53
　　　　사이버 폭력(cyber-bullying)　　185-188
　　쪽지함(Awesome Jar)　　243

　　체중(weight)　　☞ '섭식장애 및 신체이형장애'를 참조
　　체질량지수(BMI) 도표(Body Mass Index (BMI) charts)　　32
　　취미(hobbies)　　55, 62
　　　　부모(parents)　　206, 207
　　치과시술(dentistry)　　60, 61, 62, 145
　　치료 거부(refusing treatment)　　179-182

치료 협조자로서 부모(co-therapist, parent as)　164-166
치료(treatments)
　접근 및 경로(access and pathway)　155-158
　가능한 치료(treatments available)　144-146
　인내의 중요성(importance of perseverance)　162
　주치의 및 기타 전문가를 위한 정보(information for GPs and other professionals)　158-160
　'루시와 프란시스' 부모의 이야기(parent's stories (Lucy and Francis))　218-223
　선택적 세로토닌 재흡수 억제제(selective serotonin reuptake inhibitors, SSRIs)　37, 144, 153-155
　성인 전문 서비스로 전환(transition to adult services)　160-162
　☞ '인지행동치료' 참조
치료, 자녀를 지원하기(treatments, supporting your child through)
　공동 치료자 역할(co-therapist role)　164-166
　주요 측면(key facets)　168-173
　동기 부여(motivating)　166-168
　가족의 부응하는 행동 줄이기(reducing family accommodation)　174-178
　치료 거부(refusing treatment)　179-182
　재발방지(relapse prevention)　178-179
치료적 관계 구축(therapeutic relationship building)　149-150
친구들(friends)　54, 107
친인척(extended family members)　107-108
친절과 자기 자비, 부모(kindness and self‐compassion, parents)　201-202

탈모 치료제(hair-loss reversal medication)　60
통찰력, 수준(insight, levels of)　17, 20, 42-43
통합 교육 관리자/ 팀(school inclusion manager/team)　111, 128, 139
특수 교육 대상자(special educational needs, SEN)
　(특수 교육 대상자로 등록(SEN Register))　137
　　다른 사람을 빤히 쳐다보는 것, 주의를 다른 곳으로 돌리는 것(staring at others,

distracting from) 59
특수 교육 자문 기관(Independent Provider of Special Education Advice, IPSEA) 140

파이 나누기(Responsibility Pie) 210-212
파피루스(Papyrus) 115, 118, 269
페이스북(Facebook) 189-190
평가/ 선별 검사(assessment/screening tools) 22-23, 156-157
폭식증(binge-eating) ☞ '섭식 장애' 참조
폭식증(binge-eating) ☞ 섭식장애 및 신체이형장애 참고
피부과 치료(skin/dermatological treatments) 60, 61, 62
피부뜯기장애(skin-picking (excoriation) disorder) 32-34
피어싱/ 문신(piercings/tattoos) 48

학교(Schools)
　조치 및 조율(actions and adaptations) 130-133
　대체 조항(alternative provisions) 137-139
　~에 대한 어려움(difficulties with) 120-122
　교육 심리학자(educational psychologists(EPs)) 136-137, 139
　도움되는 요소(helpful elements) 127-130
　미래에 대한 희망 놓지 않기(holding onto hope for future) 139-141
　관계자를 위한 정보(information for staff) 108, 122, 123, 127, 131-133
　다학제 회의 및 의제(multi-disciplinary meeting and agenda) 133-136
　결석의 이유(reasons for non-attendance) 122-125
　지원 서비스(support services) 111
　방해하는 요소(unhelpful elements) 125-127
　대학들, 그리고(universities, and) 128-130
학업 스트레스(academic pressure) 124
한 페이지로 요약된 안내문(One-Page Profile) 132
헤어컷(hair cuts) 48

형제자매(siblings)　96, 98
화상 채팅(video chats)　54
화장품(make-up/cosmetics)　48
화장품/ 메이크업(cosmetics/make-up)　48
회복 과정(recovery process)　238-240
　　외모 지상 주의 사회(appearance-focused world)　245-247
　　성장형 마인드셋 접근 및 활동(growth mindset approach and activities)　240-243
　　미래에 대한 희망(hope for future)　247-249
　　스칼렛 부모의 이야기(parents story (Scarlett))　227-230
　　다른 사람들과 경험 나누기(reflecting on experiences with others)　243-245
　　좌절(setbacks)　249-253
회복탄력성과 보호 요인들(resiliency and protective factors)　105-109
후각 관계 증후군(olfactory reference syndrome, ORS)　34
흥미 도표(Interest Maps)　242
희망 상자/ 희망 일기(Hope Box/Hope Book)　114-115
희망(hope)　117-118, 139-141, 181, 247-249
　　제니의 부모 이야기(parents story (Jennie))　231-235, 252-255

Beilharz, F. 외(Beilharz, F. et al.)　37
Bienvenu, O. 외(Bienvenu, O. et al.)　36
Browne, H.A. 외(Browne, H.A et al.)　36
Buhlmann, U.　40
Dell'Osso, L.　37
Didie, E.R. 외(Didie, E.R et al.)　40
Dweck, C.　240
Enander, J. 등(Enander, J. et al.)　36
F-A-C-E 기법(F-A-C-E acronym)　196
Feusner, J. D. 등(Feusner, J. D. et al.)　37
Fineberg, N, A.　37
Gilbert, P.　202

Hambrick, E. 56
Jefferies, K. 37
Khemlani-Patel, S. 40
Laws, K.R. 37
Lopez-Sola, C. 등. 36
Marazziti, D. 37
Marques, L.M. 40
Monzani, B. 등 36
Neff, K. 202
Neziroglu, F. 39-40
Perry, B. 55, 56
Presta, S. 37
Wilhelm, S. 40
Yaryura-Tobias, J.A. 40

신체이형장애 자녀를 둔 부모 가이드북

인쇄 2023년 09월 27일
발행 2023년 10월 01일

옮긴이 남효주
발행인 서정환
펴낸곳 신아출판사
주소 전북 전주시 완산구 공북 1길 16(태평동 251-30)
전화 010-2489-4045
팩스 (063) 274-3131
이메일 shinapub@daum.net
출판등록 제465-1984-000004호
인쇄·제본 신아문예사

저자와 협의, 인지는 생략합니다.
잘못된 책은 바꿔 드립니다.

ISBN 979-11-93055-83-0 93180
값 20,000원

Printed in KOREA